犯罪防制系列

竊盜犯罪防治

——理論與實務

楊士隆、何明洲 /著

新版序

　　本書之編寫肇始於作者二人長期以來對國內竊盜犯罪問題嚴重性之持續關注，其中包括竊盜犯罪專案研究之陸續發表及警政司法第一線犯罪偵查與矯治經驗累積之彙整。

　　筆者在1986年於法務部監所服務期間，一次疏忽忘記帶辦公室鑰匙，故至專門集中竊盜犯之「竊盜」工廠隨機選取一位竊盜犯協助開鎖，在不到一分鐘期間即打開鎖頭，雖然對竊盜犯之開鎖技巧感到敬佩，但至此憂心此種技倆倘加以傳播，將對民眾之居家安全與財物損失構成鉅大危害。

　　在1993年於中央警察大學警政研究所服務時，有鑑於竊盜犯罪之危害性，於是投入竊盜犯罪專題研究，深深體會到傳統之竊盜原因研究與防竊思維亟待跳脫，而植基於犯罪者理性抉擇（rational choice）專業竊盜及其集團之犯罪型態與模式，則待深入研究，據以了解其認知、決意與目標物選擇，以減少其傷害。在此思考觸動下，於1995年底對二十名竊盜累犯進行質性訪談研究，頗有收穫。此外，除對竊盜累犯進行訪談外，另方面亦思考及刑事司法部門在防治竊盜犯罪上雖大致努力，但整體而言對於層出不窮之竊盜犯罪，探討仍欠缺防治效能，甚至倍受質疑，故曾撰文加以探討，揭開警政、司法部門在防治上面臨之困難與抗戰，而此在本書上有深入探討。

　　何警政委員明洲在近年因主管刑事偵查關係，曾任台北市政府警察局刑警大隊隊長、重案組組長及專責肅竊業務之內政部警政署刑事警察局偵四隊隊長、雲林縣警察局局長、警政署教育組組長、新北市政府警察局副局長、內政部警政署警政委員、台灣警察專科學校校長，其在第一線防治犯罪工作上擔負重責，並將竊盜犯罪偵查實務彙整成專論，至為難能可貴。

　　當然，國立中正大學犯罪防治研究所之設立，提供了研究與合作之契機，而作者深以為應彙整國內外文獻重新撰寫一本較周延之竊盜犯罪防治

論著，以協助政府（警政、司法與獄政）、民間（如保全業、珠寶銀樓業者）人員及民眾，做好竊盜犯罪防治工作，是相當迫切與需要的。

本論者之完成要特別感謝中央警察大學暨國立中正大學提供優良之教學研究環境，其中前中央警察大學校長蔡德輝及現任國立中正大學校長吳志揚之鼓勵更是感激。五南圖書出版公司楊董事長榮川協助出版，一併致謝。最後，本書雖經百般校勘，掛漏謬誤之處仍在所難免，尚祈先進不吝賜正。

楊士隆、何明洲

104年7月16日謹誌

於國立中正大學犯罪防治研究所暨

台灣警察專科學校

contents 目　錄

新版序

第一章　緒　論　　　　　　　　　　　　　　　　1

　　第一節　研究動機與目的　　　　　　　　　　　1

　　第二節　竊盜犯罪之定義與相關法令規定　　　　2

第二章　竊盜犯罪類型　　　　　　　　　　　　7

　　第一節　侵入竊盜　　　　　　　　　　　　　　7

　　第二節　詐欺竊盜　　　　　　　　　　　　　　11

　　第三節　機會竊盜　　　　　　　　　　　　　　13

　　第四節　扒手竊盜　　　　　　　　　　　　　　14

　　第五節　汽、機車竊盜　　　　　　　　　　　　14

　　第六節　其他特殊竊盜　　　　　　　　　　　　15

　　第七節　我國竊盜犯罪手法分類　　　　　　　　20

第三章　竊盜犯罪之成因分析　23

第一節　個人因素　23

第二節　家庭因素　24

第三節　學校因素　25

第四節　社會因素　25

第五節　情境因素　27

第四章　竊盜犯罪之相關理論　29

第一節　理性抉擇理論（Rational Choice Theory）　29

第二節　一般性犯罪理論　30

第三節　生活方式與例行性活動被害理論　32

第四節　嚇阻理論　35

第五章　竊盜犯之犯罪目標物選擇　43

第一節　犯罪目標物擇定之考量因素與發展過程　43

第二節　目標物擇定之國外相關研究　46

第三節　目標物擇定之本土實證研究　47

第六章	竊盜慣用破壞手法及工具分析	55
第一節	侵入竊盜破壞工具及其破壞手法	55
第二節	汽、機車竊盜破壞工具及其破壞手法	71

第七章	竊盜慣犯及其集團之江湖規矩與黑話	75
第一節	竊盜及其集團之江湖規矩	75
第二節	竊盜及其集團之黑話	78

第八章	竊盜犯罪之犯罪聯結	81
第一節	竊盜買收贓物市場	81
第二節	賄賂執法人員	84

第九章	刑事司法部門防治竊盜犯罪之作為與挑戰	87
第一節	警察機關防治竊盜犯罪之作為與檢討	87
第二節	法院防治竊盜犯罪之作為與挑戰	90
第三節	犯罪矯正部門防治竊盜犯罪之作為與挑戰	93

第十章	竊盜犯罪偵查	97
第一節	初步偵查方法	97

第二節　侵入竊盜偵查要領　　　　　　　　　104

第三節　扒竊偵查要領　　　　　　　　　　　114

第四節　汽、機車偵查要領　　　　　　　　　118

第五節　竊盜案件之偵訊　　　　　　　　　　157

第六節　查　贓　　　　　　　　　　　　　　164

第十一章　竊盜犯罪之預防　　　　　　　175

第一節　防治竊盜犯罪之綜合建議　　　　　　175

第二節　警察與保全機關之預防措施　　　　　180

第三節　各場所之防竊措施　　　　　　　　　184

第十二章　經由環境設計預防犯罪　　　197

第一節　環境設計預防犯罪之沿革與發展　　　198

第二節　環境設計預防犯罪之內涵　　　　　　200

第三節　環境設計預防犯罪之應用原則　　　　205

第四節　環境設計預防犯罪之實例　　　　　　208

第五節　經由環境設計預防犯罪之評估　　　　211

第六節　結　論　　　　　　　　　　　　　　212

第十三章　情境犯罪預防之原理與應用　213

第一節　沿革與理論基礎　213

第二節　情境犯罪預防之策略　216

第三節　情境犯罪預防之新近技術分類與案例　219

第四節　情境犯罪預防之特點　230

第五節　情境犯罪預防在先進國家施行之概況　231

第六節　情境犯罪預防面臨之挑戰　237

第七節　結　論　240

第十四章　防竊硬體設備　241

第一節　防竊硬體設備介紹　241

第二節　常用鎖具及開鎖方法　254

第十五章　汽車竊盜犯罪及其防治　271

第一節　前　言　271

第二節　竊盜高失竊率因素　271

第三節　汽車竊盜防治建議　273

第十六章　住宅竊盜犯罪及其防治　279

第一節　前　言　279

第二節　住宅竊盜犯罪手法　280

第三節　建築主體防竊安全設計　281

第四節　防治建議　282

參考書目　285

第一章 緒 論

第一節 研究動機與目的

竊盜犯罪一向是世界各國主要之犯罪類型，也是各國在抗制犯罪上最棘手的問題之一，其不僅可造成民眾財產之鉅額損失，同時更易造成其對犯罪之恐懼感及生活不安全感。

從國內外之研究文獻中獲知，竊盜慣犯及其集團之組織是嚴密的，具有迥異之價值觀與共同之江湖規矩，並且為其成員所認同。竊盜慣犯同時智商高，善於觀察地形，地物與適合作案之目標物，並有特定銷贓管道，因而不易為執法人員所偵破。

在刑事司法體系警察、法院、犯罪矯正抗制竊盜犯罪之作為方面，目前各單位分別各自行動，缺乏統整，一致之嚴正刑事政策作為，其中警察雖持續認真掃蕩竊盜犯罪，犯罪矯正部門則對於竊盜累犯難以矯治，為高累（再）犯所苦惱。故整體而言，在防治竊盜犯罪工作上，刑事司法部門仍面臨諸多困難與挑戰，亟待克服。

僅管如此，晚近國內外學者專家日漸重視竊盜犯罪研究，除逐漸揭開竊盜犯罪集團之犯案模式（modus operandi）外，並且在防治策略上提出許多嶄新且具效能之技巧供政府與民眾參考，值得引介。

目前政府機構與民眾，在防治竊盜犯罪上仍存有許多不切實際之想法與做法，亟待導正。作者深深以為有效之防治對策必須與竊盜犯罪實際之運作相符始具防治之效能，否則一切屬空談，對日益猖獗之竊盜犯罪毫無用處。本書透過研究除深入介紹竊盜慣犯之想法，據以研擬對策外，並將提供國外防治竊盜犯罪較成功與具體之方案與技術，以減少犯罪之侵害。本研究之目的主要包括：

一、探討竊盜犯罪之型態及其破壞手法。

二、分析竊盜犯罪之成因，並探討常業竊盜犯犯罪決策歷程中之認

知、決意與目標物選擇情形。

三、探討竊盜犯罪集團之江湖規矩、黑話與犯罪聯結。

四、探討警政司法與獄政部門在防治竊盜犯罪上面臨之困難與挑戰。

五、提供竊盜犯罪防治效能之對策與技術，供警政、司法、民間保全與民眾參考。

第二節　竊盜犯罪之定義與相關法令規定

一　竊盜犯罪之意涵

財產權為憲法所保障之基本權利，我國為承認私有財產制之國家。因此，刑法對於保護財產權之規定，亦極完備；其中竊盜犯罪為侵害財產犯罪中最重要的犯罪類型，依據我國刑法之規定，竊盜犯罪，乃意圖不法之所有，而竊取他人之財物者，所謂竊取是不依暴行，脅迫，詐欺等手段，違背他人之意思，而把他人擁有之財物占為己有或占為第三人所有，破壞其與持有物之特有支配關係的行為。

二　我國竊盜犯罪法律相關規定

我國刑法對於竊盜犯罪的處罰，設有專章規定，即刑法分則第二十九章所規定之竊盜罪，自第320條至第324條計有4條，包括普通竊盜罪、加重竊盜罪、竊用能量及親屬間竊盜等，而除該章外的刑法及特別刑法亦有規定，茲分述如後[1]：

1　竊盜累犯之研究，法務部法務通訊社，民國74年，第21-32頁。

（一）我國刑法對竊盜罪法津規定

1.普通竊盜罪

又分為竊取動產罪及竊占不動產罪兩種，再分述如下：

(1)竊取動產罪

刑法第320條第1項規定：意圖為自己或第三人不法之所有，而竊取他人動產者，為竊盜罪，處五年以下有期徒刑、拘役或五百元以下罰金。其未遂犯罰之。而未遂與即遂之區分，我實務採權力支配說，亦即以所竊之物，已否移入自己權力支配之下為準，若已將他人財物，移歸自己所持有，即為即遂；反之，則為未遂。

(2)竊占不動產罪

刑法第320條第2項規定：意圖為自己或第三人不法之利益，而竊占他人之不動產者，依前項之規定處斷。本罪之行為客體為他人之不動產，所謂不動產，係指土地及其定著物。竊占仍乘人不自覺，擅自占據他人之不動產而妨害他人對物之支配之行為。

2.加重竊盜罪

我國刑法第321條對於犯竊盜罪而其行為具備特殊危險性者，設有特別加重處罪之規定，而以犯罪方法、犯罪方式、犯罪時間、犯罪地點等行為情狀為加重之依據，稱之為加重竊盜罪。其加重條款計有六款，具備其一為已足，同時兼具數款，仍以一個竊盜罪論處，茲扼要述之如下：

(1)侵入住宅或有人居住之建築物、船艦或隱匿其內而犯之者

所謂侵入，仍指無正當理由，或未得住屋權人的同意，以積極的作為和行竊之意思而強行進入者，方成立本罪。行為人所侵入或隱匿之地，必須為住宅或有人居住之建築物與船艦等，方為本款之構成要件。而所謂「住宅」乃指人類日常居住之場所而言，公寓亦屬之。至於公寓樓下之「樓梯間」，雖僅供各住戶出入之通行，然就公寓之整體而言，該樓梯間為該公寓之一部分，而與該公寓有密切不可分之關係，故於夜間侵入公寓樓下之樓梯間竊盜，自屬夜間侵入住宅竊盜罪（76年台上字第2972號判

例）。侵入有旅客住宿之旅館房間，因各房間有其監督權，且既係供旅客起居之場所，即不失為住宅性質，自應屬夜間侵入住宅竊盜之罪（69年台上字第1474號判例）。

(2)毀越門扇、牆垣或其他安全設備而犯之者

毀越係指毀損或踰越，具備某一即足。門扇即門戶，具連圍牆之土地所設門扇亦包括在內；牆垣指牆壁圍垣；至於所謂其他安全設備，乃指依社會通常觀念足認為防盜之設備而言，如圍籬、門鎖等均屬之。

(3)攜帶兇器而犯之者

所謂兇器，係對人的生命身體安全具有高度危險之工具，如刀、槍、炮、彈等均屬之，其種類並無限制，行為人祇要行竊時攜帶兇器即為已足，至於有無使用，則非所問。按攜帶兇器竊盜，只須行竊時攜帶具有危險性之兇器為已足，並不以攜帶之初有行兇之意圖為必要，實務上認定攜帶小刀、短刀、剪刀、鋼鋸、起子、鉗子應成立攜帶兇器竊盜罪。

(4)結夥三人以上而犯之者

結夥，即結合夥同之意，彼此間應有共犯之意思聯絡，人數在三人以上。因須有犯意聯絡，故結夥人必須有責任能力及共同行竊犯意之行為人為限。未滿十四歲之無責任能力者與無犯罪意思者縱被邀請參與，亦不屬結夥人之內，教唆犯與幫助犯不能算入。因此，本款所稱結夥三人，係以結夥犯全體具有責任能力為構成要件，若其中一人缺乏責任能力，則雖有加入實施之行為，仍不能算入結夥三人之內（37年上字第2454號判例）。

(5)乘火災、水災或其他災害之際而犯之者

所謂乘災害之際而行竊，係災害發生當時，利用機會而行竊，若災害尚未到來，或已經過去而行竊，則無本款之適用。

(6)在車站、埠頭、航空站或其他供水、陸、空公眾運輸之舟、車、航空機內而犯之者

所謂車站指公共運輸交通工具停靠供乘車客上下車之處所；埠頭則為供船舶停靠，客運及貨運之碼頭，旅客上下貨物裝卸之處所，其範圍及於售票處、行李託運處、候車室等凡供公眾運輸之用者均屬之。其他供水、陸、空公眾運輸之舟、車、航空機內行竊均屬加重竊盜罪。前項之未遂犯

罰之。

3. 竊用能量以普通竊盜論

刑法第323條規定：電能、熱能及其他能量或電磁紀錄，關於本章之罪，以動產論。

4. 親屬間竊盜罪

我國刑法第324條規定：直系血親、配偶或同財共居親屬之間犯本章之罪者，得免除其刑。前項親屬或其他五親等內血親或三親等內姻親之間犯本章之罪者，須告訴乃論。

（二）我國刑法竊盜罪章以外之法津適用

1. 累犯加重處罪之規定[2]

累犯依刑法第47條規定應加重其刑至二分之一。

2. 少年事件處理法第85條規定

凡成年人教唆，幫助或利用未滿十八歲之人犯罪或與之共同實施犯罪者，依其所犯之罪加重其刑至二分之一。

3. 根據竊盜犯贓物犯保安處分條例第3條、第5條相關規定

十八歲以上之竊盜犯、贓物犯有犯罪之習慣者，得於刑之執行前，令人勞動場所強制工作，強制工作處分之執行以三年為期，但執行已滿一年六個月，而執行機關認為無繼續執行之必要者，得檢具事證，報請檢察官聲請法院免予繼續執行，倘執行機關認為有延長之必要者。亦得報請檢察官聲請法院許可延長，但最長不得逾一年六個月，並以一次為限。

2　張平吾，台灣地區竊盜初犯與累犯受刑人社會相關因素之比較研究，民國74年，第35-37頁。

4. 我國特別刑法對竊盜罪處罰之規定

妨害軍機治罪條例第5條規定，凡刺探、竊取或隱匿非職務上所應知悉或持有之軍機者，可處五年以下有期徒刑。

貪污治罪條例第4條規定，依法從事公務之人員或受公務機關委託承辦公務之人，及與前述之人共犯竊取公用或公有器材、財物者，處無期徒刑或十年以上有期徒刑，得併科新台幣一億元以下罰金。第6條規定，竊取職務上持有之非公用私有器材、財物者，處五年以上有期徒刑，得併科新台幣三千萬元以下罰金。

此外，森林法、水利法、自來水法、郵政法及陸海空軍刑法對竊盜犯罪亦另有規定，不另贅述。

第二章　竊盜犯罪類型

　　竊盜行竊的方法，花樣繁多，類型迴異，有順手牽羊、有穿牆鑿壁者，不一而定，因此，竊盜犯罪類型並無固定的分類，有以竊得財物分類，如珠寶竊盜、書畫竊盜、電子零件竊盜；有以犯罪手法分類，如我國刑案統計分類；有以場所分類，如日本刑案統計，日本以場所分類雖然分的非常細，但項目清楚易記，並容易統計，因此本書援引日本以場所為竊盜分類方式。將竊盜犯罪歸納分為侵入竊盜、詐欺竊盜、機會竊盜、扒竊、汽機車竊盜、其他特殊竊盜等六種類型[1]，以及依據「台閩刑案統計」書內之竊盜犯罪手法分類方式，分別介紹說明其內容，俾供讀者參考。

第一節　侵入竊盜

一、闖空門竊盜：侵入無人在家之住宅屋內竊取財物。
　　說明：1. 算計夜間一般人之就寢時間帶而犯案，此時縱正巧住所無人在家，因其犯案時間上有共通點，仍亦屬「潛入竊盜」之分類。
　　　　　2. 因長期間不在而犯案時間不明時，著眼於不在之處，亦認為此犯罪手法。

二、潛入竊盜：於夜間人家等就寢時侵入住宅內竊取財物俗稱「跑黑頭」。
　　說明：若為夜間一般人之就寢時間帶，縱其家人在就寢前，或不在中，仍為此犯罪手法。但於其家人不在中仍被害之情形，則著眼於不在，應為「闖空門竊盜」。

1　刑事警察中高層主管講習班，日本警視廳講義，內政部警政署刑事警察局，民國87年6月。

三、趁隙竊盜：趁人家在午睡，用餐之空隙，侵入有人在家之住屋內竊取財物。

　　說明：1. 包含人家在庭院有事之情形等之犯行。

　　　　　2. 人家在鄰居處聊天，或在附近購物等不在之情形，則為「闖空門竊盜」。

　　　　　3. 竊取置於玄關處或廚房口之物品者為「玄關竊盜」，又於開店中之店鋪內為竊盜者，則為「店鋪竊盜」。

　　　　　4. 相當於住宅之店鋪，於開閉店之作業中者，亦為此犯罪手法。

四、旅館竊盜：侵入旅館、飯店等之建築物內竊取財物。

　　說明：1. 「旅館、飯店等」包含汽車旅館、營業中之民間旅館。

　　　　　2. 係指不問白天、夜晚，侵入旅館、飯店等之建築物內為犯行。

　　　　　3. 住宿客竊取其他住宿客財物之情形，則為「客室竊盜」。

　　　　　4. 侵入旅館內之帳房、客室內，破壞保險庫，亦為此犯罪手法。

五、破壞保險箱竊盜：侵入事務所內破壞保險箱（除手提保險箱外）而竊取財物。

　　說明：1. 所謂「保險箱」係指具耐火性、防盜性、堅固性者，包含具備此條件之耐火書庫。

　　　　　2. 原則上不包含無鎖上之情形，但以破壞保險箱竊盜之目的侵入，而剛好是無鎖上之情形，則仍為「破壞保險箱竊盜」。

　　　　　3. 非將保險箱搬至他處破壞，而是使用配鑰匙打開者，亦為此犯罪手法。

　　　　　4. 侵入一般住宅，縱為符合前述要件之破壞保險箱竊盜，亦非此犯罪手法。

六、政府機關竊盜：侵入政府機關之建築物內竊取財物。

　　說明：1. 係指不問白天或夜晚，侵入政府機關之建築物竊取財物。

2. 侵入國營公司、衛生所、公立體育館之辦公室竊取財物，亦為此犯罪手法。

七、**學校竊盜：侵入學校等之建築物內竊取財物。**

說明：1. 「學校等」包含各種學校等。

2. 係指不問白天或夜晚侵入學校內竊取財物。

3. 雖使用學校之名稱，但僅為住宅之部分當教室之小規模補習班，則為「闖空門竊盜」、「潛入竊盜」等。

八、**醫院竊盜：侵入醫院、診療所之建築物內竊取財物。**

說明：1. 係指不問白天或夜晚侵入醫院、診療所之建築物內竊取財物。此類手法大多利用加護病房家屬探病時間潛入家屬休息室行竊。

2. 侵入醫院等家人使用之房間內者，為「闖空門竊盜」、「潛入竊盜」、「趁隙竊盜」之分類。然僅侵入醫院內者為此犯罪手法。

九、**加油站竊盜：侵入加油站之建築物內竊取財物。**

說明：1. 於開店中之犯行，則為「店鋪竊盜」。

2. 包含與加油站同一型態之瓦斯站。

3. 僅闖入鄰接之倉庫竊取財物者，則為「倉庫竊盜」。

十、**辦公室竊盜：侵入公司，合夥等之辦公室內竊取財物。**

說明：1. 不包含將住宅及店鋪之一部分做為辦公室之情形。

2. 係指不問白天或夜晚侵入辦公室內竊取財物。

3. 侵入農（漁）業公會者，非「政府機關竊盜」，而屬此犯罪手法。

4. 侵入車站辦公室者，亦屬此犯罪手法。

十一、**攤位竊盜：於假日或夜間，侵入無人居住之店鋪、攤位等竊取財物。**

說明：1.開店中之犯行為「店鋪竊盜」等。

2.「店鋪、攤位等」包含酒吧、飲食店、電動玩具店、市場、百貨公司，超級市場等。

十二、工廠竊盜：侵入工廠等竊取財物。
　　說明：1.「工廠等」包含作業所，但不包含將住宅之一部分當作業所者。
　　　　　2.係指不問白天或夜晚侵入工廠等為犯行。
　　　　　3.僅侵入工廠之辦公室者，則為辦公室竊盜。

十三、更衣室竊盜：侵入政府機關、公司之更衣室內竊取財物。
　　說明：1.「政府機關、公司等」包含學校、銀行、醫院、工廠、高爾夫球場等。
　　　　　2.所謂更衣室係指具備一間室內之型態者。
　　　　　3.不包含其內部職員、從業員之犯行。於此情形則為「工作場所竊盜」、「受僱人竊盜」。

十四、倉庫竊盜：侵入倉庫內竊取財物。
　　說明：1.所謂「倉庫」係指主要以鐵板、鋼筋水泥、砂石等建造之堅固的倉庫。
　　　　　2.「倉庫等」包含地窖。
　　　　　3.包含縱為預鑄式之建築，然外表上具備倉庫之型態者。

十五、小房屋竊盜：侵入臨時性之小房屋內竊取財物。
　　說明：侵入學校、醫院等所附屬之置物小屋內者，並非「學校竊盜」、「醫院竊盜」，而為此犯罪手法。

十六、其他：除以上所列者外之侵入竊盜。
　　說明：1.侵入無人居住之神社、寺院內等，竊取寶物、香油錢以外之財物，或侵入空屋，空別墅、展示屋等竊取財物，為此犯罪手法。
　　　　　2.其他屬於此犯罪手法者，有「發電所竊盜」、「營區竊盜」、「特種營業場所竊盜」、「碾米場竊盜」等。

第二節　詐欺竊盜

一、職權竊盜：詐稱警察、電力公司職員之身分，佯裝搜查、檢查，而趁隙竊取財物。

　　說明：1. 包含藉口檢查電表，或假借其他檢查之名進入屋內，趁隙竊取財物之「檢查竊盜」。

　　　　　2. 現職人員為此犯行者，亦為此犯罪手法。

二、喪慶竊盜：於結婚或葬儀禮堂等，佯裝賀客、弔客，而趁隙竊取財物。

　　說明：1. 「結婚、葬儀禮堂等」包含各種祝賀會場、靈堂等場所。

　　　　　2. 「賀客、弔客等」包含在現場幫忙之相關人。

　　　　　3. 此犯手罪手法之特徵為混雜在結婚典禮、葬禮中，故於平日佯裝賀客、弔客而竊取財物者，則為「客人竊盜」、「訪問竊盜」。

三、誘出竊盜：找藉口使人外出或令其不在，而竊取財物。

　　說明：1. 所謂「找藉口」，係指假裝於店鋪中病倒需送醫救治，或假傳電話、留言等令其不在，而竊取財物之方法。

　　　　　2. 包含由共犯中之一人將人家叫出談話中，其他共犯則潛入竊取財物，或將被害人帶出後，於途中找藉口折返，俾侵入人家外出中之住宅。

　　　　　3. 於被害人住宅外之犯行，亦為此犯罪手法。

四、借用竊盜：以借用廁所、電話為理由侵入屋內，趁隙竊取財物。

　　說明：包含於店鋪中假裝急病推說「請讓我在房間休息一下」等，卻進入內部竊取財物。

五、謁見竊盜：偽裝身分或從業員等，於謁見中趁隙竊取財物。

　　說明：1. 於偽裝身分而受僱之情形，則不問期間長短，皆為此犯罪手法。

2. 未偽裝身分者縱於謁見中趁隙竊取財物，亦不包含於此犯罪手法。

六、購物竊盜：偽裝顧客於店鋪中使用詭計，趁隙竊取財物。

說明：1. 所謂「使用詭計」，係指故意需要零錢而支付價金，致店員等疏於注意，或向店員任意訂貨，使其遠離攤位之方法。

2. 由共犯中之一人向店員搭訕中，其他人則趁隙竊取商品，亦為此犯罪手法。

3. 「順手牽羊」則為未與店員交談而假裝在物色商品，卻運用技巧竊取商品。但「購物竊盜」則為與店員交談而使用詭計，趁店員等未注意時竊取營業所得或商品。

4. 包含假裝換錢而來訪，卻趁隙竊取營業所得或商品。

七、訪問竊盜：找藉口訪問，卻趁隙竊取財物。

說明：1. 佯裝訪問販賣而造訪，趁被害人有事離開時，潛入屋內竊取財物，即為此犯罪手法。

2. 於其訪問地偶然人不在之情形，則屬「闖空門竊盜」之分類。

3. 包含藉口巡視宴客、修繕等而造訪之「巡視竊盜」。

八、其他：除以上所列者外之詐欺竊盜。

說明：1. 找藉口使人拿出財物，卻趁隙調換為其他物品而竊取之「調換竊盜」，亦為此犯罪手法。但屬於「購物竊盜」者則不包含之。

2. 包含賣春婦女將客人誘入旅館、飯店，卻趁隙竊取財物之情形。

3. 使用磁性石投入電動玩具之投幣口，竊取小鋼珠者，為竊盜類之「其他」。

第三節　機會竊盜

一、**客人竊盜**：訪問友人家，卻趁隙竊取財物。

　　說明：所謂「友人」係指親戚、朋友等，亦即被害人已知犯人身分。

二、**假寐者竊盜**：於公園或車站等竊取假寐者，爛醉者之財物。

　　說明：1. 於列車、電車之犯行，則分別為「扒手竊盜」、「攜帶品竊盜」。

　　　　　2. 包含佯裝照顧爛醉者等，趁機竊取財物之「照顧竊盜」。

三、**脫衣場竊盜**：於公眾浴場、海水浴場等之更衣室，竊取浴客之財物。

　　說明：1. 不包含僅對工廠、旅館等之特定人可入浴之浴場。

　　　　　2. 包含竊取於三溫暖等之浴客的財物。

　　　　　3. 包含竊取於游泳池、高爾夫球場之更衣室。

　　　　　4. 竊取櫃檯之財物者亦為此犯罪手法。

四、**店鋪竊盜**：快速竊取店內之商品、營業所得等。

　　說明：1. 與「順手牽羊竊盜」之不同，為順手牽羊竊盜乃於有店員之地方佯裝選購商品，卻運用技巧竊取商品。而「店鋪竊盜」則為趁店員不在之空隙快速竊取店內之商品等，或店員雖在商店，然犯人從屋外快速跑入商店竊取店內之商品、營業所得等而逃走。

　　　　　2. 於店鋪內所為之竊盜，除該當於「順手牽羊竊盜」、「逐出竊盜」、「購物竊盜」等類型之犯罪手法者外，皆為此犯罪手法。

　　　　　3. 包含竊取開店中之飲食店等的營業所得。

五、**攜帶品竊盜**：於會客室、電車中，趁隙竊取乘客之攜帶品。

　　說明：1. 包含在百貨公司、商店、競技場、醫院等多數公眾得出入場所之犯行。

　　　　　2. 從放置於座椅等之攜帶品中摸取錢包者，則為「扒手竊

盜」。

六、順手牽羊竊盜：假裝為顧客物色商品，卻趁隙竊取商品。

　　說明：1. 假裝為顧客進入百貨公司、商店等物色商品，卻趁隙運用技巧竊取商品。

　　　　　2. 所謂技巧除使用特殊技術外，亦包含不使店員知道而快速隱藏物品。

　　　　　3. 使用與店員交談等詭計者，原則上為「購物竊盜」之分類。

七、其他：除以上所列者外之非侵入趁隙行竊。

　　說明：竊取裝載於嬰兒車內之物品者、從停車中之汽車油箱或加油站之地下儲油庫竊取汽油、或於火災等之災害混雜中趁隙竊取財物之「混雜竊盜」，竊取放置於政府機關、學校、醫院等走廊下物品之「走廊竊盜」，皆屬此犯罪手法。

第四節　扒手竊盜

扒手竊盜：於混雜之場所追隨或接近別人身邊竊取其貼身財物，或從其攜帶之皮包中竊取財物。

　　說明：1. 竊取攜帶中皮包財物之人，使用利器切割口袋、皮包、繩子等之竊盜為「切割竊盜」。不使用利器而用手指由口袋等拉取等，則為此犯罪手法。

　　　　　2. 於醫院之電梯、會客室、公園座椅等，從靠近之西裝口袋，攜帶品中摸取錢包之情形，亦為此犯罪手法。

第五節　汽、機車竊盜

一、汽車竊盜：竊取汽車。

　　說明：1. 所謂「汽車」係指規定於道路交通法之汽車中，除自動二輪

車外者。

　　2. 以竊取財物為目的而侵入屋內，為搬運財物或為逃脫用而竊取汽車除外。（但我國亦列屬汽車竊盜）

　　3. 同時竊取有價值之裝載貨物者，則為「車上竊盜」。

二、機車竊盜：竊取機車。

　　說明：1. 所謂「機車」係指自動二輪車（包含附有跨斗之二輪車）。

　　　　　2. 以竊取財物為目的而侵入屋內，為逃脫用而竊取機車者除外。（但我國亦列屬機車失竊）

　　　　　3. 同時竊取有價值之裝載貨物者，則為「車上竊盜」。

三、重型機械竊盜：竊取挖土機、堆高機，起重機、吊車有自動車輪，可以在道路上行駛，我國列入一般竊盜統計。

四、腳踏車竊盜：竊取腳踏車。

　　說明：1. 所謂「腳踏車」係指用腳踩踏之車。（我國列入一般竊盜統計）

　　　　　2. 以竊取財物為目的而侵入屋內，為逃脫用而竊取腳踏車者亦同。

　　　　　3. 同時竊取有價值之裝載貨物者，則為「車上竊盜」。

五、其他：除以上所列者外之交通工具竊盜。（我國列入一般竊盜統計）

　　說明：1. 竊取遊戲用小型汽車、小型機車者，為此犯罪手法。

　　　　　2. 包含竊取舟或筏之「舟、筏竊盜」。

第六節　其他特殊竊盜

一、金融卡竊盜：利用違法取得之金融卡，從現金自動取款機竊取現金。

　　說明：違法使用借來之卡片竊取現金者，亦為此犯罪手法。

二、窗口竊盜：於銀行、郵局等之窗口快速竊取存款、付款等。

　　說明：1. 包含處理電影院、賽車場、賽馬場等現金之窗口。

2. 包含竊取接近窗口之出納股等桌上的現金等。

三、途中竊盜：竊取正為現金輸送中之銀行員、郵局職員，或正赴銀行、郵局存錢之人，或正從銀行、郵局領錢出來於歸途中之人的財物。

說明：1. 「現金等」包含匯票、支票等。

2. 「銀行、郵局等」包含信用金庫、農會等。

3. 此犯罪手法與「途中強盜」相同，乃實際上知道現金輸送之事實，或去銀行領錢，而於歸途中之事實後，始竊取其財物。

四、客室竊盜：於旅館、飯店等住宿或休息，而竊取住宿客等之財物。

說明：1. 包含女服務生、經理等竊取住宿客或主人財物之情形。

2. 住宿客竊取旅館、飯店等之室內擺設、棉袍、座墊、或走廊之物品者，亦為此犯罪手法。

3. 若從外部侵入者，則為「旅館竊盜」。

五、貨物竊盜：竊取車站、貨運站等所保管，或貨車等所運送之貨物。

說明：1. 包含運送用貨車等之駕駛人、助手等竊取所運送貨物之情形。

2. 工人等受僱人竊取堆積於倉庫之貨物者，亦為此犯罪手法，而非「受僱人竊盜」。

六、電話機竊盜：竊取電話機或其中之現金。

說明：不問晝夜，以設置於公眾得自由出入場所之公眾電話為對象。

七、自動販賣機竊盜：竊取自動販賣機或其中之現金、物品。

說明：1. 不問晝夜，以設置於公眾得自由出入場所之自動販賣機為對象。

2. 「自動販賣機」包含自動遊戲機、自動洗車機、自動換錢機、自動碾米機、汽車停放計時器等。

八、受僱人竊盜：受僱人竊取雇主等之財物。

說明：1. 「受僱人」係指受僱於商店、飲食店、一般家庭之人。

2. 不問其是否通勤或住進雇主家。

3. 通勤之受僱人回自宅後又再侵入者，則為「潛入竊盜」等之犯罪手法。

4. 偽裝身分受僱之情形，則屬「謁見竊盜」之分類。

九、工作場所竊盜：政府機關、公司等之職員從自己之工作場所竊取財物。

說明：1. 包含工廠之從業員等。

2. 於工作場所內竊取同事之財物者，亦為此犯罪手法。

3. 回家後再出門侵入，則為「政府機關竊盜」、「辦公室竊盜」等犯罪手法。但犯人保管辦公室等之鑰匙，於職務上當然得進入之情形，則非侵入竊盜，而為此犯罪手法。

4. 於將商店、住宅之一部分當辦公室等地方工作者之犯行，則為「受僱人竊盜」。

5. 清潔公司之工人或木匠、泥瓦匠等從事於暫時性之大樓清掃，辦公室之改建等工作時，在現場竊取財物之情形，亦為此犯罪手法。

十、同居竊盜：竊取同居人之財物。

說明：1. 所謂「同居者」係指同居於宿舍等之人。

2. 包含醫院之同病房患者，不具僱傭關係者。

十一、寶物竊盜：竊取神社、寺廟、博物館等之寶物。

說明：1. 所謂「寶物」係指國寶、準國寶、社寶、寺寶等包含有價值之美術品、古董。

2. 包含從百貨公司展示場竊取之物。

3. 不包含在宅中之寶物。

十二、槍砲、火藥竊盜：竊取槍砲或火藥類。

說明：1. 所謂「槍砲」係指規定於槍砲刀械類等管制內者。

2. 所謂「火藥類」係指規定於火藥類管制內者。

十三、動物竊盜：竊取正在飼養中之動物。

說明：1.包含侵入竊取動物。

2.包含飼養中之魚貝類。

十四、香油錢竊盜：竊取神社、寺廟等之香油錢、捐款。

說明：1.包含竊取教會、祠堂之香油錢、捐款。

2.包含侵入寺廟而竊取香油錢之情形。

十五、零件竊盜：竊取裝備於汽車、船舶上之零件、附屬品。

說明：1.「汽車、船舶等」包含飛機、汽車、電車、機車、腳踏車。

2.所謂「附屬品」係指零件以外之物，而裝備於汽車、輪船者。

3.發動機、化油器、里程表、初次駕駛者標誌、汽車用音響等為附屬品。

4.竊取雖為附屬品但尚未安裝者，則為「車上竊盜」，或為「船上竊盜」。

5.從油箱竊取汽油，則為竊盜之「其他」類。

6.備胎不問是否安裝，皆為此犯罪手法。

十六、色情竊盜：竊取婦女之內衣褲。

說明：1.僅侵入竊取婦女之內衣褲者，為此犯罪手法，然不包含店鋪之商品。

2.在曬衣場、庭院等竊取婦女內衣褲以外之物者，則為特殊物竊盜之「其他」類。

十七、室內竊盜：從屋外竊取置於室內之財物。

說明：空手或用棍棒、鐵線從屋外竊取置於室內之衣類等。

十八、船上竊盜：竊取船上之貨物等。

說明：1.包含侵入船內之客房竊取財物者。

2.侵入有人居住之船內者，並非「闖空門竊盜」、「潛入竊

盜」、「趁隙竊盜」，而應為此犯罪手法。

　　　3.在渡船內等相當於扒手竊盜或攜帶品竊盜之犯罪手法，則
　　　分別為「扒手竊盜」、「攜帶品竊盜」之分類。

十九、車上竊盜：**竊取汽車上裝載之貨物。**

　　說明：1.竊取裝載於列車、電車等貨運車之貨物者，為「貨物竊
　　　　　盜」，而非此犯罪手法。

　　　　　2.運送用貨車等之駕駛人、助手、運貨工人等，竊取運送中
　　　　　貨物之情形，則為「貨物竊盜」，而非此犯罪手法。

　　　　　3.以竊取貨物為目的，而連車輛亦竊取者，應為此犯罪手
　　　　　法。

　　　　　4.竊取嬰兒車內之物品者，則為非侵入竊盜之趁隙竊盜類中
　　　　　的「其他」。

　　　　　5.竊取汽車內未安裝之附屬品者，並非「零件竊盜」，而為
　　　　　此犯罪手法。

　　　　　6.包含竊取置於機車等之安全帽。

　　　　　7.所謂「貨物等」包含車內之財物。

二十、材料放置場竊盜：**竊取多量放置於材料放置場之材料。**

　　說明：1.所謂「材料放置場」包含堆積鐵材、木材之路旁、空地
　　　　　等。

　　　　　2.所謂「材料」係指鐵材、木材、砂石等。

二十一、施工場所竊盜：**竊取放置於施工場所之施工材料、工具等。**

　　　說明：1.所謂「施工場所」係指建築工地、道路工地等，不以侵
　　　　　　入為必要。

　　　　　　2.縱為工地之臨時小屋、臨時辦公室，若侵入為有門戶上
　　　　　　鎖設備之建築物者，則應為「小房屋竊盜」、「辦公室
　　　　　　竊盜」等。若臨時小屋等為無門戶設備者，則因無從認
　　　　　　定為侵入，故應為「施工場所竊盜」。

　　　　　　3.包含從工地工人所脫下衣物竊取財物之情形。

4.竊取工地所架設之電線者，則為特殊竊盜之「其他」分類。

5.從工地之材料放置場竊取多量之材料者，則應為「材料放置場竊盜」。

二十二、花園竊盜：竊取花園內之樹木、盆栽、庭石、石燈籠等。

說明：1.此犯罪手法乃竊取在花園內之樹木、盆栽、庭石、石燈籠等，並非花園內之一切物品。

2.所謂「花園」包含公園。

二十三、田野竊盜：竊取田地、山林之農作物等。

說明：1.竊取於田地栽種中之樹苗者，亦為此犯罪手法。

2.竊取於山林等栽培中之香菇、松菇等可簡單採取者，亦為此犯罪手法。

第七節　我國竊盜犯罪手法分類

一　侵入竊盜

（一）非暴力侵入

包括：1.越牆；2.向鄰屋爬入；3.由鐵窗窗戶氣窗冷氣孔爬入；4.由支架、鐵架爬入；5.由通常進出樓梯進入；6.藉木柱翻越；7.利用繩索、鐵鉤進入；8.由防火安全梯進入；9.由電桿排水管空調口進入；10.由陽台侵入；11.關空門；12.開鎖進入；13.預先潛藏；14.竹桿鉤取；15.由屋頂侵入（未破壞）；16.竊取電磁紀錄。

（二）暴力侵入

包括：1.破壞門鎖（把手）；2.破壞門板、紗門；3.撬開鐵門；4.破

壞窗戶、玻璃；5.破壞鐵柵、欄柵；6.破壞壁板、牆壁；7.門上鑽（撬）孔；8.破壞屋頂、天花板；9.掘洞；10.破壞保全系統；11.竊取電磁紀錄。

二　非侵入竊盜

（一）扒竊

包括：1.共犯掩護扒竊；2.衣物掩竊；3.割物行竊；4.跟蹤扒竊；5.乘擁擠時扒竊；6.上下車行竊；7.故意碰撞扒竊；8.教唆扒竊。

（二）內竊

包括：1.同屋行竊；2.監守自盜；3.親屬竊盜；4.傭役。（侍者行竊）

三　保險櫃、自動提款機竊盜

包括1.撬開機櫃；2.整個機櫃搬走；3.折斷（壓）機櫃；4.用乙炔切割；5.機櫃鑽孔；6.鋸開（斷）機櫃；7.試開機櫃（含逼供取號）；8.炸藥炸開；9.竊取或竊記密碼。

四　汽機車竊盜（含機車）

包括：1.破壞（撬開）車鎖；2.自備萬能匙；3.接通電路；4.撬開車門窗；5.乘車主鑰匙未取下；6.打破車玻璃；7.破壞車門把手；8.以車拖車（拖吊故障車）；9.偽稱試車；10.租車（藉機配鎖）；11.竊取未熄火車輛；12.與修理工人勾結；13.代客泊車（藉機配鎖）；14.車及貨物一併開走。

表 2-1　我國竊盜犯罪手法分類系統表

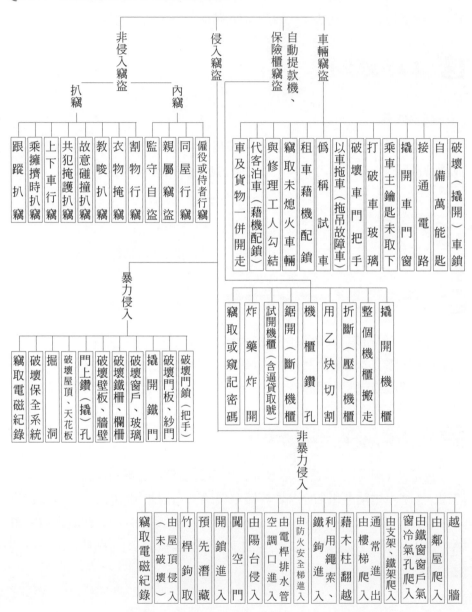

第三章　竊盜犯罪之成因分析

　　基於實證犯罪學派決定論（Determinism）之觀點，一個人從事竊盜行為乃是受到本身生理、心理或外界環境所決定（促成），因此強調應對犯罪人調查其成因，找出病因，並據此研擬處遇對策，矯治其病態發展。茲扼要介紹相關研究如下：

第一節　個人因素

　　竊盜犯罪之個人因素曾被廣泛的調查，研究大多環繞於探討竊盜犯之心理、精神與人格特質。例如學者John之研究指出竊盜累犯以精神薄弱及精神病質者居多[1]。Gruhle之研究則指出一般之竊盜犯大多屬性格違常[2]。日本犯罪心理學學者福島章研究結果發現：單純竊盜累犯的主要人格特徵是：1.缺乏進取心、自發性、恆心、毅力與正常需求；2.情感生活趨於單調刻板；3.個性不活潑；4.具有無力性之人格特質；5.僅能適應有限的生活空間，故其行為反應往往退化成相當單純的行為方式；6.其竊盜行為傾向於隱匿性、非暴力性、非衝動性與原始性[3]。另外，山根清首經過長期的個案研究後，發現常習竊盜犯的主要特徵如下：1.易受環境及暗示影響，缺乏自我控制能力與意志持續能力；2.具有自我中心及自我為主的推理方式，不顧及他人感受；3.其價值觀及處世觀與常人偏離；4.其自我多欠成熟而具分裂狀態，超我發展不良；5.在日常生活中多缺乏先見能力，生活散漫而無規律；6.其良心、道德、羞恥心、家人顏面、對被害者感情等心理抗拒犯罪的能力，均會被他自己最初偷竊成功的滿足感之回憶，對

1　John, A: Die Ruckfalsciece. Exners Kriminae Abhandlungen, 9:1,1929.（引自日本福島章著之犯罪心理學第132頁。）

2　Gruhle, H. W.: Psychopathie in Weingandts Lehrbuch D. Nerven-U. Geisteskrankheiten. CaMarhold, Halle. 1935.

3　馬傳鎮，竊盜犯罪相關因素之分析，犯罪學論叢，中央警官學校犯罪防治學系出版，民國74年2月，第316-326頁。

成功之盲信、完成「鉅大工程」的快感、再實現的美夢所抵銷，因而長久沈溺於竊盜行為而不克自拔[4]。

我國陳石定對549名輔育院少年進行研究發現，少年竊盜累犯具有較高之外向、神經質、精神病、精神官能症等傾向，具自我概念趨於消極、不健全，有更多之衝突與變態現象[5]。劉璇蒐集基隆、桃園地區之竊盜犯罪相關資料，發現竊盜犯在性格上呈現偏差，除個性懶惰占首位外，亦具好奇、冒險及缺乏抑制力等特性[6]。李美琴及王方濂對1,549名輔育院及新竹少年監獄少年之調查則發現少年竊盜犯在內在價值及規範認知上，傾向於追求刺激與享樂，並且具有非法行為之偏差價值觀[7]。

第二節　家庭因素

形成竊盜犯罪之成因亦可追溯及家庭因素，包括破碎家庭，父母之非行，管教態度不當，親子關係惡劣等。例如，司法行政部於民國53年進行竊盜犯調查即發現，竊盜犯之婚姻關係較不正常，住所不定，破碎家庭，父母管教方式不合理[8]。張平吾在台灣地區竊盜初犯與累犯受刑人社會相關因素之比較研究碩士論文中，亦發現竊盜累犯較有貧困，不滿意家庭生活，破碎家庭情形，且與父母之溝通產生困難[9]。陳福榮之少年竊盜犯家庭、學校、社會環境因素及其預防對策之研究亦發現少年竊盜犯逃家之比例較正常少年還頻繁，且不喜歡家庭生活，父母感情欠佳，破碎家庭所占比例亦較高，顯現其家庭生活適應困難情形[10]。

4　同前註。
5　陳石定，台灣地區各類型少年竊盜犯與暴力犯心理特質之比較研究，中央警官學校警政研究所碩士論文，民國73年6月。
6　劉璇，竊盜犯罪的研究，司法行政部編印，民國68年7月。
7　李美琴、王方濂，少年竊盜犯罪之研究，法務部印行，民國75年12月。
8　竊盜犯問題之研究，司法行政部犯罪問題研究中心編印，民國53年。
9　張平吾著，台灣地區竊盜初犯與累犯社會相關因素之比較研究，中央警官學校碩士論文，民國74年6月。
10　陳福榮著，少年竊盜犯家庭、學校，社會環境因素及其預防對策之研究，中央警官學校警政研究所碩士論文，民國71年6月。

第三節 學校因素

研究指出竊盜累犯在學校生活上較不適應，與其他同學大多相處不來，同時竊盜累犯在學期間之作弊、欺騙、恐嚇、打架與偷竊等行為，均非常顯著的多；顯見竊盜累犯在學生時代較常有嚴重的偏差行為，長大後惡性也較重[11]。研究另指出竊盜犯在學期間有較多之逃學經驗，不喜歡學校生活[12]。

第四節 社會因素

影響竊盜犯罪發生之社會層面因素甚多，綜合文獻約有下列六點：

（一）社會經濟繁榮，財富增加，社會物慾氾濫，生活奢侈

倘使社會經濟繁榮進步，將直接或間接的製造出許多犯罪機會。根據蔡德輝教授之研究，我國自民國67年起，竊盜犯罪突然增加，與社會物慾氾濫及生活奢侈有關，且財產性犯罪逐漸轉向於須用智力、知識及身分地位之經濟及詐欺犯罪，竊盜慣犯、累犯的比率亦逐年增加，職業竊盜也增加，在質的方面的惡化現象，所侵害的財物也日趨高級為其特性[13]。

（二）貧富差距擴大，財產分配不均

國民所得之分配愈不平均時，極可能產生貧富差距擴大之現象，而此等失衡現象將使中下階層民眾產生更大之挫折與憤怒，影響及竊盜犯罪之發生。行政院主計處曾提出報告，79年台灣地區個人所得分配調查資料，依五等分位法計算之最高（20%）、最低（20%）家庭所得差距已擴大至

---

11 同前註。
12 同前註。
13 蔡德輝，當前竊盜犯罪原因及其防治對策之研究，行政院研考會，民國70年9月。

5.18倍。而80年國富調查顯示，倘將土地資產併計，台北市高低組之差距增為32.8倍，高雄市為19.3倍，台灣省亦有13.5倍，83年媒體另報導台灣地區之前一百位首富，計累積有一兆五千億元之資產，而此為我國生產毛額之23.62%。根據李湧清及蔣基萍最近對1971年至1990年間我國經濟因素與犯罪率之時間序列分析，當基尼指數愈大時，台灣地區之總體犯罪率亦愈高[14]。換句話說，統計資料顯示台灣地區國民所得分配不均之現象，導致民眾相對剝奪感（Relative Deprivation）擴大[15]，影響及我國整體之犯罪活動，而財產性犯罪首當其衝。

（三）人際關係疏離

根據蔡文輝氏對台北市社區人際關係及竊盜問題之研究，發現被都市吸引的外鄉人，無法在都市中找到傳統的生活方式，造成人際關係間的疏離感，加以都市社會物質的誘惑，甚易鋌而走險，淪為竊盜[16]。

（四）社會解組

社會道德與法律約束力倘式微，人心趨向奢靡腐化，加上個人行為以個人利益為考量，提供給竊盜犯良好的犯罪機會與時機[17]。換句話說，社會之解組，人口流動性加大，異質性升高，極易促使竊盜犯罪升高。

（五）高失業率

在失業率高之經濟、社會條件下，極易促使失業者在面臨生活困境下，鋌而走險，包括從事原始之竊盜行為。高金桂之研究曾指出竊盜犯罪

---

14 李湧清、蔣基萍，犯罪與經濟：一個宏觀的時間序列分析，警政學報第二十四期，中央警官學校警政研究所出版，民國83年6月。

15 Blau ,Judith and Peter Blau, "The Cost of Inequality: Metropolitan Structure and Violent Crime," American Sociological Review 147,1982: 114-29.

16 蔡文輝，台北市社區人際關係與竊盜之研究，吳尊賢文教基金會委託研究論文，民國71年。

17 許春金，犯罪學，三民書局，民國79年11月，第416頁。

發生率與失業率存有高度正相關[18]。此外，法務部之研究曾指出竊盜次數愈多者，初犯年齡愈早者，犯罪前失業之比率愈高。犯罪前失業者大約占27.45%，顯示失業與犯罪存有密切關係[19]。

（六）物價波動

學者Mayer研究1853至1861年間，德國拜倫之黑麥價格與財產犯罪間之關聯，發現兩者間有平行關係，尤其竊盜罪為然，物價上漲，竊盜犯罪增加，下降則竊盜犯罪減少，其他各國之學者如法國的Weiss、英國的Woytinsky及日本之小野清一郎等之調查，均證實前述發現[20]。

（七）不良社會交往

不良社會交往亦對竊盜犯之走向犯罪生涯造成影響。莊耀嘉與古明文調查3,789名竊盜犯指出，竊盜犯約有12%，曾參加過不良幫派，且竊盜次數愈多者，初犯年齡愈早者，朋友有偷竊行為者亦愈多，顯示「近朱者赤，近墨者黑」的差別接觸效果[21]。

第五節　情境因素

除前述因素外，情境（Situation）因素亦為竊盜從事行竊活動之重要決定要因。例如，楊士隆於84年底對台灣台北監獄20名竊盜累犯進行訪談即發現，竊盜犯之犯罪決意常因犯罪機會之呈現（Presented）[22]，換句話說，竊盜行為主要係因合適標的物之出現，在缺乏防護之下而發生。相類似的，英國劍橋大學學者Trevor Bennett及Richard Wright於1982年間，對英

---

18 高金桂，台灣地區竊盜犯罪之分析及其偵防措施之研究，中央警官學校警政研究所碩士論文，民國68年6月。
19 莊耀嘉、古明文，竊盜累犯之研究，法務通訊雜誌社，民國72年9月。
20 張甘妹，犯罪學原論，民國84年3月，第196頁。
21 同註19。
22 楊士隆，竊盜犯罪：竊盜犯與犯罪預防之研究，民國86年4月，第123頁。

國監獄及觀護部門之309名竊盜犯進行訪談亦發現，竊盜犯罪之決意除犯罪機會之提供下，其大多在不同之犯罪情境下做出決定，而實際行竊行為大多依目標物是否妥適的選定而定[23]。

---

23 Trevor Bennet and Richard Wright, Burglars on Burglary: Prevention and the Offender. Aldershot, England: Gower, 1984.

第四章　竊盜犯罪之相關理論

第一節　理性抉擇理論（Rational Choice Theory）

「理性抉擇理論」是藉由犯罪者的角度來詮釋犯罪者如何選擇標的物、觸法之後果及評估犯罪報酬及危險性，亦即犯罪者為何決意犯罪及如何達成犯罪的思考過程。美國犯罪學學者Siegel其所著犯罪學（Criminology）一書中述及[1]：違法行為是發生在一個人考慮了個人因素（如金錢的需求、仇恨、刺激、娛樂）和情境因素（如目標物受到如何的保護及當地警方的效率）後，所作的選擇冒險的決定，亦即從事某一特定型態犯罪的決定，是在衡量各種訊息之後所作成的，相反地，放棄犯罪的決定也是由於犯罪人知覺到犯罪沒有經濟上的利益，或是他覺得被逮補的風險太大了。因此，當警方集中警力在城市的某個地區加強巡邏時，鄰近地區的犯罪率則會增加，這可能是因犯罪人意識到了鄰近地區為屬安全的地方。

犯罪是否得到報酬呢？如果理性的犯罪人明白犯罪所得的報酬較一般合法的工作來得高，他們就可能會選擇去犯罪，然而事實上有的犯罪所得的報酬可能會少於犯罪者的預估，那可能是犯罪者高估了犯罪所得，也可能是犯罪者失業、缺乏專業找不到工作或被拒於工作圈之外，且犯罪者對於每一次犯罪是否能順利逃脫，都太過於樂觀，他們認為犯罪被逮補的機會是很小的，不會犯罪一次就被逮到，相信犯罪是值得冒險的。因此要預防犯罪必須使那些潛在犯罪人了解到犯罪生涯是高成本且低報酬的。

另外Siegel指出犯罪的構成（Structuring Crime）決定在三種因素的選擇[2]：包括1.選擇犯罪的地點（Choosing The Place Of Crime），包括評估標的物的安全措施、可利用的資源為何？何種地點犯罪較易得手而不易被逮

1　Siegel, Larry J., Criminology, St, MIN: West, 1998, pp. 102-110.

2　同前註，p. 104。

捕。2.選擇目標（Choosing Targets），如竊盜犯在決定竊盜犯罪行為前，會評估目標物價值多寡、銷贓容易性、對警察逮捕的認知等，若怕被警察包圍，會避免選擇獨棟建築物下手，且大多選擇現金交易的地方行竊，如酒吧、超市、餐廳等或觀察某家庭的生活型態再下手。3.學習犯罪技巧（Learning Criminal Techniques）避免犯罪被發現，增加犯罪成功的機率。又理性選擇理論與日常活動具有相當密切的關係，犯罪的選擇受到了犯罪者對目標弱點認知的影響，如竊盜犯很關心目標物的便利，他們會選擇較為熟悉、有弱點的、可以接近或是開放的、容易逃脫的地方來犯罪，只要犯罪目標愈適當或愈容易接近，犯罪就愈可能發生。而相反的，如果有能力的監督者在場則可避免犯罪的發生，如犯罪者會選擇避開那些有武裝或有危險性的被害人，或有安全防衛設備的目標物，如安全柵欄或防盜鈴。

理性選擇理論將焦點放在犯罪的機會，犯罪可能形成一種誘惑，當人們認為犯罪的結果對其有利時就會為之，不論是利益導向或暴力導向，犯罪通常都會有一個令人無法抗拒的誘惑存在，社會學家認為犯罪事實上是有立即直接的利益的，其把這些利益稱為犯罪的誘惑（The Seductions Of Crime），故一個人之所以會選擇犯罪是因為犯罪可以滿足個人的需求。若人們不害怕被逮捕的風險，也不害怕犯罪後的社會評價結果時，就有可能去犯罪，反之若人們害怕在同儕團體中失去尊嚴或受到刑罰制裁就會放棄犯罪的誘惑。

第二節　一般性犯罪理論

犯罪學者蓋佛森與赫西（Gottfredson and Hirschi）於1990年結合古典犯罪學和實證犯罪學之觀點，提出「一般性犯罪理論」（A General Theory of Crime），嘗試對犯罪類型（含竊盜犯罪行為）進行詮釋。基本上，他們將重點放在於少年初兒期在家庭內早期社會化過程，此早期社會化過程之不當將影響低度自我控制（Low Self-control）而為犯罪與偏差行為之主因。

　　蓋佛森與赫西強調低度自我控制之持續性特質，特質包括：衝動性、喜好簡單而非複雜的工作、冒險、喜好肢體而非語言的活動、以自我為中心、輕浮的個性。低度自我控制加上犯罪機會為犯罪之主因。他們將犯罪定義為「以力量或詐欺之行為追求個人自我利益」（Acts of Force or Fraud in Pursuit of one's Self-interest）。如同赫西在犯罪原因論（Causes of Delinquency）一書中所提，犯罪動機並非係一變項。相反地，所有的人類皆汲汲於追尋自我利益，包括犯罪。真正的差異乃在於個人自我控制之層級與觸犯犯罪機會之提供。然而既非低度自我控制，亦非犯罪機會之呈現本身，為決定犯罪之主因。相對地，必須兩者同時呈現或產生互動始導致犯罪行為之發生[3]。

　　蓋佛森與赫西之一般性犯罪理論模式，詳如圖4-1。

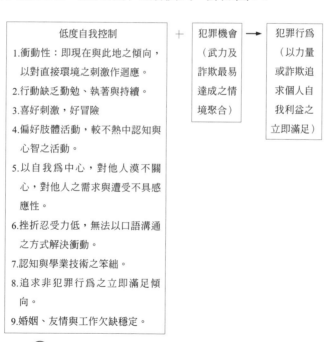

圖 4-1　蓋佛森與赫西之一般性犯罪理論模式

3　Gottfredson, Michael T. and Travis Hirschi, A general Theory of Crino, Standford, CA: Standford University Press, 1990.

　　總之，一般性犯罪理論指出犯罪（含竊盜犯罪）是一群低度自我控制者，在犯罪機會條件之促成下，以力量（Force）或詐欺（Fraud）追求個人自我利益之立即滿足的行為。

第三節　生活方式與例行性活動被害理論

　　除前述竊盜犯罪相關理論外，另一支與傳統犯罪理論著重於犯罪原因探討截然不同之研究取向為從被害之觀點，探討加害人與被害人之互動關係。而其中以辛德廉、蓋佛森和葛洛法洛（Hindelang, Gottfredson and Garofalo）提出之生活方式暴露被害理論（A Lifestyle/ Exposure Model of Personal Victimization）[4]及柯恩與費爾遜（Cohen and Felson）倡導之日常活動被害理論（Routine Activity Theory of Victimization）[5]最具代表性，茲分別敘述如下：

一　生活方式暴露被害理論

　　個人生活方式暴露被害理論係由辛德廉等氏於1978年提出，此理論旨在說明一個人之所以可能遭致被害，與其「生活方式」之某些特色有關。根據辛德廉等氏之見解，生活方式（Lifestyle）係指日常生活之各項活動，包括職業活動（如工作、就學、持家）及娛樂休閒活動等。個人因這些生活方式、型態之不同，而影響及其被害之風險。辛德廉等氏之理論架構如圖4-2[6]：

4　Michael J. Hindelang, Michael R. Gottfredson, and James Garofalo, Victims of Personal crime: An Empirical Forndation for a Theory of Personal Victimization, cambridge, Mass: Ballinger Publisging company. 1978.

5　Lawrence E. Cohen, and Marcus Felson Social Change and Crime Rate trends: A Routine Activity Approach, American Sociological Review, Vol. 44: 588-608, 1979.

6　同註4。

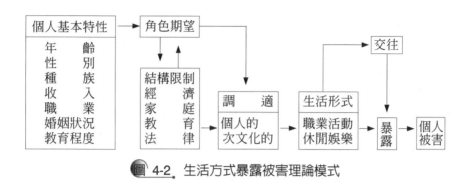

圖 4-2 生活方式暴露被害理論模式

　　辛德廉等氏指出，個人在社會中適應情形，受角色期望（Role Expectations）與社會結構（Social Structure）的限制與約束。而角色期望與社會結構的結束則依個人基本人口資料特性而定，例如年齡的不同，男女性別的差異，種族的不同、收入的多寡、職業、婚姻狀況及教育程度的不同，社會對其角色的期望與要求亦有所差異。

　　此外，社會上既定的各種制度，如經濟、家庭、法律及教育制度等「社會結構」上的約束限制了個人對其行動的選擇權，譬如經濟因素嚴格限制個人對居家環境，娛樂休閒生活方式，受教育機會及交通工具的選擇；核心家庭或小家庭取代大家庭時，也影響了家庭組成分子的行為模式，教育制度使人必須依循其體系循序漸進，且大部分的人均受法律之約束。個人在社會化（Socialization）過程中，逐漸習得所屬團體之規範、態度及適應角色期望與社會結構之限制後，自然而然產生一套適應的行為模式，如上學、就業、持家及休閒娛樂等日常生活活動，此類活動即辛德廉等氏所稱之「生活方式」（Lifestyle），即為個體安排其職業與休閒等活動的生活方式。這種生活方式關係著個人是否於特定地點、特定時間與具有特殊人格之特定人接觸；而生活方式的不同，與具有某種特性之人在特定時空點上相遇的機會也有所不同，因加害者與被害者並非隨機分布在時間與空間上，因而導致某些特性之人在某些時空點上較易成為被害對象。亦即不同的生活方式，含蘊著不同的被害危險性，常與具有犯罪特性之人接觸交往者，其暴露於危險情境的機會愈多，被害的可能性也就愈

大，故個人生活方式暴露理論指出，生活方式除直接影響個人暴露於危險情境之機會外，亦間接透過加害者之間的相互接觸，而影響被害者之間的相互接觸，而影響被害可能性的大小[7]。

二 日常活動被害理論（Routine Activity Theory of Victimization）

日常活動被害理論係由柯恩及費爾遜（Cohen and Felson）於1979年所提出[8]。此項理論強調犯罪等非法活動之發生在時空上須與日常生活各項活動相配合，換句話說，日常生活活動型態影響及犯罪發生之「機會」，而導致「直接接觸掠奪性犯罪」（Direct-contact Predatory Violation）之發生。

柯恩及費爾遜（Cohen and Felson）認為犯罪之發生，必須在時空上三項因素聚合[9]：

（一）具有能力及犯罪傾向者（Motivated Offender）

係指社會急速之變遷，人類活動型態改變，造成犯罪機會之增加及潛在犯罪者之發生，而此為犯罪被害發生之啟動者。

（二）合適之標的物（Suitable Target）

合適被害標的物之選擇隨著標的物之價值（Value）、可見性（Visibility）、可接近性（Access）及其慣性（Inertia）如物之大小重量及是否上鎖等而定。

7　張平吾，簡介被害者學之發展及其兩相關理論，警政學報第十六期，中央警官學校警政研究所出版，民國78年12月。

8　Cohen, Lawrence E. and Marcus Felson, Social Change and Crime Tate Trends: A Routine Activity Approach, American Sociological Review, Vol. 44: 588-608, 1979.

9　蔡德輝、楊士隆，犯罪學，五南圖書，民國102年8月，第150-151頁。

（三）足以遏止犯罪發生之抑制者不在場（Absence of Capable Guardian Against Crime）

非單指執法人員之不在場而言，指足以遏止犯罪發生控制力之喪失型態，如被害時無熟識之人在場等。

第四節　嚇阻理論

一　沿　革

基本上嚇阻理論（Deterrence Theory）可溯至義大利哲學大儒貝加利亞（Beccaria, Cesare）及英國之邊沁（Bentham, Jeremy）之主張。貝加利亞認為人類是理性抉擇的動物，其行為動機是要獲得快樂和避免痛苦，而犯罪則提供犯罪人眾多的快樂，因此要嚇阻犯罪即必須使懲罰與犯罪成比率，使其超越犯罪所得之快樂[10]。邊沁亦提出類似的觀點，例如，其認為人類行為之基本目的是要產生利益、快樂和幸福，避免痛苦、不幸、邪惡與不快樂。在此情況下人類對於各項特定行為（含犯罪）均加以計算，以比較未來可能產生之痛苦與快樂。為此，懲罰必須要與所犯之罪成比率，以降低違法之動機，避免犯罪[11]。此二位抱持功利主義（Utilitarian）之社會思想家見解建構成之古典犯罪學派（Classical Criminology）深遠影響到十八、十九世紀及今日之刑法與刑事政策，嚇阻理論在截取其重要觀點後逐漸組合發展成所謂之嚇阻主義（Deterrence Doctrine）[12]。

---

10 許春金，犯罪學，三民書局，民國79年11月，第130-133頁。
11 同前註，第134-135頁。
12 Bennett, Trevor and Richard Wright, Burglars on Burglary: Prevention and the Offender. Aldershoot, England: Gower, 1984.

二　基本要素

　　嚇阻理論認為人類是理性的，可自由意志的決定自己的行為。根據犯罪行為之遭逮捕風險與可能帶來之刑罰痛苦，一個人可理性的決意是否從事犯罪或放棄犯罪，成為善良之公民。為確保嚇阻效果，避免犯罪之發生，懲罰（刑罰）必須具備下列三要素：即刑罰之迅速性（Swiftness or Celerity）、確定性（Certainty）與嚴厲性（Seriousness）[13]。茲扼要說明如下：

（一）刑罰之迅速性

　　迅速性係指犯罪與刑罰同應之時間應予縮短，使犯罪人犯罪後迅速、立即的接受刑罰制裁。

　　貝加利亞曾提及：「犯罪後懲罰倘能直接、立即的執行，其公正與有效率性將可直接提升……一個立即的懲罰是合乎實用原則的；因為在犯罪與懲罰間之間隔愈短，犯罪與懲罰兩者之相關將更強化與持續」[14]。

（二）刑罰之確定性

　　確定性係指觸法者犯罪遭逮捕與懲罰之肯定機率。

　　犯罪者倘因犯罪卻由於執法人員之執行不力而致其消遙法外，或犯罪者本身具有良好之社經地位，利用各種關係與行賂手段，而未受法律之制裁，均將使刑罰之威嚇力大打折扣，甚至可能造成貧窮、無權勢者遭致不公平刑罰制裁之命運，因此確保觸法者確定受到刑罰制裁乃成為維持懲罰威嚇力之重要關鍵[15]。

---

13 Gibbs, J. Crime, Punishment and Deterrence. New York: Elsevier, 1975.

14 Beccaria, Cesare, 'On crimes and punishment', pp. 11-24, in Sawyer F. Sylverster, ed. The Heritage of Modern Criminology. Cambridge, MA: Schenkman Publishing Company, 1792.

15 Reiman, Jeffrey H., The Rich Get Richer and The Poor Get Prison, 2nd, New York: Macmillan Publishing Company. 1984.

（三）刑罰之嚴厲性

嚴厲性係指對於犯罪者應依據其犯罪行為之嚴重性給予足夠之刑罰，以確保刑罰威嚇效果。

對於嚇阻理論倡議者而言，懲罰必須與犯罪相稱（Punishment must fit the crime）[16]。換句話說，犯罪除須依比例考量其對社會之危害性而給予恰當處罰外，同時必須給予足夠嚴厲之處罰以反轉其因犯罪所得之快樂。假使懲罰過輕，則無法達成威嚇之效果，而懲罰倘過嚴，則製造出更多不公平的情況。懲罰之實施不應因犯罪人之特徵與社會背景的不同而給予不同之懲罰；犯罪行為愈嚴重，則應給予更嚴厲的懲罰。

綜合言之，倘刑罰具備迅速性、確定性與嚴厲性三要素，則民眾在理性考量從事犯罪行為時，將獲得「失去將比獲得更多」之訊息，而因此被嚇阻而不從事犯罪行為，倘此三項要件有所欠缺，刑罰之效果將大打折扣，甚至產生許多負面效應。

三 嚇阻理論之策略

懲罰威嚇並不必然只侷限於對犯罪人危害之回應，其亦可著重於未來犯罪之危險性，其理由不外乎許多人在進行犯罪行為前經常必須對行為之結果做估算。假如犯罪之利益大於被逮捕、懲罰之危險性，行為人極可能冒險一試。威嚇之作用即在於影響這種犯罪風險的認知，使得潛在的犯罪人認為犯罪之風險性高，並且很可能是不值得的。一般而言，嚇阻理論採行一般威嚇（General Deterrence）與特別威嚇（Special Deterrence）二項策略，以達成嚇阻效應。茲扼要敘述如下[17]：

---

16 蔡德輝、楊士隆，犯罪學，五南圖書，民國90年6月。

17 Zimring, Franklin E. "Perspectives on deterrence," NIMH Monograph Series on Crime and Delinquency Issues. Washington,. D. C: U. S. Government Printing Office, 1971: Zimring. F. and G. Hawkins, Deterrence: The Legal Threat in Crime, Chicago: University of Chicago Press, 1973. 另參閱林茂榮、楊士隆，監獄學：犯罪矯正原理與實務，五南圖書，民國103年6月。

（一）一般威嚇

一般威嚇係指對犯罪者之懲罰威嚇效果影響及其他非犯罪人成為犯罪人，換言之，一般威嚇乃欲使一般民眾了解犯罪行為將被懲罰，進而影響潛在之犯罪抉擇與可能之犯罪活動。

根據刑罰學者Van Den Haag之見解，目前刑法以及刑事司法體系之目標即在於建立一威嚇體系（Threat System），以防止犯罪之發生[18]。例如，警方針對特定地域、犯行進行之大規模嚴厲掃蕩犯罪行動（Crackdowns），即可能產生一般威脅作用，減少犯罪之發生。學者Lawrence Sherman於最近對美國警局採行十八項嚴厲之掃蕩犯罪行動進行檢視，亦發現這些作為在犯罪初期具有控制犯罪之嚇阻效果，雖然長期嚇阻效應仍待進一步評估[19]。無論如何，一般嚇阻利用各種資訊傳達了犯罪係不值得（Crime does not pay）之訊息，希望藉此減少潛在犯罪人之犯罪頻率，甚至避免犯罪之發生。

（二）特別威嚇

特別威嚇係指對犯罪人之懲罰，使其懼怕，進而影響其未來可能衍生之犯罪行為。

根據學者James Q. Wilson之見解，特別嚇阻之懲罰對於那些屢次再犯者（如常習犯）有助於減少其犯罪之發生[20]，蓋對於這些係以犯罪為職業者，寬鬆之刑罰或矯治之措施往往對其缺乏效果，只有長期的予以監禁、隔離始能減少其危害。

倡議此項特別威嚇之學者主要引用1972年美國賓州大學Wolfgang等教授之研究。Wolfgang等對1945年出生之9,945名青少年追蹤至十八歲止，其研究發現占所有樣本數6%，累犯五次以上之所謂慢性犯罪者（Chronic

---

18 Van Den Haag, Ernest, "The Criminal Law as a Threat System." Journal of Criminal Law and Criminology 73, 1982, pp.709-85.
19 Sherman, Lawrence. "Police Crackdown," NIJ Reports, March/April, 1990, pp. 2-6.
20 Wilson, James Q., Thinking about Crime, New York: Basic Books, 1975.

Offender），或稱核心犯罪者（Hardcore Criminal）卻觸犯51.9%之所有罪行[21]。因此建議應對此類犯罪予以辨識、掌握並長期隔離，以減少其進一步犯罪。

除前述之對常業犯長期隔離，以產生特別威嚇之案例外，有關特別嚇阻效能之另一著名研究係由學者Sherman及Berk在美國Minneapolis警局所進行之家庭暴力研究。在此項研究計畫中，警察人員隨機的被分派至下列三組，對家庭暴行施暴者分別採行給予勸告、仲裁，命令嫌疑犯離開八小時及正式逮捕等三種不同方式之處理。研究追蹤六個月後發現遭逮捕者之再犯率為10%，接受勸告者為19%，命令離開者24%，證實了正式逮捕之家庭暴力特殊嚇阻效果[22]。

值得注意的是，雖然特別威嚇具有強大之犯罪嚇阻效果，並且符合大多數民眾之需要，然卻因涉及犯罪人權益至鉅，故倘在認定、辨識上有所疏失，將衍生許多副作用。

四　嚇阻理論之應用

從傳統之古典學派理論迄至今日以理性抉擇為主軸之嚇阻理論，其對於刑事司法體系之每一層面均造成衝擊[23]，茲分述如下：

（一）立法方面

在立法方面，許多案例均反應出嚇阻理論之思潮。例如，以我國之「檢肅流氓條例」為例，其具有相當強烈之嚇阻色彩。此項條例規定，經警方認定為流氓，移送治安法庭裁定接受感訓處分者，須送交法務部所屬技能訓練所執行一年以上三年以下之感訓處分。日本於1991年訂頒之「暴

---

21 Wolfgang, Marvin, Robert Figlio, and Thornsten Sellin, Delinquency in a Birth Cohort. Chicago: University of Chicago Press, 1972.

22 Sherman, Lawrence and Richard Berk, "The Specific Deterrent Effects of Arrest for Demestic Assault," American Sociological Review 49, 1984, pp. 261-72.

23 Siegel, Larry, Criminology: Theories, Patterns, and Typology, Fourth Edition, MN: West Publishing Company, 1992, p. 149.

力幫派成員不當行為防止法」亦規定經國家公安委員會認定為暴力幫派之成員，不得以暴力行為從事各項活動，限制其活動範疇。此項法案亦具有嚇阻色彩，以確保民眾安全與福祉為目標[24]。此外，另以美國田納西州最近有關酒醉駕車之立法例為例，假使行為人在酒醉之情況下駕車遭起訴，該法律規定，其至少須被監禁於看守所四十八小時[25]；同樣的，在美國亦有許多州採行嚇阻策略通過嚴格之槍枝管制法案，以嚴厲之刑罰嚇阻槍枝犯罪案件。例如密西根之槍枝管制法規定，任何人因使用槍枝而犯罪者，即強制的增加二年刑期；麻州之槍枝管制法，則規定攜帶未經註冊之槍枝者，處以一年之強制監禁[26]。這些案件均為嚇阻理論立法之應用，希望達成嚇阻與控制犯罪之目標。

（二）警察方面

嚇阻理論在警察方面之實際應用範圍甚廣，包括各項掃蕩行動在內。例如，美國華盛頓特區曾在五十九個藥物交易市場布署超過100至200名警察、運用封鎖道路，秘密警察喬裝毒品買賣主等技術，每天逮捕超過60名之罪犯，而掃蕩犯罪[27]；在我國每年不定期舉行之掃黑、肅竊專案、淨化選舉專案及春節期間之春安工作等均為嚇阻理論之具體實踐。

（三）法院方面

在法院量刑方面，以美國為例，隨著民眾犯罪恐懼感加大，對犯罪人抱持懲處態度升高，法院對犯罪人之科刑有走向定期刑（Determinate Sentencing）之趨勢。

根據學者Pursley之描述，定期刑之型態大致以下列三種形式出現，這些變化均係嚇阻理論思潮之呈現。

24 陳進銘，日本暴力幫派成員不當行為防止法，刑事科學第三十四期，民國81年9月。
25 參閱Tennessee Code Annotated, 1980. 55-10-403。
26 同註23，p. 149。
27 Sherman, Lawrence, Poice Drackdown, NIJ Reports, March / April, 1990, p. 3.

1. 推定量刑（Presumptive Sentence）

此項法律規定所有因特殊犯行而送至監獄執行者將獲得相類似的刑期，並且須服完全部刑期而無提早假釋或釋放。

2. 定期刑（Definite or flat Sentence）

法官僅能就立法當局提供之量刑額度量刑，沒有太多自由裁量之空間。

3. 量刑指南（Sentencing Guidelines）

係由量刑委員會，依據量刑各項因素，制定量刑基準供法官參考[28]。

（四）矯治方面

嚇阻理論對矯治層面之影響主要包括對犯罪危險性較高之習慣犯予以長期監禁、隔離，並以較嚴厲之刑罰制度懲罰犯罪人。依據學者Greenwood之研究，其指出先前有搶劫紀錄、最近一次被逮捕之前兩年，有一半時間監禁紀錄、在十六歲之前有犯罪紀錄、曾在少年感化機構接受感化教育、最近一次被逮捕之前的兩年內有使用藥物情形，於少年階段有吸毒情形、入獄前兩年內就業之時間不到一半等個人指標即屬犯罪高危險群（High-Level Offender），應予選擇性監禁（Selective incapacitation）[29]，避免輕易予以假釋，此項強硬之政策影響犯罪矯治層面至為深遠。此外，諸如各國目前存在之各類較嚴厲之刑罰制度如中東回教國家之剁手、剁腳等殘酷刑罰均為嚇阻思潮之呈現。

---

28 Pursley, Robert. D., Introduction To Criminal Justice, New York: Macmillan Pub- lishing Company, 1994, pp. 609-612.

29 Greenwood, Peter W. and Alen Abtrahamse, Selective Incapacitation, Calif; Rand, 1982, p. 65.

第五章　竊盜犯之犯罪目標物選擇

　　一般人心中存有選擇良好居住環境的意念，同樣的，許多犯罪人，尤其是竊盜犯，亦在其內心世界描繪出理想之犯罪地域[1]。例如：人口眾多複雜、人際隱密性高、個人特徵不易突顯之地區即為理想之作案地點。另有學者提及，脫逃容易不易引起民眾群起反抗之地域，亦為罪犯之最愛[2]。但最令人擔憂的是，當竊盜犯四處遊逛、觀察、掃描時，其內心世界中即可能已意識到某些理想之作案地域，從而進一步規劃未來之犯罪活動。

第一節　犯罪目標物擇定之考量因素與發展過程

　　竊盜犯，尤其是職業竊盜，在決定是否從事犯罪行為、在何處及何時犯罪或目標物之同時，大多對各項因素予以周延分析、考量。學者[3]曾提出如圖5-1架構，來說明「街角型」罪犯對犯罪地域選擇與決定之過程：

　　Taylor & Gottfredson指出，某一地域為犯罪人選中之原因與該地地域特徵給予潛在犯罪人之意像（image）有關。這些特徵包括：物理環境特色、住民之社會人口特徵與行為型態、警察之勤務（巡邏、查察狀況）、犯罪人之訊息交換及犯罪者個人之知識與特質。茲分述如下：

1　Kennedy, Daniel B, Facility Site Selection and Analysis Through Environmental Criminology, Journal of Criminal Justice, Vol. 18. 1990, pp. 239-252.

2　Wilson, J. Q. and G. L. Kelling. Broken Windows, The Atlantic Monthly (March) 1982: 29-38.

3　Taylor, Ralph B. and Stephen Gottfredson. Environmental Design, Crime, and Prevention: An Examination of Community Dynamics, in Community and Crime, Edited by Albert J. Resii. Jr., and Michael Tonry. The University of Chicago Press, 1986.

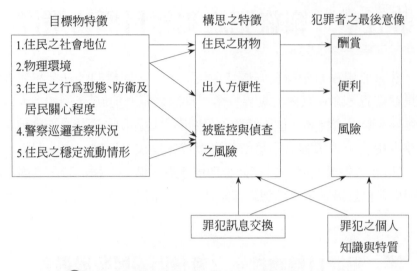

目標物特徵 　　　　構思之特徵 　　　犯罪者之最後意像

1.住民之社會地位
2.物理環境
3.住民之行為型態、防衛及　　　住民之財物　　　　　　酬賞
　 居民關心程度
4.警察巡邏查察狀況　　　　　出入方便性　　　　　　便利
5.住民之穩定流動情形
　　　　　　　　　　　　　　被監控與偵查　　　　　　風險
　　　　　　　　　　　　　　之風險

罪犯訊息交換　　　　　　罪犯之個人
　　　　　　　　　　　　知識與特質

圖 5-1　竊盜犯選擇犯罪地域之考慮因素及發展過程

資料來源：Taylor & Gottfredson (1986 : 396)

一　物理環境特色

　　倘地域之環境特色顯得非常富裕、奢靡或可通暢無阻的進出，缺乏防衛空間之設計或管制，或者具有物理環境頹廢、空屋雜陳、垃圾亂倒、廢棄之汽機車林立、街道坑坑洞洞、缺乏管理等特色，則極易吸引竊盜犯之入侵[4]。

4　Brown, B. B., and I. Altman. Territoriality and Residential Crime: A Conceptual Framework, in Enviormental Criminology, edited by P. J. Brantingham and P. L. Brantingham, Beverly Hills, Calif.: Sage, 1981. Hunter, A. Symbols of Incivility. Paper presented at the annual meeting of the American Society of Criminology. Dallas. November, 1978; Newman, O. Defensible Space: Crime Prevention through Urban Design. New York: Macmillan, 1972; Skogan, Wesley G. Disorder and Decline-Crime and the Spiral of Decay in American Neighborhoods. New York: Free Press, 1990.

二　住民之人口特色及行為型態

當然，倘住民具有良好之社經地位，其自然具有吸引力，而成為罪犯之首要目標。此外，倘住民流動性高，則極易影響及其是否願意協助治安之意願，而易成為歹徒選擇作案之良好標的。最後，倘住民缺乏對公共事務之關心，經常抱持冷漠之態度，則易吸引潛在犯罪人之注意，甚至啟動其作案之動機。

三　警察之巡邏、查察狀況

強化警察對社區的巡邏、查察情形，對於社區治安之維護亦有相當貢獻。倘社區缺乏警察之關心，潛在犯罪者極易認為社區是被遺棄的、沒有防衛的，則其被逮捕的風險顯然降低許多，故可能提升其作案的動機與意願。

四　犯罪人彼此間之訊息交換

除了前項之區域特徵之外，犯罪人彼此間亦可能交換犯罪相關訊息，例如：了解犯罪之困難度可能遭遇之反抗等，俾以選擇合適之犯罪標的，順利達成犯罪之目的。

五　犯罪人之個人知識與特質

犯罪者個人之專業知識與特質亦可能影響及其對區域標的之選擇，例如：職業竊盜者對於犯罪區域之選擇相當挑剔，諸如偷竊之對象、周遭環境之防禦情形、逃跑路線的選擇等各項考慮均趨於慎密，這些特質將影響犯罪區域的選擇。

這些目標區域之特徵，促使許多竊盜犯進一步構思、評估犯罪可能的酬賞（reward）、便利性（convenience）、容易到手與否及被偵測逮捕之風險（risks），而對未來的犯罪活動作最後之研判與規劃。

第二節 目標物擇定之國外相關研究

一 Bennett & Wright（1984）之研究[5]

　　此項研究係由英國劍橋大學犯罪研究所學者Trevor Bennett及Richard Wright於1982年間，對英國監獄及觀護部門之竊盜收容人總計309名進行訪談研究。其支持竊盜犯罪理性抉擇（rational choice）之觀點，認為竊盜行為之行動大多須依目標物是否妥適而定，換句話說，行竊大多經審慎規劃，較少投機或偶發行動。對於行竊時，其較畏懼被觀察到（being observed）之可能性，而不怕門鎖，蓋門鎖之安全緊密程度，意味著室內財物之價值程度。此項研究另發現倘犯行被阻止，超過半數以上之竊盜犯會選擇放棄或回家。

二 Wright, Richard等人（1985）之研究[6]

　　Wright等學者之研究係以實驗之方法，以住宅特性及物理環境改變不同照片對47名住宅侵入竊盜犯及34名一般市民進行比較調查，以了解竊盜犯如何選擇目標及是否具有特殊之認知能力，而加速了其犯罪之決策過程。研究發現竊盜犯的確較具專業化之能力，而留意到住宅之改變，即在選擇目標物時較注意各項適合做案條件之訊息。此項研究隱約的透露，犯罪人再選擇目標物而決意犯罪時係相當理性的，以獲取最大利潤，並避免被捕為目標。

5　Bennett, T. & Wright, R. W. Burglars on Bruglary, Aldershot, Hants, England: Gower, 1984.
6　Wright, Richard, Robert H. Logie and Scott, H. Decker. Criminla Expertise and Offender Decision Making: An Experimental Study of the Target Selection Process in Residential Burglary. Journal of Research in Crime and Delinquency, Vol. 32, No 1, 1985, pp. 39-53.

三　Rengert & Wasilchick（1985）之研究[7]

Rengert & Wasilchick對住宅侵入竊盜犯之研究指出，竊盜犯善於觀察適合做案的目標物，例如其訪視的一位竊盜犯指出，在某一個大熱天，其在一個社區中慢慢的開車，倘見窗戶緊閉，而冷氣未開動，即表示室內無人，為適合做案之地點之一。此外，根據Rengert & Wasilchick之研究進一步指出，職業竊盜犯一般在進入作案住宅室內不超過五分鐘，即使警鈴因而響起，亦可輕易即時脫逃，不致遭逮捕。

第三節　目標物擇定之本土實證研究

一　蔡中志（1991）之居家安全研究[8]

此項研究之重點之一，為台灣北部地區316名侵入住宅之竊盜犯進行問卷調查。其發現有123名竊盜犯在作案前有先觀察和打聽（39.0%），侵入住宅時以門未上鎖之六十六件最多。至於影響犯罪目標物選擇之因素包括：1.可能在場監視者之因素；2.住宅安全設備因素；3.住宅財富因素；4.周遭環境因素。其中又以：(1)巡邏的警察；(2)自動警報系統或電子防盜設備；(3)住宅周遭鄰居；(4)住宅較豪華等因素最為竊盜犯所在意。

二　柯義民（1993）[9]之汽車竊盜及偵防之實證研究

柯義民對台灣地區汽車所有人924名及96位竊盜犯之調查研究指出，影響汽車整體被竊的重要因素主要有下列十項：1.停車地點出入份子複雜；2.停車場所；3.汽車防盜設備；4.上下班時間外出洽公的頻率；5.停車

7　Rengert, G. and J. Wasilchick. Suburban Bruglary: A Time and Place for Everything. Springfield. Ill.: Thomas, 1985.

8　蔡中志，居家安全之研究，三民書局，民國80年。

9　柯義民，汽車竊盜及偵防之實證研究，中央警官學校警政研究所碩士論文，民國82年6月。

地點是否收費；6.職業；7.停車地點夜間的明亮度；8.是否經常開車出入餐廳；9.下班後外出活動的頻率；10.是否經常開車出入風景遊樂區。

三　楊士隆（1997）[10]之竊盜累犯訪談研究

楊士隆於84年10月間以台灣台北監獄之男、女竊盜累犯20名（14名男性，6名女性）為訪談研究對象，對其目標物之選擇部分，有如下之發現：

（一）犯罪目標物之特徵

犯罪目標之特徵在人際較冷漠、人口較多之都會環境，財富較多、無人看管、硬體設施保護較欠缺周延之地域及容易出入者，最容易成為竊盜犯下手之目標。至於住民之人口流動情形，甚至警察巡邏狀況，竊盜犯基本上並不特別在意，既使遇見警察，竊盜犯亦大多能保持冷靜、沈穩，泰山崩於前而面不改色，編造理由以逃避執法人員之偵察。對於受害者之選擇則以其是否外觀珠光寶氣或看得出係屬有錢人，對自己財物欠缺管理注意者為最優先之下手對象。

個案一：行竊時我會考慮住民的社會地位，地位越高、越有錢者越好。其次，我會考慮地點（環境）情形。如是否為高級住宅區、房子外表或裝潢是否豪華、屋外停放之轎車是否名貴等來決定下手的對象。但我不會考慮居民的關心程度。因現代工商業社會人際關係淡薄，居民關係疏遠，所以我並不考慮。只要在進入目標物前那一刻會特別注意有無警察巡邏查察，平常則不會太在意，若是在行動前為警察盤問則編造理由或佯稱找朋友搪塞。

個案二：一個人如果穿的珠光寶氣或看得出他是有錢人，我便容易以他為下手的目標。同時，我會考慮犯罪之良好環境，通常我們喜歡在高級商業地區及人多擁擠的地區尋找下手對象。

---

10 楊士隆，竊盜犯罪：竊盜犯與犯罪預防之研究，五南圖書，民國86年4月。

個案三：犯罪標的物的特徵必須選擇容易下手者，正如女用廁所；因為多數女性上廁所時大多會將皮包放掛在架上，而自己只要看四下無人不需太多時間即可得手。

（二）犯罪訊息交換

犯罪訊息之經常性交換在本研究中並未完全獲得證實，或由於涉及江湖規矩，多數竊盜犯承認獨自犯罪，但部分竊盜犯仍坦承為確保鎖定高利潤目標，並避免逮捕，其在犯案前大多彼此交換犯罪相關訊息，並且做妥適之分工，俾已在最短的時間內獵取鉅額之金錢。

個案一：我會和其他同夥交換犯罪訊息，如哪個地方比較有錢、比較好下手等，以確保順利達成目標。

個案二：作案前彼此交換犯罪訊息，可獲得安全保障，並竊取較高的利潤。

個案三：我會與其他同夥交換犯罪訊息及分配工作，每一個人都有自己應做的工作，如由誰下手，由誰製造混亂，由誰接送，都會事先交換意見及分工合作。

（三）犯罪個人偏好與專業判斷

竊盜犯除仔細對目標區域與標的物詳加判斷外，並以個人之專業知識（職業知能）與偏好（興趣）分別選擇適合自己行竊之最有利目標，就某種程度而言，竊盜犯除量力而為，行竊力求專精化外，並避免對不熟悉之環境與標的物行動，以免被捕。

個案一：我作案時大多於清晨三、四點進行，因為在此一時段，受害者大多熟睡。作案地點我不願跑太遠，因為環境不熟悉。但太近亦不好，以免被人識破。

個案二：由於我家以前開「雜貨店」，對於「雜貨店」的情形比較了解；所以，雜貨店及其相關之超商就成了我行竊闖空門的主要目標，而且我也都選擇假日或打烊後的時段行竊。也由於我是在基隆地區長大，對

於基隆的地形較熟悉，所以，我行竊的地點都在基隆地區，而且愈靠近我家中山區附近，就成了我行竊時最愛的地點。對於不熟悉的地方，我不敢偷，因為怕失手時，無路可逃。

（四）犯罪之放棄與轉移

竊盜犯放棄目標物之情形以室內有人、裝有警鈴或防盜系統為主因，鄰居、警察的出現，並不一定使其取消行竊行動，反倒使其更加謹慎。至於住戶雖有養狗，但只要拴著，一般竊盜犯是不懼怕的。其次，有關犯罪目標物轉移情形，本研究發現部分竊盜犯行竊倘未得手，即放棄目標，改天再伺機行動，而部分竊盜犯則因急於用錢或遇見更多之目標物而有轉移目標行竊情形。故犯罪目標之轉移端視情況而定，包括個人因素及犯罪之有利條件，其並不必然一定會發生。

個案一：一般而言，如室內有人或裝有警鈴則我會放棄偷竊。但如鄰居出現我並不一定會放棄，我只要在進去目標物時不要被他看見即可，不會特別因為有人經過而放棄。同樣地，如警察出現時我只要在進去目標物時不被他看見即可，若為警察盤問就編造藉口，如果他特別注意只好下次再來。另外在從事竊盜時所花費之時間甚短，故只偷值錢之物品如黃金、首飾、珠寶、支票、現金等，若遇有狗時只要他被拴住或不會咬人，通常不會放棄。

個案二：我作案的情形是如室內有人則我會放棄。鄰居出現，我並不一定會放棄，因公寓有時候大家都互不認識，有的話都是開鎖進去，不是翻牆或由窗戶進入。如有人經過看見時，只要下手時不要被看見即可，行動前不考慮。警察出現時就先避一避下次再動手，風險較小。室內有光線或警鈴一響我會放棄行竊。至於狗只要拴住我仍不會放棄。原本目標物有人在或其他如警報器等，則會放棄轉移其他適合下手的目標。

個案三：我放棄目標物的考慮因素如「事主」發現、旁邊有人看見、或警察人員出現等。至於犯罪目標物是否轉移情形，如果原本的目標物不易下手或看到更好的目標物或看到更好下手的，便會產生轉移。不過通常

是以安全顧慮為第一。

四 潘昱萱、林瑞欽（2001：420-422）[11]之竊盜犯行研究

潘昱萱、林瑞欽於90年間對10名竊盜犯進行訪談研究，其以目標物之吸引性、慣性及接近性萃取竊盜犯之目標物擇定情形。研究發現如下：

（一）目標物的高價值

每個個案對目標物的價值主觀覺知並不相同，有人偏好金錢的獲取、有人有特定的銷贓管道會選擇特定的物品、有人對東西的獲取有特殊的偏好。大致而言，累犯每次竊取的目標物大致相同。

個案一：「剛好看到被害人家中的櫃子，就打開拿了被害人幾千元。」

個案二：「看到被害人將領出來的八萬多元掛在機車上，然後又進去銀行辦事，我看四周無人，就趕快拿走。」

個案三：「盆栽、藝術樹是藥商指定的，我大概也會看哪些價值比較高。我們都是搬價值高的，一次偷約一、二萬元。」

個案四：「朋友跟我說在高雄港的魚貨，叫我幫他搬一箱一箱的魚貨。」

個案五：「我選的目標沒有特定廠牌，只要是跑得快的就偷，認為打不開的不會去動。」

（二）目標物的搬運慣性

目標物的重量、大小是否是個案能搬運的能力範圍之內，必須要犯案前事先計畫。東西太重、太大則一個人搬不動時，則需要共犯，訪談中發現3位受訪者選擇共犯其中一個因素即是由於目標物的慣性需要多一點的

---

11 潘昱萱、林瑞欽，竊盜犯行認知基模之萃取研究，二十一世紀亞太地區刑事司法與犯罪問題對策研討會，民國90年11月。

人力，以便目標物的搬運。另外，事前考慮目標物的慣性，則可以選擇適當的交通工具以便目標物的運輸，有3位受訪者即因東西太大、太重而選擇發財車來運輸。

個案一：「因為舊的機械重，所以要二、三個人搬。」

個案二：「有時候要翻牆搬盆栽，就要一個人到裡面搬，一個人在外面接。」

個案三：「魚貨要一箱一箱搬到發財車上，朋友叫我幫他搬。」

（三）目標物的接近性

若目標物對犯罪者而言，相當具有吸引力，但沒有足夠的技巧與能力接近目標物，則犯罪者在沒有覺知行為的控制感之下，可能還是會選擇暫時放棄表現該行為意向；訪談中有一位個案即表示不會去動打不開的車，以免徒增風險；而當個案有足夠的技巧及能力排除障礙，才可能表現行動；有二位訪談者有開車鎖的技術並隨身攜帶開鎖及防身工具；一位攜帶玩具槍；另外有一位受訪者會攜帶「醋酸」非暴力性的防身工具，目的在排除狗的防護。訪談者表示對於這種需要技巧的方式接近目標物是經過經驗的累積及專業的學習。

個案一：「我朋友有帶玩具槍。」

個案二：「我們去偷的時候，有時候會碰到狗，藥商教我們可以用醋酸噴牠。」

個案三：「開鎖是我小時候跟開鎖師父學的。」

個案四：「偷車是跟朋友學的……大概一次去都兩三個人，車上會帶槍、開鎖的工具。」

犯罪目標物的出現，配合適當情境因素，並不一定會促使潛在犯罪者犯罪，目標物的價值、慣性、接近性也是一併要加以考慮的。可以發現若是目標物的慣性較難搬運、較難以接近時，犯罪者需要事先準備工具，如開發財車、多一點人手、帶開鎖工具。而對於機會犯或偶發犯，目標物的較易接近性、慣性屬於易於搬運者，目標物的價值亦較不定，視所遇的機

會而定。累犯或專業的竊盜者尋找的目標物是同一種類，對於自己的能力也較能了解極限所在，非自己能力所及的，寧願選擇放棄；而機會犯或初犯犯罪的手法較不需特殊技能，如：順手牽羊，但由於手法的粗糙，顧慮的因素較少──大多只顧慮到有沒有監控者。

第六章　竊盜慣用破壞手法及工具分析

　　實務上所發生之竊盜案，十件有九件幾乎都是被以破壞的手法，將鎖具破壞而侵入行竊，很少有被竊賊以開鎖方式進入行竊的，所以本章節將常用破壞手法、破壞工具、行竊工具等，加以分析，希望就偵查竊盜之角度，或防治竊盜案上能有所助益，也使讀者對各種鎖具，被何種行竊工具、行竊手法能有初步之認識。目前查獲竊盜案，依竊盜所攜帶工具，確實是五花八門，從小型螺絲起子到大型油壓剪、鑽孔機都有，甚至有為了竊取銀行提款機，而使用挖土機等大型工具，但實際上幾乎每一件竊盜案，歹徒幾乎都是使用破壞法較多，鮮少有竊犯具備有高超的開鎖技能，所以竊犯所攜帶的還是以破壞工具較多。

第一節　侵入竊盜破壞工具及其破壞手法

一　管鉗把手

　　管鉗把手（圖6-1）一般使用於破壞喇叭鎖較多，因為它可調整夾住任何圓形物品，所以許多竊犯用來夾住喇叭鎖，用力旋轉，即可使喇叭鎖內珠子破壞，達到開啟目的，另外它也可以用來夾住任何鎖心外露之鎖具。

圖 6-1　管鉗把手

鐵撬、鐵鎚

鐵撬（圖6-2）的材質一般都是鋼製品，常見板模工用來撬開板模使用，而竊犯用於撬開門板、門鎖橫栓，它的力道強勁，能輕易撬開門縫、門板、破壞力相當大，另外也有歹徒使用鑿子（圖6-3），鑿子破壞門鎖情形。另外在實務上處理保險櫃竊案，幾乎所有的保險櫃都是被歹徒以鐵撬撬開來的（圖6-4）。而辦公室之抽屜鎖也幾乎都是以撬子敲開來的（圖6-5）。

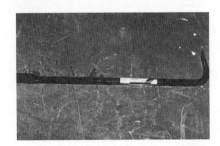

圖 6-2 鐵撬

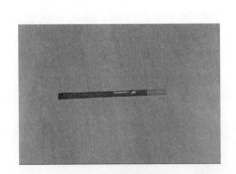
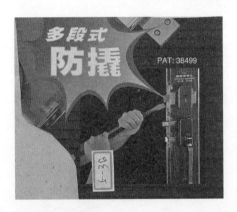

圖 6-3 鑿子

圖 6-4　保險櫃被撬開情形

圖 6-5　抽屜鎖被撬開情形

　　歹徒的目標僅求儘速得手，所以以鐵撬撬開保險櫃的方法最快，而行竊時間如在夜晚，竊犯為了怕聲響過大，往往將保險櫃移至地上，下面再墊以沙發之海棉墊，如此就不會產生聲響被人發現。另外鐵撬工具並不只限於鐵撬，有許多竊犯以大型螺絲起子用來撬開抽屜、門鎖（圖6-6）。也有竊犯使用大型螺絲起子破壞汽車門鎖（圖6-7）。抽屜鎖不管是單一抽屜鎖，或是串連式抽屜鎖，其防盜效果都是很脆弱，許多公家機關遭竊，或是辦公室遭竊，幾乎都是抽屜鎖被強行撬開（圖6-8），也有許多住家大門、保險庫大門同樣被輕而易舉的撬開。以鐵撬撬開各種鎖或門鎖幾乎是最常見之手法，也是實務上處理竊盜案碰到最多的，因為竊犯不分新手、老手，只要攜帶一支小型鐵撬或螺絲起子，就可破壞各種鎖具，例如許多青少年撬開自動販賣機、路邊停車設備等竊取零錢。而鐵撬若以手拿，必須花費很大的力氣，所以有許多竊犯以鐵鎚來破壞門鎖（圖6-9），其破壞手法五花八門（圖6-10、6-11、6-12）。

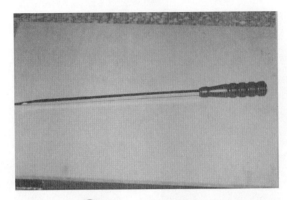

圖 6-6　大型螺絲起子

圖 6-7　以螺絲起子破壞車門鎖

圖 6-8　抽屜被撬開情形

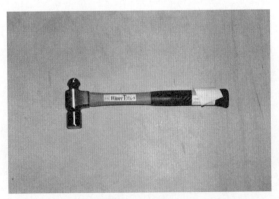

圖 6-9　鐵鎚

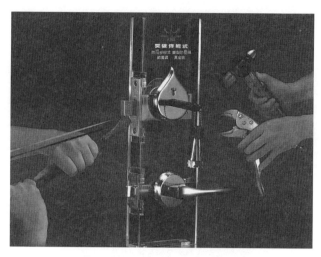

圖 6-10 門鎖各種破壞手法

圖 6-11 門栓被撬開破壞

圖 6-12 門鎖被破壞情形

三 充電式電鑽

一般而言，會使用此種工具之竊賊，對鎖的結構都是非常了解，此種工具對鎖的破壞力相當強，從警方查獲竊取公用電話零錢箱、路邊停車收費器等竊案，可發現竊犯均使用此種工具，公用電話零錢箱用的鎖是屬於半圓鎖（又稱D型鎖），此種鎖若以開鎖工具並不好開。另外現在許多竊取朋馳車之竊犯，也是使用充電式電鑽，於朋馳車後行李箱鑽孔，開啟車門，再接通電源竊取得手，實務上許多竊犯以該工具鑽開門鎖、門板、或鑽開多個孔狀後，再以鑿子鑿開（近來多處提款機、保險庫均被此法破壞行竊得手），所以當警方於路檢盤查車輛，發現攜帶充電式電鑽者（圖6-13），或其他相關工具（圖6-14），就必須多加注意。

圖 6-13　充電式電鑽

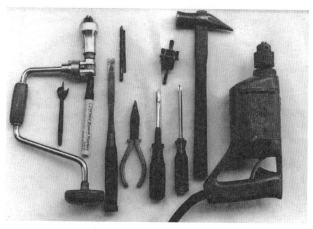

圖 6-14　行竊相關工具

四　鯉魚鉗

　　鯉魚鉗（圖6-15）一般用於夾住喇叭鎖，亦屬強行破壞，或將鎖蓋退開，再以一支橫桿轉動連桿就可達到開啟的目的，或是直接夾住喇叭鎖用

力扭轉，亦可達到開啟效果。防治鯉魚鉗比較有效的方法，就是裝鎖時儘可能將鎖心部位後縮，讓鯉魚鉗無法夾到，如此才能達到防治效果。

五 鋼 剪

鋼剪（圖6-16）幾乎是一般竊犯必備之工具，因為現代家庭幾乎家家都裝有鐵窗，所以竊犯每次行竊都會攜帶鋼剪，用以剪斷鐵窗鐵條，再破壞窗戶侵入行竊。

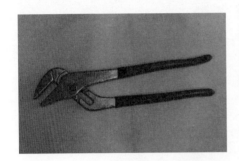 

圖 6-15 鯉魚鉗

圖 6-16 鋼剪

六　水泥鑽孔機、振動機

　　現在有愈來愈多的竊犯使用這種裝備，原本這項工具，是使用來裝分離式冷氣鑽牆壁孔用，以及鑿穿牆壁、水泥牆使用的，由於它力道強、速度快，所以竊犯拿來鑿壁用於行竊用途，唯一的缺點就是鑽牆壁產生的聲響很大。在實務上有許多金融機構、銀行於休假期間，被鑿穿牆壁穿牆而入，就是使用這種工具。另外有許多住宅緊鄰隔壁有正在施工之房屋，也經常會被以這種工具穿牆而入進入行竊，因為其產生之聲響，使一般人認為正在施工，而不以為意（圖6-17）。

圖 6-17 水泥鑽孔機

七　電話卡或其他軟質卡片

　　一般住宅大門除門鎖為比較堅固之三段鎖或其他門鎖外，其餘房間門鎖幾乎都使用比較方便之喇叭鎖，而喇叭鎖只是使用上較為方便，其防盜效果並不是很好，一般喇叭鎖上鎖，用手無法轉動鎖頭，但是喇叭鎖的鎖舌幾乎都是軟的，只要有一硬物插到鎖舌，能使鎖舌後縮，就能達到開啟的目的，使有此法亦要看門縫之間隙，若間隙很大則可用電話卡很快打開門鎖，若是門縫間隙過小，竊犯都會使用長度較常之軟質卡片加以深入鎖舌部位，此法一般都用來插喇叭鎖或其他鎖具之鎖舌，使鎖舌後縮而達到

開啟的目的（圖6-18）。

圖 6-18 以電話卡插喇叭鎖鎖舌

八 燒焊工具

燒焊工具（圖6-19）可分為大型和大型等不同工具，一般小型燒焊工具，此種工具用來對著玻璃窗之玻璃燒，而使玻璃碎裂，再打一小型洞，用來推開窗戶橫匝，而打開窗戶。而大型燒焊工具則是鐵工廠用來燒焊鋼材使用的，現代家庭大門幾乎都使用鋼鐵材質，窗戶部分則加裝鐵窗，若是以鐵撬來行竊，可能會產生巨大聲響，容易被人發現，而燒焊工具則不會產生巨大聲響，且燒焊工具能切割的鐵材厚度又大，所以是許多竊犯非常喜歡使用之工具，惟燒焊用的氧氣、乙炔鋼瓶於購買時均有登記，所以竊犯要取得燒焊工具時，都會前往施工中的工地竊取，因為施工中的工地，工人於下班後很少會把燒焊鋼瓶載回，所以竊犯將它竊來當作行竊工具，行竊得手後就將鋼瓶棄置現場，使警方無法查出，而以燒焊工具來切割大門之後鈕不僅速度快，更可將整扇大門輕鬆移走。

圖 6-19　燒焊切割工具

九　油壓器材

　　我們都有前往修補輪胎之經驗，而修補輪胎業者都使用油壓設備（圖6-20），將整台車撐高，以利拆卸輪胎，可見一支小小油壓器，其力量有多大，許多竊犯以油壓器材再套上組合式鋼管來頂住大門鎖具，再將油壓加壓，其所產生之推動力，足以將整扇大門逼開，把鎖具破壞，如此達到開啟大門之作用而侵入行竊（圖6-21）。另外有許多行竊汽、機車之竊犯也會使用油壓器材，將它架在汽、機車下方，然後將附有輪子之油壓器加壓，將汽、機車前輪或後輪撐高，再拖著走。

圖 6-20 油壓撐高器

圖 6-21 以千斤頂破壞鐵捲門行竊銀樓

十 鋼 鋸

　　現代家庭為了防竊，幾乎都加裝鐵窗或鐵門，而這些鐵製品的防護作用並非全然安全，許多竊犯每次行竊幾乎都會攜帶鋼鋸（圖6-22），用來鋸斷鐵窗，以便侵入行竊，另外鋼鋸可將保險櫃門鈕卡榫部位鋸斷，將保險櫃整扇大門卸下（圖6-23、6-24）。

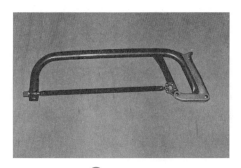

圖 6-22　鋼鋸

圖 6-23　門鈕被鋸斷情形

圖 6-24　保險櫃門鈕被破壞

十一　玻璃切割器

從實務處理竊盜案上發現，有許多處所加裝保全或防盜設施，但是

仍然遭竊，因為竊賊觀察行竊處所，發現住戶於玻璃或窗戶上加裝磁簧感應器或紅外線感應器（圖6-26、6-27），所以當玻璃或窗戶被拉開，就會發出信號或警報，竊犯就不敢貿然打開窗戶，於是使用玻璃切割器（圖6-25），再利用吸盤，將整塊玻璃切割開拿掉，如此就不會觸動磁簧開關，也不會發出警報信號，而侵入行竊，另外有許多竊犯於行竊商家有展示櫥窗，或是遇到玻璃部分，也常會以玻璃切割器，將玻璃切割開行竊，甚至直接前往破壞保全系統（圖6-28）。

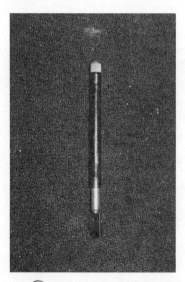

圖 6-25 玻璃切割器

圖 6-26 磁簧感應系統

圖 6-27 紅外線防盜系統

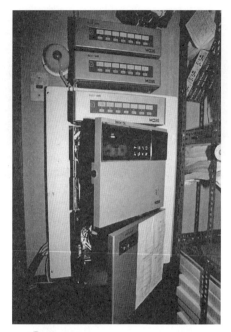

圖 6-28 保全系統被破壞情形

十二 攀降、攀爬設備

現在都會區大樓林立,而每一個家庭幾乎都外出工作,有許多竊犯利用機會混入大樓,上到頂樓陽台,將攀降設備(圖6-29、6-30)綁於頂樓水塔或樑柱,再下降到每一層樓住戶侵入行竊,此種手法又稱為「蜘蛛人」。此外若兩棟大樓中間之間隙(防火巷)不大的話,亦有許多竊犯利用攀降或攀爬設備,來回穿梭在每一棟大樓行竊,而攀爬設備相當多,有的歹徒利用第四台或電力公司,架設電線人員使用之攀高梯,由樓上侵入行竊,也有歹徒利用吊車之昇高機來侵入行竊。

圖 6-29 攀降設備

圖 6-30 攀爬用鋁梯

十三 灌膠開鎖

將快速乾固化學膠質灌入鑰匙孔內瞬間凝固成複製鑰匙後行竊。

第二節　汽、機車竊盜破壞工具及其破壞手法

一　汽、機車相關防盜鎖之破壞

　　現在國內汽、機車的失竊率居高不下，造成許多車主擔心愛車失竊，紛紛加裝許多防竊措施及鎖具，而「道高一尺，魔高一丈」。不管車主加裝何種防盜鎖，竊犯總是有辦法順利偷走，以下就是常見之手法。排檔鎖部分：竊犯將排檔握把卸下，以拔釘器撬開即可排檔。拐杖鎖部分：竊犯以鋼鋸鋸開方向盤，就可以順利將拐杖鎖拿下，將車竊走。方向盤鎖部分：竊犯同樣以鋼鋸鋸開方向盤，將方向盤鎖整支拿掉，同樣能夠順利竊取得手。現在有許多竊犯不偷車，專偷車上重要零件，例如安全氣囊，因為安全氣囊的價格非常昂貴，竊取得手一樣有很高的利潤，且偷竊時間迅速，贓物又好攜帶及銷贓（圖6-31、6-32）。

圖 6-31　接電線夾

圖 6-32　開鎖T型工具及萬能匙

二　無線掃描器

　　根據目前市面上各種廠牌捲門及汽車防盜搖控器資料開發、設計製造，採寬頻帶設計，頻率從200MHZ-480MHZ解碼率高，捲門或汽車配

合，捲門專用微動開關感知器及汽車專用聲光感知使用，可讀取搖控器之資料密碼，並可再直接轉入燒錄，拷貝再生。發射功率可選擇，短距離及長距離掃描，準確度高。已知廠牌之搖控器，可設定自動掃描亦可設定手動方式掃描捲門與汽車搖控分區設定，掃描時間縮短，在操作掃描器時，只要對準搖控接收主機處，即可開啟被害人鐵捲門或汽車車門（圖6-33）。

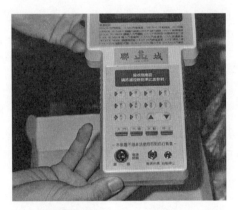

圖 6-33　無線掃描器

三 T型扳手

許多竊犯將鋼製的T型扳手磨成鎖匙的形狀，將它插入鑰匙孔內，強行旋轉。因為鎖一般都是銅製品，且汽車、機車鎖鎖內結構都是葉片，而葉片抵擋不住其強勁力道，往往就被強行破壞開啟了。而一般門鎖或掛鎖的結構都是珠子鎖，珠子也是銅製成的，所以也無法抵擋鋼製T型扳手強勁的力道，亦會被強行破壞開啟（圖6-34）。

圖 6-34 T型扳手

四　拖吊工具

　　此法一般都是用來竊取汽、機車使用的比較多，因為現在許多車主擔心汽、機車被偷，所以加裝許多防盜設施及鎖具，造成竊犯要當場偷走比較困難，也相對延長其行竊之時間，但竊犯的腦筋相當好，乾脆以拖吊車輛，佯裝成拖吊工人或汽車修理廠人員，大大方方將整車拖吊竊取，將車偷回倉庫後再逐一解開鎖具，利用此法更加縮短行竊時間，此法一般都用於偷竊汽車，而偷竊機車幾乎都以廂型車載運，因為機車的防盜鎖幾乎都安裝在前後輪，而竊犯要以很快的速度偷走，幾乎都是整車抬上貨車，若以開放式車車斗之貨車載運，較易被發現，所以竊犯幾乎都以廂型車載運，比較隱密。

第七章　竊盜慣犯及其集團之江湖規矩與黑話

　　竊盜集團是一個嚴密的地下組織，其存在有共同之語言、風俗、價值觀與江湖規矩，一般外人並無法深入了解其組織運作狀況。在竊盜集團之世界裡，遵循江湖規矩是最起碼的條件，乃獲取同夥認同與支持之第一步。相反的，破壞江湖規矩者將淪為犯罪人社會結構之最底層，備受輕視與責難。

第一節　竊盜及其集團之江湖規矩

　　根據犯罪學學者Sutherland[1]對一位從事二十多年竊盜生涯之竊盜犯Chic Conwell之訪談研究，竊盜及其集團之江湖規矩大致包括：

一　竊盜犯必須互相協助

　　基本上，職業竊盜不管是否與其他竊盜犯或集團存有嫌隙，當其他竊盜犯或集團面臨執法人員監控或逮捕之危險性時，其會直接或間接的透過第三者知會。此種情形並非罕見，天天都可能發生。職業竊盜不願其他同夥或集團因此而被執法者瓦解，並認為此舉對彼此都有好處，因為任何竊盜在工作時，皆可能面臨此項危險之情境。

二　竊盜犯需與獄中伙伴分享所得

　　倘竊盜集團成員因案入獄，職業竊盜仍應輪流將部分所得寄給難友充當禮物，此項作法除有助於維繫情感外，亦反映出其集團生死與共、富貴同享之價值觀。

1　Sutherland, Edwin H. The Professional Thief. Chicago: University of Chicago Press, 1937.

三　竊盜犯需與其他同夥互通有利情報

竊盜犯需與其他同夥交換有關利潤高、適合作案之地點與警察活動之情報。假使竊盜犯發現不良之作案地點，其大多會彼此相互勸告，以避免被逮捕。當然，假使竊盜犯發現利潤高、非常適合之作案地點，亦會彼此交換情報，甚至提供寶貴之資訊，例如：適合作案之時間、注意隔壁之老婦或巡邏警網等，以避免被逮捕之厄運。

四　竊盜犯絕不告密、出賣朋友

竊盜犯，尤其是職業竊盜，即使彼此不和或互相打擊，亦絕不出賣朋友或相互告密。蓋倘若告密對彼此皆沒好處，則將使集團陷於崩潰、瓦解之危險境界，該竊盜犯亦會淪為此行社會地位最低層而備受輕視。如果其中一名有告密行為，竊盜集團即可能散發其消息，導致同道同聲譴責，不願接受他，使其無立足之地。

五　非法所得需與竊盜集團伙伴分享

竊盜犯獲取之所得必須與集團伙伴同享，以建立生死、命運與共之情感，強化組織的凝聚力。

六　竊盜犯不對其同夥詐欺

基本上，詐欺手段之行使，就竊盜犯而言，僅可對潛在獵物（受害者）為之，在同夥堅決不允許。蓋倘如此，將促使竊盜集團的社會秩序帶來巨大之破壞，危及成員之情感及組織之凝聚力，更易為警方所分化、偵破，產生無窮之禍患。

七　竊盜犯絕不陷其他同伴於不利

竊盜犯絕不妨礙其他同夥之竊盜行為或因不當之行動致其同夥陷於被

逮捕之危險境界。行竊時可能遇到的麻煩，多半來自業餘竊盜犯之好奇或因其他極少數竊盜犯之疏失，導致遭執法人員逮捕之危險。因此，以職業竊盜之工作準則而言，乃絕不妨害同夥之行竊行為；倘發現同夥正進行工作時，其將迅速離開。

八　竊盜犯彼此相互信任

竊盜犯彼此必須需相互信任，不可存疑，否則不僅無法建立深厚之革命情感，同時將危及集團之生存。事實上，彼此相互信任之結果，可進一步交換犯罪與被執法人員偵察訊息，有利於安全的獲得巨大利潤。

楊士隆[2]之研究則有如下之發現：

竊盜犯之江湖規矩在本研究中以犯案時一人承擔，絕不告密，出賣朋友；作案時不強姦、殺人、劫財、劫色；竊盜所得財富平分；接濟在獄中落難伙伴或其家人等獲得多數竊盜犯之認可。例如：

個案一：任何行動絕不可拖累朋友，否則無法在同行中立足。

個案二：我們這一行之江湖規矩大致如下：

1. 萬一發生事情，如被警察抓到或怎麼樣，能一人扛的絕對會一個人扛，不會拖同夥下水。

2. 遇有同行作案時隨即離開，絕不干擾。

3. 絕不能告密，告密者倘被抓進來之後，在監所內會被修理，或者是他雖沒被抓進來，但被告密者可能會交代外面的人或要出獄的人（如果他知道誰是告密者）找告密者的麻煩，但也有可能不會計較，如果他不是太過分的話。

4. 我們作案時純粹偷值錢的東西，不會做殺人、強姦等事。

5. 萬一入獄後，同案的人會接濟我的家人，而不會將錢直接拿給我，怕被懷疑他是我的同夥。

老一輩的人如進去沒偷到東西，會在裡面撒一泡尿以去霉運，新一

2　楊士隆，竊盜犯罪：竊盜犯與犯罪預防之研究，五南圖書，民國86年4月。

代的則沒有。

個案三：竊盜這一行假使能稱得上規矩的話大概有下列這些：

1. 絕不會拖同夥下水，而且結夥的罪較重。

2. 通常我們去作案，都由一人負責「擋」，一人負責「下手」，另一人則負責「把風兼掩護」。但也有四、五個人一起出動的。

3. 絕不能告密。

4. 我們作案時如為他人看見就把偷得之物交由其他伙伴接走。

5. 萬一入獄後，同案的人不一定會接濟伙伴，要看交情。

6. 偷得之物通常平分，但也有下手者拿較多，掩護者拿較少之情形，因為下手者需負擔較高之風險。

個案四：我認為絕不可以出賣朋友和同行，否則將無法生存且令人不恥，甚至被修理或惹來殺身之禍。不過，近來功利主義盛行，一些年輕人可能會禁不起威脅利誘而出賣朋友，此乃竊盜犯之悲哀。

第二節　竊盜及其集團之黑話

至於在竊盜及其集團之黑話方面，台北市刑大偵五隊在累積多年偵辦竊盜案件之經驗後，發現竊盜犯及其集團之江湖術語黑話如下：

1. 窩裡雞：扒手之總稱。

2. 跑輪子：在車上的扒手。

3. 跑大輪：在火車上行竊。

4. 雞老闆：扒竊集團之首領。

5. 凱子或點子：行竊之對象。

6. 藍頭：鈔票。

7. 跑小輪：在公車上行竊。

8. 跑檯子：在銀行裡行竊，又稱高買。

9. 金剛：真的。

10. 老四：扒手對刑警之稱呼。

11.眩的：假的。

12.插頭：西裝褲兩邊之口袋。

13.後門：後褲口袋。

14.推車：在扒竊行動中，前後左右製造擁擠的人，其任務為掩護雞老闆下手。

筆者（民86）[3]對台北監獄竊盜累犯之訪談研究，大致證實這些特殊江湖術語的存在，但其用術語略有出入：

1.歐里雞：扒手的通稱。

2.雞老闆：扒手集團之領導人。

3.推車：行竊時擋人者。

4.老闆：行竊時實際下手者。

5.顧門或照水：把風者。

6.抓雞：偷機車。

例如：

個案一：就我所知，「歐里雞」是扒手的通稱，雞老闆是竊盜集團之老大，推手是掩護、照水的意思。

個案二：在公車上行竊時有稱「擋」為「推車」、「下手」為「老闆」等。通常只在作案時遇有適當之目標物時，互相以「手」撥伙伴一下，便知道目標物出現了。

另外，張清芳、游再順（民87）[4]亦蒐錄以下竊盜集團暗語：

1.殺肉場：進行贓車解體的場所。

2.殺肉：拆解。

3.穿衣：借屍還魂改造車子。

4.塔仔車：借屍還魂車。

5.回收：賣出去的車子、再偷回來殺掉。

6.欠前腿：需要前半部的料。

3　同註2。

4　張清芳、游再順，汽車大盜瘋情話，日臻出版社，民國87年。

7.叫牛仔去做：請監理站黃牛去檢車。

8.一支：一部車。

9.師傅仔：偷手。

10.做幾工：偷幾部車子。

11.鬥紡：幫忙開贓車。

12.傢俬：贓車。

13.傢俬頭：作案工具。

14.灣曲仔：L型開鎖工具。

15.沒空莫來：前面有臨檢不要過來。

16.過來泡茶：沒有路檢。

第八章 竊盜犯罪之犯罪聯結

為成功的獲取大量財物並轉化成鉅額錢款，竊盜犯必須進行某種程度之犯罪聯結，以達成其目標。根據學者Abadinsky引自Sutherland及1967年美國司法行政與法律執行總統委員會（The President's Commission on Law Enforcement and Administration of Justice）之見解，缺乏買收贓物市場及對執法人員之賄賂，職業竊盜是無法大展身手或存在的[1]。

第一節 竊盜買收贓物市場

銷贓之重要性在1795年學者Patrick Colquhoun之著作中曾提及：「在考量各種不同偷竊者、強盜及詐欺犯特性時，毫無疑問地，收買贓物者是當中最具邪惡者，如果缺乏他們的協助購買偷來或詐欺來的贓物，竊盜犯則必須放棄其交易。」[2]

國內柯義民在對台灣地區112名汽車竊盜犯進行問卷調查後發現大部分之被竊汽車都進入銷贓管道（占93.8%），足見買收贓物市場在竊盜上扮演重要之角色[3]。

買收贓物市場除做為竊盜犯銷贓場所外，並教導其如何辨識物品，偷取較昂貴之財物[4]。

根據學者Darrell Steffens之研究，買收贓物市場之維持須具有下列條件：

1.現金交易。

2.做好買賣之知識，俾以創造賺錢之機會。

---

1 Abadinsk, Howard. The Criminal Elite-Professinal and Organized Crime. Cinnecticut: Greerwood Press, 1983.

2 參見Walsh, Marilyn, The Fence. Westport. Conn.: Greenwood Press, 1977, p. 1，及許春金，犯罪學，三民書局，民國79年11月，第4-25頁。

3 柯義民，汽車竊盜及偵防之實證研究，中央警官學校警政研究所碩士論文，民國82年6月。

4 Shover, Neal,"Structure and Careers in Burglary."Journal of criminal Law, Crimi- nology and Police Science, 1972;"The Social Organization of Burglary, "Social Problems (20) (Spring), 1973.

3.與提供贓物者維持長期之密切關係。

4.具有良好之管道與買主接觸，確保價錢與安全。

5.與執法人員共謀[5]。

另外，學者Klockars對買收贓物者Vincent Swaggi之個案研究亦發現其之所以能在三十年之職業生涯中立於不敗（期間僅入獄八個月），在於其對買賣贓物之法律甚為熟悉，且與執法人員保持良好關係所致[6]。

至於買賣贓物之行情，以珠寶為例，大約是批發價之30%至50%。但亦有其他估算法則，例如以價值十五萬元之珠寶零售價格為例，批發價大約是一半，即七萬五千元，買收贓物者僅給予約三分之一，為二萬五千元。此珠寶大概以二倍之價錢在珠寶交易中心成交，然後再俟機零售出去[7]。這些研究文獻是否與本研究受訪者之陳述相符，茲列舉作者訪談結果說明如下[8]。

個案一：偷到的東西一般拿去熟悉的當鋪典當，或以低價轉賣給朋友。

個案二：我們偷來之贓物大多拿去典當，很少自己拿來使用。一般而言，二萬元價值之電視，銷贓之價錢大約為三千元至五千元。錄影機銷贓之價錢大約為五千元至七千元。紅蟳（半紅）大約為十萬元，勞力士手錶約為四萬元，金子約為一錢九百元。

個案三：值錢的東西可拿往當鋪典當。如東西數目比較多則透過「贓戶的頭」（朋友有門路，也有人專收）來銷贓。如果是金子，則透過銀樓、首飾珠寶等，可以比較便宜的價錢賣給特種營業或酒店的小姐。

個案四：我偷得之錢大都平分。遇有珠寶首飾，則由需要之人拿走（抵偷得之金錢，或拿錢出來買），不會拿到當鋪去。如果是金融卡，就根據身分證字號前、後四個阿拉伯數字、出生年月日、或記事本上記載特

5　Steffensmeir, Darrell The Fence: In the Shadow of Two Worlds. Totowa, N. J: Rowman and Little field, 1986.

6　Klockars, Carl, The Professional Fence, New York: Free Press, 1974.

7　Abadinsky，前揭書。

8　楊士隆，竊盜犯罪：竊盜犯與犯罪預防之研究，五南圖書，民國86年4月，第187頁。

別之數字來推斷前往提領。

　　個案五：由於我們只為「錢」，當然是愈輕便愈值錢的金子、首飾是我行竊的主要東西，通常金飾只要憑身分證就可拿至銀樓販賣，大約有四、五成的價錢，其他東西則透過朋友買賣，但所得由朋友抽一成。因為我都是偷些輕巧值錢之首飾、金子及現金，而銷贓情形亦如此。

　　個案六：偷來之機車除了用來作案外，大多賣給收贓車者，再解體或變造，通常一部機車約賣五、六千塊新台幣左右。我們在新莊、桃園及竹北都有專收贓車的地方。搶奪來的飾物則拿到銀樓或收贓物的當鋪典當，價錢約在四成左右。我們不偷汽車銷售，因為我們沒有管道銷贓，有的話則是偷汽車做為搶劫的交通工具，搶完後就隨處丟棄。

　　個案七：因為我自己不知道如何銷贓，因此我只拿現金，萬一偷到有價值的東西又不知如何變賣，即使拿去變賣亦怕被捕或讓他人認出這是贓物，因此盡量只偷現金。

　　個案八：一般最好是拿現金、外幣。倘是金子就往銀樓翻修就可拿到一張證單漂白。如東西數目過多也可以熔成金塊變賣。如東西數目多則透過「贓戶的頭」有專門收贓之人來銷贓。另外，珠寶可用假身分證前往當鋪典當。

　　個案九：一般偷來值錢的東西往當鋪典當。當然，有專門收贓的路線則可予以銷贓。如果是珠寶有時會賣給親友，或特種營業上班小姐。

　　個案十：我偷現金，常是一些外幣，如美鈔、法郎等，我通常直接拿到銀行去換，因為最危險的地方就是最安全的地方。

　　個案十一：每次竊得衣物後，就坐計程車立即離開現場，事後再自行到市場販賣，因不知道確切價值，所以賣多少就算多少。

　　個案十二：因為我自己不知道銷贓的管道，因此我只拿現金，其他的東西如證件我就放在作案現場附近。我亦不會利用這證件去從事詐欺或其他類型犯罪，因為搞不好會被捕。

　　個案十三：我只拿現金，且收受馬達者雖然可預見其物可能為贓物，然可能較市價低廉而收受，也並非專門的贓物犯。

　　個案十四：我偷竊之後大多利用偽造的身分證到當鋪銷贓，而這些是

到監獄服刑後向其他受刑人學的。

綜合上述資料，本研究發現除現金外，竊盜犯行竊之財物大多進入銷贓市場，以期漂白，並換取可供立即花用之金錢。銷贓之管道愈順暢者，換取之金錢額度愈高。銷贓之地點以銀樓、當鋪汽機車業為主，一般買賣贓物之行情約為批發價之三至五成，實質利益甚高。

第二節　賄賂執法人員

賄賂執法人員之行動經常在買收贓物者或竊盜集團中發生。蓋此可避免為執法人員逮捕、起訴之風險，並可乘機擴大交易，使市場更趨於熱絡，賺取鉅額利潤。賄賂之手法除典型之金錢賄賂，協助執法人員修理貴重物品外，有時並充當執法人員之線民，協助破案[9]。惟值得一提的是，在實務上買收贓物者比職業竊盜更願意與執法人員合作，以保持其優良形象，並遂其特定目的。茲列舉作者訪談內容以說明[10]。

個案一：據我所知，買收贓物者有可能賄賂執法人員以換取生活空間，其之所以賄賂警察主要係為防止警察做過多的臨檢，而事實上少數執法人員的確占有乾股。

個案二：買收贓物者賄賂執法人員主要係怕被抓，有事時有人代為打點關說。而基本上買收贓物者與執法人員常共分利潤，並且事先言明。

個案三：買收贓物賄賂執法人員可通風報信，防止臨檢。露出馬腳、出事時，有人可以關說，將筆錄稍加修飾，可減輕刑責。至於其如何賄賂執法人員，大多透過第三者（雙方都可信任者）的引見與保證，送禮物或現金。

個案四：買收贓物者，常賄賂執法人員，其可使贓物較易脫手，且出事時可預先的安排與準備。

個案五：官兵抓強盜為顧及本身的安全，人人都會這樣作，竊盜也是

9　Abadinsky，前揭書。
10　同註8，第190-191頁。

一樣。一般行賄之方式包括喝花酒、年節送禮等。若出事則依處理程度，提出不同的要求。若無法即時擺平，也儘可能在筆錄中減輕犯行，以利日後較輕之判決。

　　個案六：我聽過買收贓物者賄賂執法人員之情事。我想以少報多，減少損失，花錢消災，誰都願意去從事賄賂的工作。賄賂之方法包括平時多聯繫，飯局酒局，增進情誼。甚至略施小惠。養兵千日用在一時。到出事時，警察定會代為奔走，找人事，找關係，儘可能將案情壓到最小、最輕的程度。

　　個案七：據我所知贓物犯通常比較隱密，賄賂執法人員不易曝光。不像酒店、應召站、賭場一定要黑白掛　。而且區分範圍非常廣泛，實難以一概而論。賄賂執法人員之方法包括喝酒、送禮物等。

　　個案八：買收贓物者為減輕刑責，甚至獲取不起訴處分，因此賄賂執法人員。其常以錢、禮物，並招待飲酒作樂等賄賂執法人員。

　　個案九：有關買收贓物者賄賂執法人員並非人人可為，有關係、勢力的人，方才可以與警方攀上交情。一般而言，買收贓物者利用三大節日送禮，特殊事情則另有議價空間，一般都需有可靠的中間人代為保證，方才能夠達成協調，還是一句老話，少數人才可能辦得到。

　　個案十：買收贓物者為避免被抓，極可能賄賂執法人員，包括送錢與送禮等。

　　個案十一：買收贓物者賄賂執法人員絕對有可能，而且耳聞朋友提起。其賄賂執法人員，大致是簡單的黑白雙方遊戲與配合。平時求安全，避免不必要的打擾、麻煩。特殊出事時，有熟人可以代為打點安排，將事情壓到最輕的程度。一般透過有力人士的介紹與保證，雙方即可建立互信的關係。三節日的大禮，每月的小禮即可直達其處所，建立良好關係。

　　綜合研究結果，就竊盜犯與買收贓物者之接觸經驗而言，買收贓物者常賄賂執法人員，其主要目的為求安全，避免風險，換取執法人員之通風報信，甚至求取較輕之刑罰。其賄賂之方式常透過可靠之中間人引見與保證，進而略施小惠，或以金錢禮物，吃花酒等，攀交情，以賄賂執法人員。這些珍貴訊息告訴我們買收贓物者與極少數不肖執法人員之複雜關係。

第九章　刑事司法部門防治竊盜犯罪之作爲與挑戰

在防治竊盜犯罪工作上，除民眾須加強防範意識與自我保護措施外，刑事司法部門，如警察、法院、與犯罪矯正部門則扮演抗制犯罪之重要角色，其防治措施是否具效能亦關係竊盜犯罪之興與衰。限於篇幅，扼要介紹各刑事司法部門之防治犯罪作爲，並進而檢討其面臨之困難與挑戰。

第一節　警察機關防治竊盜犯罪之作爲與檢討

警察機關爲檢肅與防治竊盜犯罪之第一線力量，倘竊盜犯罪持續發生，不僅民眾被害恐懼感加深，同時對執法人員而言，更是警察無能的象徵，亟待加強檢肅，以遏止其之侵害。

內政部警政署爲消弭竊盜犯罪之猖獗，減少民眾受害，曾先後訂頒以下方案，以落實檢肅竊盜犯罪工作：

1. 全面檢肅竊盜執行要點
2. 台灣地區各警察機關全面檢肅竊盜犯罪執行計畫
3. 防治竊車解體以廢五金出口銷贓查緝要點
4. 各級警察機關全面執行肅竊專案實施要點（85.7.1）
5. 實施順風專案工作執行要點（85.7.1）
6. 立即全面改善社會治安工作計畫（85.9.1）
7. 各市、縣（市）及各警察局執行預防汽、機車竊盜犯罪工作績效評核規定（88.6.1～89.5.31）
8. 提升國家治安維護力行動方案（91.7.1～92.6.30）

前述各計畫內容有許多重複，但主要之工作內容與執行要點包括：

1. 切實執行「各級警察機關全面執行肅竊專案實施要點」，審視轄內竊盜案件犯罪情況，不定期實施擴大臨檢，或利用電腦末端機資訊設備，經常實施全面或局部性「順風專案」查緝贓車及檢肅竊犯，

執行前規劃有效計畫，惟不得流於形式，以提升檢肅竊盜案件成效。

2.警勤區佐警及刑責區偵查員對轄內有照、無照汽（機）車修理廠（店）、中古車行、汽（機）車零件業、汽（機）車百貨行負責人、技工及貨櫃寄放廠、環保回收中心及出租車行等均應調查列冊，深入查察，加強布建防範解體汽（機）車貨櫃走私銷贓，或改造贓車、代售贓車零件等不法行為。

3.因車禍損毀不堪使用之汽車、機車，處理單位應將相關資料檢送警政署刑事警察局鍵入交通事故檔提供查詢，並函送監理機關註銷車籍車牌，並加強查緝鄉間或因農用未懸掛車牌之汽、機車，以防範贓車「借屍還魂」。

4.各市、縣（市）警察局應依經濟部規定，由市、縣（市）工商單位與有關單位組成聯合稽查小組，全面清查轄內無照汽（機）車修配廠商，列冊移請主管機關依法勒令歇業，杜絕銷贓管道。

5.警勤區佐警及刑責區偵查員對轄內列冊慣竊之查察訪問，應密切注意其生活、交往、動態詳加記載，適時告誡輔導，發現可疑時，即深入偵監，蒐集不法事證，予以偵辦。

6.對轄區內之易銷贓場所應確實造冊列管，比照一種戶，加強查察作為，每月編排查贓勤務至少兩次以上，並嚴格要求典當業者依規定按時填送日報表，各分局收到日報表應於翌日起三日內鍵入警政署查贓資訊系統資料庫，提供員警查詢。

7.輔導轄區守望相助組織，對工作推動務求完善，使勤務與守望相助工作併行，要求各勤務單位主動聯繫，增進情感，有效運用民力，共同推動防竊工作。

8.協調轄內教育單位及中、上學校配合利用適當時間，指派幹部講解防竊暨法律常識，並印製宣傳品分發學生帶回家中，擴大宣傳效果。

9.舉辦防竊宣導座談會，協調地方人士，擴大辦理家戶聯防、警民連線系統、增設攝、錄影監控設備，促進睦鄰互助，發揮防竊功能。

10.發動全體警察人員、退休警察人員、警友會成員及民防義警等，隨時向親友廣作防竊宣導，擴大影響。

11.轄內慣竊資料，每三個月研判乙次，並與資訊系統核對有否相符。各分局受理民眾竊盜報案或是提供竊盜犯罪線索，不論其案情為一般、重大、汽（機）車，均應立即派員馳赴現場勘察，詳細紀錄行竊手法技巧，立即報告或輸入電腦，作為防範及偵查之工具。

12.對未破之重大竊案，應定期開會檢討，研訂偵查計畫，務求偵破。

除前述積極作為，要求各級警察幹部負起檢肅與督導之責任外，並辦理各市、縣（市）警察局執行預防汽（機）車竊盜犯罪工作績效評核（88年6月1日至89年5月31日），每六個月評比一次，並對降低竊盜犯罪之警察局主管（官）予以記功嘉獎，未達獎勵標準且執行不力者，則予懲罰。

此外，對於轄內汽（機）車保養、修配廠從事贓車解體未及時察覺或偵辦不力，而為上級或他級單位查護者，比照檢肅煙毒、槍械懲處標準，從嚴追究轄區各級人員之疏失責任。另轄區內窩藏（匿）重要竊盜集團通緝人犯，或淪為汽、機車竊盜集團解體專櫃走私出境之倉庫處所，而為上級或他單位查獲者，從嚴追究轄區各級人員之疏失責任。

檢視前述警察機關之檢肅竊盜犯罪作為，吾人發現在民眾之殷切盼望下，警察機關確實已在防治竊盜犯罪工作上承受極大壓力，而開始展開各項檢肅作為。然而，為何在前述之績效評比壓力下，竊盜犯罪仍然無法有效壓制，分析主要原因包括以下各點：

由於竊盜犯罪案件之發生件數太多，警察疲於奔命，雖緝獲部分竊盜犯，但仍難獲取民眾之掌聲。相對的，倘偵破重大刑案（如強姦、殺人、強盜等），其效果是顯而易見的，不僅可立即獲得嘉獎記功之機會，同時獲得民眾之肯定。因此從實務之角度觀察之，目前警察人員並未全力、積極的投入肅竊工作，蓋其可能是吃力不討好的，更何況防治竊盜犯罪之重點工作「犯罪預防宣導」之績效並無從評估，同時也不易彰顯。在缺乏賞酬之情形下，全面肅竊工作並不易展開。

部分警察人員未能加強犯罪蒐證，同時在製作筆錄時未能將犯案之人、時、地、物交待清楚，以至於檢察官予不起訴處分，或法官將案件延宕多年或作無罪判決。

少數警察人員為買收贓物者所賄賂收買（The Fix），以致影響到有效檢肅竊盜犯罪。此乃部分買收贓物者以各種手段（如金錢或修車等），有時甚至充當執法人員線民，以避免為警察人員逮捕，並可乘勝追擊擴大交易，活絡市場。

第二節　法院防治竊盜犯罪之作為與挑戰

法院（含檢察機關及司法審判機關）在竊盜犯罪防治工作上，主要包括實施犯罪偵查、提起公訴及審判量刑等。在檢察機關方面，依據法務部統計（民104）[1]之分析，102年台灣各地檢署偵查終結有43,123人，其中罪證充足確有犯罪嫌疑應提起公訴者13,719人，占三成二多，獲不起訴處分者，幾占三成一，其餘為簡易判決及緩起訴處分（詳表9-1）。

表 9-1　檢察機關偵查竊盜犯罪紀錄

年別	檢察統計					單位：人
	偵查竊盜案件					
	終結案件人數統計	通常程序提起公訴	聲請簡易判決處刑	緩起訴處分	不起訴處分	其他
93年	41,870	7,391	10,071	1,105	11,357	11,946
94年	47,039	8,750	10,463	1,285	12,182	14,359
95年	47,480	11,139	10,682	1,370	13,266	11,023
96年	47,937	16,113	12,584	1,422	12,428	5,390
97年	51,560	16,845	14,234	1,486	13,092	5,903
98年	42,079	12,609	10,642	1,602	12,090	5,136

1　法務部統計處，法務統計摘要，法務部，民國104年。

年別	檢察統計					單位：人
	偵查竊盜案件					
	終結案件人數統計	通常程序提起公訴	聲請簡易判決處刑	緩起訴處分	不起訴處分	其他
99年	44,806	14,495	11,050	1,556	12,224	5,481
100年	44,796	14,932	10,178	1,745	12,915	5,026
101年	42,651	13,893	9,541	1,826	12,791	4,600
102年	43,123	13,719	9,450	1,834	13,253	4,867

資料來源：法務統計分析，104年。

　　從前述分析可知，整體而言，竊盜犯罪之起訴率仍偏低，有待警察人員與檢察官積極蒐證偵辦，俾提升起訴率使竊盜犯罪無所遁形。

　　至於在法院量刑方面，根據法務統計（民104）[2]之分析，101年竊盜案件被告，經法院判決確定有罪人數約2萬1千人，判處徒刑六月以下者有8,490人，約占四成；在刑期逾六月未滿一年有4,342人，占二成；拘役5,447人，約占二成六；三年以上僅9人，約占萬分之四。筆者並無法對法官之獨立審判做判斷，但願指出法官在竊盜犯罪量刑上似有輕判之事實。司法官深入了解竊盜犯（尤其是常業竊盜犯）之犯罪心理與特性，始能做出正確之判決，而使得理性之罪犯（多數竊盜犯屬之）體會犯罪是划不來的（Crime doesn't pay），才能在防治竊盜犯罪上有具體之貢獻。

2　法務部統計處，法務統計摘要，法務部，民國104年。

表9-2 地方法院檢察署執行竊盜案件裁判確定情形

單位：人、%

項目別	總計	有罪人數									無罪	其他	定罪率
		計	有期徒刑					拘役	罰金	免刑			
			六月以下	逾六月未滿一年	一年以上未滿二年	二年以上未滿三年	三年以上						
97-101年	118,632	114,313	51,756	23,411	3,158	295	213	28,465	6,981	34	2,557	1,762	97.8
結構比		100.0	45.3	20.5	2.8	0.6	0.2	24.9	6.1	0.0			
97年	29,650	28,694	14,469	5,574	781	136	88	6,295	1,332	9	537	419	98.2
98年	23,465	22,488	10,159	4,798	596	70	53	5,478	1,324	10	612	335	97.2
99年	22,063	21,271	9,342	4,103	534	29	35	5,781	1,442	5	463	329	97.9
100年	22,205	21,392	9,296	4,581	612	39	28	5,465	1,368	1	460	353	97.9
101年	21,249	20,468	8,490	4,342	635	21	9	5,447	1,515	9	455	326	97.8

說明：定罪率＝有罪人數／（有罪人數÷無罪人數）＊100%
資料來源：法務部，104年。

第三節　犯罪矯正部門防治竊盜犯罪之作為與挑戰

犯罪矯治部門在防治竊盜犯罪可扮演積極、重要之角色，竊盜累犯係累（再）犯之高危險群[3]，倘其在入監執行期間，能順利矯治成功，出獄不致再犯，則對整體防治竊盜犯罪而言具有重大貢獻。然而，令人遺憾的是，竊盜犯罪之矯治工作並不容易，以101年為例，在裁判確定有罪之竊盜犯20,468名中，累犯之人數高達9,156名，再犯之人數有7,429名，累（再）犯之比率為81.03%。分析竊盜犯犯罪矯正工作之困難，主要包括以下各項：（楊士隆、蔡田木，民90：241-242）

一　迥異價值觀不易改變

竊盜犯不論對於自己或受害者而言，均存有一套獨特之價值觀，以合理化其犯罪行為，根據學者Abadnisky（1985）[4]對珠寶竊盜犯Peter Salerno之訪談，竊盜犯迥異之價值觀對被害者之看法為：

（一）對被害者的看法

1. 被其所竊者是幸運者（Lucky）：行竊時其絕不傷害被害者。
2. 否定被害者：「不久後，這些被害者就會復原，忘掉被竊」，「人沒有珠寶照樣可以活下去」，「我小時候生活困苦，三餐無以為繼，今天擁有萬貫家財，全拜幹這行所賜，而我下手的對象，都是那些生來富有、揮霍無度、不珍惜財物的人」。
3. 否認被害者受到傷害：「昨天我在報上看到去年被我偷的那個有錢人，今年又賺大錢了」。
4. 被害者並沒有真正被害：「他們可以很快就從免稅或保險金中獲得

3　楊士隆，犯罪心理學，三版，五南圖書，民國102年。

4　Abadinsky, Howard, The Criminal Elite-Professional and Organized Crime. Westport: Greenwood, 1985.

補償」。

（二）對自己的看法

1.其並沒有忽略法律或社會大眾對他的觀感，然而他確有一套職業哲學，解釋他自己並非真的犯罪人，而只是從事無人受傷害的違法活動。

2.他以此職業為榮，因該職業將他從一個出身貧窮的渾小子變成一個有錢的大人物。

3.他在技術上力求創新，使得警察、被害者都奈何不了他。

4.他是個理性的行動者，在危險中獲得財富，如玩一場危險遊戲。

5.他有如一個專門行業的專家、技藝超群的工匠。

竊盜犯前述迥異之想法是根深蒂固的，融入竊盜犯次文化，對於以竊盜為職業者而言並不易改變。

二　監獄適應佳，善於掩飾，不易辨別改悔與否

一般而言，大部分竊盜犯罪者均為累（再）犯，進出監獄頻繁的他們，極易適應監獄之生活，對於刑罰之痛苦亦大致能忍受；對於管教人員以亦有一套應付哲學，善於掩飾自己內心世界，令管教人員難以辨別改悔與否。

根據蔡田木從全國各矯正機構抽取60名竊盜犯之調查研究，竊盜犯多數在監表現良好，違規紀錄少（只有5%），監獄適應良好。而筆者（民86）[5]對台北監獄20名竊盜累犯之訪談亦發現，竊盜犯多數認為大家都是在這裡混日子，只要不犯錯，不必太出風頭，過一天算一天，獄方有什麼規定就依規定行事，只要能早點出去才是真的，其他都是假的。

根據國外獄政專家在稍早曾指出竊盜犯生活適應之主要模式為「混時間」（Doing Time）（Irwin, 1970）、及玩時間遊戲（Time Game），具體

5　楊士隆，竊盜犯罪：竊盜犯與犯罪預防之研究，五南圖書，民國86年4月。

之適應監禁生活作法包括：（林茂榮、楊士隆，民86）[6]

（一）避免招惹麻煩

　　竊盜受刑人為避免麻煩，經常謹守「莫管閒事，坐自己的牢」之服刑原則。竊盜受刑人尤其避免與暴力犯及告密嫌疑者交往，並有絕少干涉他人之閒事。

（二）參與可打發時間的活動

　　竊盜受刑人為避免生活之沈悶，亦參與各項工作與活動，如看書、下棋、運動、欣賞影片、觀看電視……等，藉此將時間填滿，減少因監禁帶來的痛楚。

（三）爭取重要職務、享受特權及奢侈品

　　竊盜受刑人經常眼明手快的爭取一些職務，俾已獲取特權及奢侈品的機會。而監獄內管教小組、廚房、教誨室、衛生科、理髮室……等工作場所，往往為竊盜受刑人所亟欲獵取的目標，俾以獲得平日享受不到之特權。

（四）與少數志同道合的朋友交往

　　竊盜受刑人交友一向具有選擇性，尤其喜好跟與其看法一致之受刑人為友。換句話說，擇友以能分享物質享受、抵抗外侮及不互相洩密為原則。

6　林茂榮、楊士隆，監獄學—犯罪矯正原理與實務，五南圖書，民國103年6月。

（五）參加處遇方案，早日離開監獄

　　為獲取早日釋放，竊盜受刑人儘量避免參加可能危及自己權益之行動，然而對於有利釋放之處遇絕不放過，例如職業訓練、補習教育、宗教宣傳、文康活動競賽等。竊盜受刑人參與前述活動，不外乎爭取管教人員之支持，以確保早日離開監獄，再度其逍遙自在的生活。

三　監禁過程中極易傳習犯罪技巧

　　對竊盜犯罪者而言，入監服刑雖然迫於無奈，但鑑於服刑期間竊盜犯罪之技術變化多端，有必要彼此間互相討論、交換心得，以提升技術層次，避免輕易被捕。因此透過向前輩、先進學習，乃日常生活在面臨監禁之痛楚中，需努力不懈之工作。蔡田木之調查發現63.3%之竊盜犯認為極容易在獄中學習，即可初步了解竊盜犯罪之惡習傳染情形。

　　除前述竊盜受刑人之特性難以改變外，目前我國矯正部門受限於人力、物力，並未對此類犯人施以獨特處遇計畫，事實上獨特之竊盜犯罪矯正處遇方案迄今尚未被開發，各監獄大都予以混合監禁，部分監獄則予集中管理，惟因人犯之流動性高及其他因素，執行並未徹底，因此大致而言，對竊盜受刑人之處遇與一般受刑人並無多大差別。其次，依照竊盜犯贓物犯保安處分條例之規定，凡以竊盜為常業或習慣犯以及素行不良者，應於刑之執行前另入勞動場所強制工作。雖然，矯正實務顯示強制工作對部分竊盜受刑人而言的確是件惱人的苦差事，但其效果仍有待學術單位做進一步評估。

　　揆諸竊盜受刑人之執行現況，其處遇並未完全走向專業化，仍大都停留於混合監禁、集中管理、強制工作等傳統策略，未有進一步之突破。由於竊盜受刑人之矯正有其先天性之障礙（如累、再犯之比率超過60%，獨特迴異之價值觀……等），加上傳統處遇之停滯不前，竊盜受刑人之矯正成功率有偏低的傾向，而且在當前經濟繁榮所帶來金錢、物質充裕的誘惑下，竊盜受刑人之改悔向上將難上加難。

第十章　竊盜犯罪偵查

第一節　初步偵查方法

在犯罪發生之初，為逮捕犯人，確保證據的緊急偵查活動，稱為初步偵查；初步偵查措施是否允當，對事後之偵查工作成敗，有密切之關係[1]。一般而言，初步偵查係指受理報案的處置，現場勘察處理二項：

一　受理報案

（一）受　理

1. 派出所（分駐所）接獲民眾報案，不論是否屬於所轄，均應予以受理，並依下列要點詢問，做成紀錄：

   (1)報案者之住居所、職業、姓名、年齡、電話、與被害人之關係。

   (2)被害人之姓名、住址、被害之時間、地點、損失財物種類、特徵及金額。

   (3)犯人之長相、服裝穿著、逃走方向。

2. 若係民眾親自報案，經調查確認案情後，應依「警察機關受理民眾刑案作業要點」，填具三聯單，並將第二聯交付報案人。

（二）通　報

1. 受理報案後，應即向所屬分局指揮中心通報，若屬本轄案件，應迅速指派警網人員前往處理，若非本轄，則將案情通報該轄分局，儘速派人處理。

1　陳宗廷，犯罪偵查學，民國75年10月，第41頁。

2.竊案發生後，竊犯可能尚在現場徘徊，或在途中相遇，因此，在急赴現場中，必須同時注意途中可疑的人物，常能因此逮捕竊嫌。

3.若發生之竊盜，屬於警政署規定之重大竊盜，則應依重大刑案管制規定，逐級通報刑事警察局犯罪偵防管制中心列管。所謂重大竊盜依據警政署頒行「警察偵查犯罪手冊」指發生之竊案符合下列條件之一：

(1)失竊財物總值超過新台幣五十萬元以上竊案。

(2)竊盜保險箱、櫃內之財物總值十萬元以上竊案。

(3)竊盜槍械、軍火、爆裂物，或國防上、學術上，交通上之重要設施、器材。

(4)被竊人係具外交身分之外籍人員，或來訪之外籍貴賓。

(5)竊盜重要儀器、文件等影響國家與社會之安全情節重大之竊案。

（三）現場保全

1.到達現場時，應迅速採取現場保存措施，以防止竊案現場足跡、指紋、遺留物等跡證，遭到破壞，導致偵查方向的誤判。

2.現場保全的方法有二：

(1)暫時的保全：封鎖、標示、遮蓋等。

(2)永久的保全：照相、繪圖、紀錄、塑模等。

3.封鎖的範圍，不要限於竊案現場，初期不妨擴大，尤其係侵入竊盜案件，不要僅封鎖屋內現場，屋外周遭，亦應注意是否予以保全。

4.被害人及其家屬，經常會在無意間，去開閉竊犯侵入及逃走的門窗，或整理散亂衣物，導致現場遭到破壞，應特別提醒注意。

5.最早發現竊案之人、目擊者、在場人應將其姓名、住址、在場理由、進入現場時間等明確記載，對於曾觸摸現場物件之人，應追究原因，以做為日後偵查之參考[2]。

---

2 蔡篤俊合譯，竊盜案件偵查實務，中央警官學校，民國76年5月。

（四）檢　視

1. 對於有裝置保全系統之場所，應先檢視是否有誤觸警鈴或線路短路之問題。
2. 為避免竊犯未及逃逸藏匿在現場，到達現場時，應先對附近的空屋及現場地下室頂樓，實施初步搜查後，再進行相關勤務，此時，應注意不要破壞現場跡證。

二　現場勘察

「現場乃證據之寶庫」，犯罪現場留存極為豐富之偵查資料，因此抵達現場時，必須存有現場必有破案關鍵之線索的信念，對犯罪現場做仔細的搜查；現場勘察的最大目的，即在發現留在現場而與嫌犯、犯罪行為具有因果關係的各種有形無形的犯罪痕跡，以提供犯罪之偵查及證明犯罪事實。

（一）現場勘察的順序

初抵現場，不能存有先入為主的觀念，漫無秩序隨興的勘察，如此可能會遺漏資料，破壞現場，應循一定的準則，循序而行；至於，現場勘察，應以何種順序為佳，因現場狀況及案情而異，一般以從外圍順次向中心推進為原則，其順序如下[3]：

1. 現場位置及附近之觀察

在觀察竊案細部現場之前，應就現場的位置、周邊地形、交通狀況、道路狀況、明暗狀況等詳細觀察，以掌握現場整體狀況。

2. 住宅周邊之觀察

竊案現場若在屋內，應就住屋周邊來回巡迴觀察。

3　同註2，第23-25頁。

3. 住屋外圍之觀察

住屋外圍常留有侵入、逃走及其他犯罪有關資料，應詳細觀察後，再進入屋內。

4. 屋內現場之觀察

(1)進入屋內時，儘可能由侵入處所或推測侵入之地點，仔細觀察其附近情形後，再進入屋內。

(2)屋內觀察，首先就住屋之構造，房間配置等整體狀況進行了解，從認為侵入口開始，順序向竊案現場中心推移，細密觀察。

（二）現場紀錄

1. 現場照相

現場勘察，首先要拍攝照片，同時進行紀錄，未經攝影測繪之前，不可將物件之位置，予以移動。

現場拍照方法：

(1)先拍攝全場，再依順序進行細部拍照。

(2)證物、痕跡，均應就原位置予以拍攝，讓第三者一看照片，即能明瞭該物之位置狀態。

(3)現場物品跡證，若有須要表示大小寬度時，應用量尺，一起拍攝。

2. 現場測繪

現場測繪係為了彌補現場照相無法顯示各物體間正確位置之缺點，測繪之對象與事物，首先應選定二個以上固定之基點，再從該處正確測定三者之距離方位，以確定其位置。

3. 勘察紀錄

(1)勘察結果，應當場隨時紀錄，避免事後回想記載，造成資料遺

漏。

(2)勘察紀錄，依照勘察時間順序，一一詳細記載，若情況允許，最好一併錄音。

（三）現場勘察要點

1. 犯案時間之研判

竊案發生時間的判斷，可能會涉及未來嫌犯不在場證明之主張，所以推定案發時間，至為重要，必須從被害現場、氣象狀況、被害人之行動、目擊者、狗吠聲、物品遺留及鄰近之動靜等，做綜合判斷，以確實推定案發時間；而竊犯中有習慣等候一定時間下手者；欲掌握竊犯的時間方式，應注意觀察下列各點：

(1)聽到汽車、機車通過的時間？

(2)錶針停止時，其時刻？

(3)如下雨，從足跡印象狀態，推定經過時間。

(4)聽到其他可記憶聲音之時間？

2. 竊犯之「入」與「出」之關係[4]

竊犯在侵入犯罪場所經過之路線，侵入之手段上，經常有其個人之特色，因此應注意觀察從何處侵入？以什麼方法侵入？

(1)**侵入途徑之觀察**

①是否攀登牆壁、電線桿或鷹架等之形跡？

②是否攀沿屋頂、屋棚、曬衣台等之形跡？

③是否有用梯子、踏板跨越圍牆、門窗之形跡？

④是否切斷牆、門、鐵窗等之形跡？

⑤是否鑽進圍牆、門窗等之形跡？

---

4 同註2，第27-41頁。

(2)侵入口與侵入方法

侵入手段乃犯罪手法最有力之資料，勘察時須注意下列幾點：

①如何打開或破壞何種鎖？

②如何拆卸或破壞門窗？

③用何拆卸或破壞窗戶之玻璃？

④如何拆卸或破壞牆壁、屋頂、鐵絲網？

⑤是否為攀沿侵入、等待侵入或趁門戶未關侵入？

(3)逃出口與逃出方法

一般而言，逃出口與侵入口均屬同一地點，而多數的常業犯，於侵入後，會先預留逃出口後再動手行竊，在勘察時要注意下列差異：

①侵入後在著手犯案前，即事先準備逃出口者。

②犯案中被發現，破壞門窗而逃走者。

③離去之際，將門戶關閉如前，而由外加鎖者。

(4)竊犯於犯案時之準備

①是否有潛伏等待時之形跡？

②是否切斷電線、電話線？

③是否對看門犬施加手段？

④是否確認家人不在？

⑤是否為從高處指揮之犯行？

⑥是否侵入前有施加其他任何手段？

3. 犯案工具遺留痕跡及其使用狀況[5]

從留在侵入口現場之破壞痕跡，可以推定竊犯所使用之工具及利用何種方法等，如破壞門窗大都使用鐵撬、起子、刀子等，如仔細觀察，一定可以找到使用工具而遺留之痕跡，則這些痕跡可推定所使用之工具。將現場痕跡利用相機拍攝，並將其長度、寬度、深度測量紀錄保存，對照嫌犯所使用之工具，可做為證據之參考，並可依此判別是否同一連續犯。

---

5 同註1，第78-79頁。

4. 現場地緣關係之判斷

　　從現場附近之地理狀況可以判斷竊犯有無地緣關係，因此，現場勘察之際，首先必須掌握現場位置及周圍環境，了解現場之整體狀況，避免限於局部性觀察；另一方面，現場周圍常可發現竊犯侵入與逃走之足跡，做案前等待之處所，暫時藏匿贓物處及其他遺留物等有力資料，必須進行細密之勘察。

　　(1)現場附近之環境、地形，可推測出嫌犯來自外地或當地人。

　　(2)通往現場之道路狀況、交通工具之利用狀況，可推定竊犯潛入及逃走狀況之重要資料。

5. 目的物之關係

　　竊犯有只以現款為目的或專偷易銷贓的東西者，如照相機、珠寶、音響、電器等。而目的物之選定，可以顯示竊犯之習慣，觀察時，應探討失物及物色之狀況等，以掌握竊犯係以何物為目標？

6. 有無共犯判斷

　　從做案場所、足跡、物色之狀況、被竊物品之數量與輕重、指紋、痕跡等，可以判斷有無共犯。

　　(1)在現場及其他附近所遺留的足跡、輪胎痕。

　　(2)被害人、其他目擊者所看到的犯人人數，所聽到的腳步聲音等情形。

　　(3)從失物的重量、容積、數量估計是否單獨可能搬運或為其他行為？

　　(4)在現場所遺留的煙蒂、衣類、鞋子種類等。

7. 物色之狀況

　　(1)物色目的物是否僅以收存財物的處所為目標抑或四處尋找？

　　(2)是否只找特定目的物？

　　(3)侵入後物色行為從何處？如何開始？物色場所是否放置仍呈零亂

抑或予以回復原狀？

(4)在現場狀態上，有無物色特定場所，特定物件的形跡？

8. 其他特癖及特異行為

竊犯在下手前、行竊中或行竊後，容易在現場留下個人特癖，竊犯在心理安全及迷信上多不願更改這種特癖，如由高處指揮犯行、等待時機、馴服看門犬、迷信行為、偷不到東西在客廳灑尿等。

9. 慣犯之判斷（手法）

竊嫌作案的次數愈多，愈會有習慣性的行為，只要平時多注意現場觀察，就會洞悉其模式。

(1)犯行手法的巧拙

竊犯最容易顯示為常業犯者，為其侵入方法，其次為物色方法，例如由下往上打開抽屜的方式，多數為前科犯所為。

(2)選定目的物的方法

竊犯做案次數愈多，其犯罪手法愈巧妙，對其物色的方法也愈高明，例如選擇體積小，變現容易之物品，或在珠寶盒中只取走真品等，可推斷前科犯所為。

(3)物色及其他行動

除上述外，慣竊中也有偷不到東西，在現場大便的特殊習癖，應予注意蒐集。

第二節 侵入竊盜偵查要領

偶發的竊盜，多為一時財物所惑，臨時起意而行竊，其行為單純，原則上並無任何技巧，至於以竊盜為職業之常業慣犯，其日常反覆犯罪方式，因演練既深，必複雜而周密，且有獨到之處，在偵查上比較困難，但因有犯罪方式可供查考，且有銷贓行為與處所，更有再犯之習慣，亦可為

破案之契機[6]。

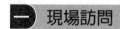

現場訪問

（一）從被害人及家屬口中探詢下列事項：

1.交往朋友、離職傭人、日常出入者有無可疑人物。

2.了解失竊案件發生原因及其狀況。

3.失竊前後有無可疑事物？

4.過去有無失竊紀錄？

5.平時防竊措施狀況如何？

6.有無聽到狗吠、家禽叫聲及其他四周異狀動靜？

7.有無陌生人打電話、按門鈴探路？

8.有無在對講機做記號？

9.有無利用樓上、樓下、前後、左右鄰居空屋藏匿作案？

（二）從附近居民、管理員、巡守員查訪犯罪有關之情資

1.被害人、家屬及同居人等之個性、素行、經歷、金錢借貸、信用關係、家庭情形、社交關係。

2.竊案前後有無發現可疑人物徘徊，以手提對講機作案。

3.有無偽裝瓦斯公司查錶？

4.有無偽裝維修第四台？

（三）依照案發時間之前後查訪現場附近定期來往之行人（如送報、送牛奶、郵差、上班族、攤販），從口中蒐集有關資料。

---

6 徐遠齡，犯罪偵查學，中央警官學校，民國72年3月。

（四）對案發現場附近竊犯有可能駐足停留之商家，查訪要澈底；例如：超商、餐飲店、遊樂場，很可能獲得重要線索。

■ 遺留物

（一）遺留物之種類

竊犯遺留於犯罪現場之物品，種類繁雜，約略分為下列三類：

1. 身體分泌物：指竊犯於犯罪現場或其附近所殘留之指紋、掌印、尿糞、精液、血跡、口水等。
2. 物品遺留物：指竊犯在犯罪現場或其附近遺留其所持有或攜帶之工具、兇器、打火機、煙蒂、牙籤、紙片、檳榔汁、衣類、口罩、眼鏡等。
3. 痕跡：指竊犯於犯罪現場或其附近所殘留之鞋痕、輪胎痕、工具操作痕等。

（二）遺留物之採證

採證遺留物，必須由做案之時間、場所乃至竊犯之行動等，檢討何處遺留最多。

1. 從時間關係，研判竊犯在現場附近可能躲藏伺機下手的地方，搜查竊犯之遺留物，如丟棄在地上之煙蒂、打火機、手電筒用乾電池、報紙、雜誌、檳榔汁、統一發票等。
2. 從場所關係，研判竊犯可能侵入的地方或逃逸路線中，搜查竊犯之遺留物，因此時，竊犯行動最慌張，容易在無意識下，掉落身上所攜帶之物品，尤其是侵入用工具、衣物、手帕、帽子等。
3. 竊犯為被害人發覺或為警所追捕時，於逃逸路線附近，常丟棄其持有物，對在上述地點所發現之物品，應仔細查證是否為竊犯遺留物。

4.搜查竊犯遺留物時，除注意屋內之垃圾箱、廁所外，現場附近之下水道、水溝、垃圾箱、草叢、空屋等場所，亦須作澈底之搜查。

5.對附近行人的實施訪問工作，有時可發現有拾得贓物及破壞工具遺留物者。

（三）遺留物之查證

由竊案現場及其附近發現之物品，可推測為何人，曾做何事；惟遺留物品本身並無法證明，確實為竊犯所遺留的，須蒐集相關資料，針對下列事項，查明內容證實犯罪。

1.遺留物是否為犯罪當時之物？

2.是否確為竊犯所遺留之物？

3.竊犯是否有遺留之時機？

4.遺留物是否保持與犯罪當時相同之性質與狀態？

（四）遺留物之偵查

遺留物之偵查，首先應調查該遺留物之來源，查明該物係交予何人，再由其中推測犯人。

1.應先查明遺留物是否為贓物。

2.查明遺留物與嫌犯之關係。

3.調查有無具有遺留物上所使用習癖者。

4.追究遺留物之來源：循製造商、經銷商等相關業者，追查遺留物的來源或由遺留統一發票上之時間、商店，調出錄影帶追查竊犯[7]。

三 地緣關係之偵查

竊犯欲作案時，通常會從風險性高低及報酬性多寡做考量，因此，在目標的選擇，會從自己熟悉的場所作為優先對象，而以竊犯與犯罪現場之

---

7 同註2，第53-58頁。

關係，所實施之偵查，稱為地緣關係偵查。

（一）從下列犯行狀況，可以認定竊犯與被害人有熟識關係

1. 侵入口或逃逸口在普通人不易察覺的地方者。
2. 知悉開啟特殊門鎖的方法者。
3. 知悉可以容易侵入的狀況而無特別尋找侵入口的形跡者。
4. 知悉家屋構造，隔間設備者。
5. 事先知悉家屬人數，收入情形或俟臨時鉅額收入時，下手行竊。
6. 知悉家人外出時間及其他習慣者。
7. 專向被害人所獨有之物件下手，如權狀、書畫、古董。
8. 現場故意偽裝者。
9. 侵入後，逕至目的物存放處所，而其他處所未翻動過者。

（二）從現場狀況予以判斷有無地緣關係，如有下列情形可以認定其有地緣關係

1. 發生場所是否必須知悉該地理環境狀況，始能為之者。
2. 利用人跡罕至之捷徑、窄巷、便道。
3. 事先知悉案發地點附近行人動態，而朝安全方向逃逸。
4. 不必利用汽車等交通工具，而可搬運有重量、大體積之物。
5. 贓物之藏匿處所，為外地人所不易知之場所。

（三）從上列情形，列舉與被害人有關係之人，從中篩選

1. 有犯案動機者；
2. 有犯案機會者，之對象，進行偵查[8]。

---

8 同註2，第140-141頁。

四　犯罪模式之運用

（一）犯罪手法偵查的意義

竊犯在犯罪場所及犯罪行為之手段方法上，所表現的個人特徵、類型或固定型式，謂之犯罪模式；利用竊犯這種犯罪手法之特性，做為識別慣犯的線索，即是犯罪模式偵查，亦即利用竊盜在犯罪現場所表現：(1)有固定型態之傾向，(2)不容易變更，(3)反覆為之，(4)具有個人習癖之特徵的行為特性，分析竊嫌之犯罪手法習性，查緝疑犯之偵查方法。

（二）犯罪手法偵查之運用

犯罪模式偵查的運用，主要從三方面著手：

1.根據現場勘察，從實施犯罪的手段方法，分析研判犯人的範圍，並從同一手法或類似手法之前科犯，找出竊犯。

2.從已發生之案件，就現場勘察、查訪所做之紀錄，分析歸納特殊之模式，例：提款機竊案，就不是一般竊犯能力所及，行竊者一定要懂保全系統結構，如案發前電鑽工具選擇，做案電鑽過程中力道控制、方位準確度等，都是必須對提款機構造有深入研究，才有辦法破壞。

3.對竊盜慣犯的做案手法習癖以及從目擊者得知竊犯身體特徵，清查建檔列管資料。

從上述三個方向蒐集之資料，交叉比對分析，鎖定可疑對象，製作犯罪流程，建立對象基本通聯，運用埋伏、跟監方式，全程蒐證其不法事證，逮捕到案。

五 鎖定慣竊偵查

（一）意　義

指根據做案手法、習癖及目擊者所指認特徵鎖定特定之嫌疑人，採取偵查行動，以跟監、定點監控方式，在於犯行現場或其附近，以現行犯方式加以逮捕之偵查方式。

（二）執行要領

1. 目標鎖定

(1)線民提供：現代犯罪偵查除了應著重在現場勘察及通信監察運用在犯罪偵查上外，傳統性情報布建不可忽視，線民提供是最不費周章，最直接、最快偵查方式，不過布線最高原則不能被線民利用，情報進來必須經過研判過濾，才不會徒勞無功。

(2)勤查獲知：制服警察於勤區間接查察所得知消息，就實際而言，勤區查察認真，不難發現列管慣竊動態，及其再犯可能性。

(3)竊案現場手法分析得知：根據竊案現場所彙集資料，不難找出集團慣性手法。目前刑事警察局所開發刑事資訊系統中電腦輔助犯罪偵查系統有關犯罪資料庫系統查詢作業欄中即有已知對象之手法、慣用工具之分析，亟具運用價值。

2. 偵監科技器材運用

對象鎖定後若持續採跟蹤、監視沒有科技器材配合，因受限地形、對象警覺度關係，欲達成跟監目的有其困難。因此為有效掌握對象動態，避免本身曝光，運用高科技偵監器材則是相當重要，例影音無線傳輸系統，GPS汽車衛星定位追蹤、光纖棒使用等。

3. 同一犯罪手法案件之到場勘驗

在鎖定目標偵查中，若再發生同手法之竊案有可能同一集團份子所

為，因此同一偵查人員則應實際赴現場勘察，藉以蒐集更豐富資料。

4. 監控紀錄之完整性

(1)偵查對象之開始時間及場所。

(2)對象之出發時間、穿著。

(3)對象所使用車輛。

(4)對象行動慣性之路徑。

(5)對象較奇怪之動向。

(6)對象之返家時間。

(7)造訪對象之可疑人員特徵紀錄。

(8)造訪對象所駕駛之車輛。

(9)對象返家所攜帶物品器具。

(10)所叫便當數是否與該住戶成員相當。

(11)偵查對象結束時間。

5. 現行犯逮捕

鎖定慣竊其目的有三：最重要的是能從正在犯案時加以逮捕，其次是發現其持有贓物加以逮捕，最後是根據累積監控紀錄作爾後偵訊重要突破參考。往往經驗告訴我們現在慣竊被逮捕後大多是緘默，否認過去犯行，惟有事先蒐證，才能讓其伏首認罪。日本警察曾經為蒐證慣竊不法事證，偽裝清潔隊員，隨車監視慣竊所倒垃圾，再從垃圾中找出是否有被害人物證（身分證、駕照等），然後拍照舉證、申請拘捕令將慣竊拘捕到案，做法之細膩得參考。

六　情報布建與運用

（一）情報布建重要性

偵查人員的耳目就是情報，情報愈多，破案愈多是必然的，沒有情報有如盲人走路寸步難行。尤其在電信監察效果式微當今，傳統性情報布建

（線民運用）日趨重要，從過去所破獲特殊或重大刑案尤其是惡質化竊盜集團性犯罪，線民所提供情報均是突破重要關鍵，否則光靠竊盜案件是不能實施監聽，若再沒有線索，要破集團性犯罪，困難度是很高。

（二）情報布建要領

1. 不被線民利用

辦案布建目的就是欲獲情報而不是被線民扛著線民名號做掩護同時去犯案，遇事則推出布建做為擋箭牌，這種被線民利用應作必要之處置，否則本身極易被連累。

2. 嚴守公務秘密之義務

無論諮詢人員或線民交付任務時，應謹慎保密，講求方法，其要點應以蒐集危害國家安全、社會犯罪偵防有關情報，對本身辦案技巧、作業程序應嚴防洩露，並不得使其參與辦案行動。

3. 身分應嚴加保密

諮詢人員或線民最顧忌因素不外是曝光後怕遭報復，因此其身分應嚴加保密。聯絡措施可採下列方式：
(1)接洽線索最好單線聯絡。
(2)線民聯絡以約定代號自稱保密最佳。
(3)會面地點不要在上班場所，以免曝光。
(4)儘量避免用本身手機與線民聯絡，否則較屬害歹徒會取得通聯紀錄，得知線民身分，利用公用電話聯絡是最安全方式。

4. 真誠對待，取得信任

一般各行業布建諮詢人員，只要多培養警民之間情感，增進良好關係，經常聯繫關心，發現犯罪情報提供不難；但是內線（線民）運用則必須有一套技巧，否則不易打入，真誠對待，是布建有否切入最主要關鍵。

5. 得知他人運用線民亦應保密

　　身為偵查人員破案責無旁貸，辦案過程中難免會踩線發現他人運用線民，但破案是整體性，非你爭我奪才能完成，因此對他人進行中運用線民，基於職業道德以及爭功無功原則應予保密。

6. 金錢買斷

　　根據實務經驗，往往提供線索者係唯利是圖，其主要目的是為金錢而出賣情報，必要時以利誘買斷情報，不過在運用時應嚴防受騙，過去經驗一個情報數賣或騙取線民費大有人在，因此當接觸陌生者欲提供情報時，可用下列方式來判斷情報真實性：

(1)了解其背景、前科有無能力提供，例：前科紀錄只有賭博罰金前科，且是十多年前，若提出大量走私車輛情資，則欲慎重去判斷其可能性。

(2)暗地查明過去提供他單位情報是否真實。

(3)測試其是否願留下手機聯絡。

7. 運用雙方恩怨布建

　　例：黑吃黑利用不滿利害關係，策動抖出內幕。

（三）布建運用技巧

1.線民之羅致由偵查員個別自主為之。

2.從各種犯罪類型中吸收同類型從良前科犯，偵辦竊案吸收從良慣竊為線民，若能取得其信任，偵破竊盜集團不難。

3.單線聯繫，線民之間不得有縱橫聯繫，以確保其身分安全。

4.經常保持聯繫、建立情感。

5.投其所好，施予小惠。

6.線民如遇有不法行為，應作必要之處理，告知法律保障權限。

7.線民家中有變故，應即予表示關懷。

8.嚴防線民背地違法，布建者不知情況，平日接觸時就應提醒違法惡果。

9.暗中注意線民在外言行，以免假藉名義招搖撞騙。

10.所提供情報確實有價值且即時偵破，應予迅速適當獎勵（宴請或送禮物）並即為其申請線民獎金。

11.不得有下列違法布建方式：

(1)以小案養大案，小案違法不辦換取供出他人不法大案應嚴禁。

(2)誘導犯罪方式布建。

12.其他運用技巧：

(1)案滾案：從辦案過程中再吸收布建或誘使嫌犯吐露他案。

(2)嫌犯電話簿過濾分析：慣犯電話簿可謂一座金礦，相當值得去挖寶，例竊嫌會聯絡朋友一定是同夥，因此從電話簿中去過濾分析可以發展出很多竊盜線索。

(3)經過相當時日調閱監獄、看守所會客紀錄分析。

第三節 扒竊偵查要領

一 扒手集團慣用手法

（一）公車部分

扒竊集團的作案方式，不論那一種，都有一共同點：製造擁擠，如果公車上本來就擠得像沙丁魚，扒竊集團的「推車」（在扒竊行動中，前後左右製造擁擠之人，其任務為掩護雞老闆下手），更會趁勢推波助瀾，伺機下手；假如公車上人並不多，則由三、四個「推車」製造擁擠，以便動手。

為便於說明，我們將其常用的手法歸納成八種，分述如下：

1. 明知故問型

利用上車時動手，公車靠站後，一名「窩裡雞」（扒手之總稱）搶到被害人前面，作勢要上車，卻擋住門口，故意問司機這輛公車到那一站，這時被害人的左右或後面另限二至三名「推車」，貼身地把被害人夾擠在中間，趁著門口那名與司機一問一答的時候，在擁擠混亂中，由「雞老板」（扒竊集團之首領）迅速下手竊取被害人的錢包，這時，擋在被害人前面問路的「窩裡雞」，也轉身從被害人旁邊擠出去，被害人這時才得上車，但錢包已被神不知鬼不覺的扒走，三、四個「窩裡雞」和下手的「雞老板」卻統統沒有上車。這種是扒竊集團最常使用作案方式，民眾以後在上公車時，如果碰到有人擋在門口問路，後面又二、三個男子故意貼身擠來，應立刻警覺地把皮包或錢包用手護緊，以防失財。

2. 前擋後擠型

由第一種方式衍生而來，公車未靠站前，已看好下手對象，車停站後車門一開，趁著上車時的一團混亂，兩隻「窩裡雞」擋在受害人前面，另兩名在受害人後面，「雞老板」在後面趁勢下手。

3. 兩側包抄型

這種作案方式仍然是在車下進行，兩名「窩裡雞」趁上車混亂時，從左右兩側把受害人夾住，「雞老板」由受害人後貼身擠近，下手扒竊。

4. 請君入甕型

是讓被害人上車後，在車門口動手的作案方式，公車上人不多時，常被使用。公車靠停前，車上三、四名「推車」的，都已站在車門口，做出要下車的樣子，停車後等被害人上了車，這幾名「推車」的「窩裡雞」一面叫被害人往裡面走，一面又故意擠擋對方，當對方從他們的夾縫中擠過去時，「雞老板」趁機下手；另一種情況是，「雞老板」在被害人遭「推車」夾擠時，從後面走到車門附近裝著要在下一站下車，迎著被害人一陣亂擠，伺機下手。得手後，公車又在下一站停靠，這時扒竊全部下車。

5. 十面埋伏型

當公車在行進中，車上擁擠不堪時所使用的方式。

「窩裡雞」在公車上選定「凱子」（行竊的對象）後，三、四人分別擠向「凱子」，圍擠在「凱子」四周，「凱子」在不知不覺中已被孤立，「推車」的開始製造貼身擁擠，並以身體及拉住公車環套的手臂，使「凱子」無法動彈，「雞老板」在擠動中，迅速下手。得手後，在下一站立刻全部下車。

6. 左勾右搭型

這是在車上扒竊的方法，三人一組的扒竊集團多使用此法。當滿載乘客的公車行進時，兩名「推車」擠到「凱子」左右，故意夾擠，由「雞老板」從後面貼擠下手。

7. 聲東擊西型

在車上使用的手法，專對帶著小孩的婦女下手。二、三名「推車」故意去夾擠小孩，使小孩哭鬧，婦如忙於照應小孩，「雞老板」伺機下手。

8. 晴天霹靂型

二、三名「推車」有意地圍住一名婦女，由其中一名裝作是該名婦女的丈夫，一上車就打婦女兩耳光，並怒罵婦女說她偷家裡的錢逃家，使該名婦女百口莫辯，趁她驚嚇之餘，「雞老板」從旁迅速下手。總之，在上下公車或在公車內的時候，如果人多擁擠，則按緊皮包或錢包；假如人少時，卻有人故意往你身邊擠，則當心「窩裡雞」來啦！

（二）百貨公司部分

1.百貨公司失竊犯大部分係女性其失竊對象以女性為主，民眾上百貨公司選購商品、衣服特別注意周圍之人，如果有人藉口與你談話（特別是女性）要特別注意提防被扒，女扒竊犯經常利用你選購衣服不注意時打開你的手提包扒竊財物。

2.百貨公司換季大拍賣或時裝表演時顧客擁擠，切勿擠入趕熱鬧因扒
　竊犯常利用顧客不注意時打開你的手提包扒竊財物。

3.女士們選購衣服到更衣室試穿衣服時請勿隨便將手提包放在櫃台。

二　扒竊防治措施及注意事項

（一）較容易被扒狀況

1.雙手抱孩子時。

2.雨天撐傘時。

3.手提較重物品時。

4.小姐、女士側背包時。

5.男士後口袋夾長型皮包時。

（二）防範措施

1.無論在公車或百貨公司，若感覺被推擠時扒手可能就在身邊。

2.男士後口袋做拉鍊，扒手較難伸入扒竊。

3.小姐、女士皮包最好抱在胸前。

（三）有效偵查方式

1.建立扒竊檔案，熟記扒手黑話（隱語）。

2.從扒竊居住地點開始跟蹤，全程尾隨監控，發現做案時，伺機逮
　捕。

第四節　汽、機車偵查要領

一　汽車部分

（一）汽車竊盜犯罪手法分析

　　汽車竊盜犯罪手法日新月異，由傳統借屍還魂、解體出售零件、裝貨櫃外銷銷贓進而演進竊車勒贖組織性專業分工犯罪型態，筆者從事竊盜犯罪偵防工作多年，依實務工作經驗，汽車竊盜犯罪手法有六種：1.詐領保險金、2.詐欺竊盜、3.借屍還魂、4.贓車解體、5.走私外銷、6.竊車勒贖，茲分述如後：

1.詐領保險金

(1)以合法手續購買合法車輛向監理單位領得臨時牌照後，將原車身、引擎重新編打與偽造之車籍證件相符，再正式向監理單位冒領牌照後（均以新車向保險公司辦理保全險），復報失竊詐領保險金一次或二次，然後再還原，以臨時牌照領取這部車正牌照使用。

(2)進口汽車中發現「幽靈車」，尤其失竊理賠率高，幅度較明顯的車種，即不法集團利用偽造進口汽車的車籍資料，例如引擎號碼以阿拉伯數字打印最後一位數是1，則易於偽造出4和7二個分身最後一部車申請三份牌照，個別投保而將尾數4和7二部車報失竊取得不法保險利益。

(3)利用政府針對汽車應強制投保強制險之規定，而各產物保險公司對理賠金處理過程疏漏輕忽，不夠嚴謹之際，藉以訛詐各產物保險公司之保險巨額理賠金，其作業手法首先以他人名義（騙取或偽造他人證件後）向各產物保險公司投保強制汽車險及任意險，然後佯稱車輛發生事故後偽造車輛肇事之過程及地方法院檢察署之起訴書、民事賠償判決書、死亡證明、戶籍謄本、繼承系統表

等公文書以證明來取得保險信任審查通過達到騙取高額理賠金。

(4)詐騙汽車配件理賠：將公司車或自己高級車輛，先故意報失竊，取得警方開具發生證明單後，將車內高級音響及電腦等較具價值配備卸下，然後將車停放路旁讓警方尋獲或自行報尋獲，由於車內已無配備，因此再向保險公司申請配備理賠。

2. 詐欺竊盜

(1)竊嫌利用平面媒體刊登應徵司機、牛郎等機會詐騙應徵者汽車及證件等：竊嫌於取得身分證件將相片換貼本人相片變造後向汽車當舖典當，但惟恐當舖人員會反查證其身分，乃於典當前即安排好聯絡之電話號碼，致當舖人員不易查覺其真正身分（某些當舖甚且疏於反查），且偷竊與典當時差短，當舖業者或疏於注意或從監理機關無法即時查出是否失竊車輛，到造成竊嫌典當得逞。

(2)失竊前即被過戶：目前車行或一般民眾可利用電話或電腦查詢車籍資料，但只限在監理單位上班時間查詢，因此就有竊車集團以偽造或偷來車籍和個人資料，利用星期六中午之前週休兩日星期五下班之前過戶，接著將偷來汽車立即脫手。

(3)以竊取高級朋馳轎車為對象（如朋馳S320）：首先鎖定下手目標朋馳S320汽車，經跟監後該車暫停時俟機戳破其後輪胎，當該車再行駛發現輪胎有異聲下車查看及更換輪胎之際，將預藏外型相同之鑰匙與該車鑰匙互換（或抽換鑰匙之晶片），致該車輪胎換畢卻無法啟動引擎，駕駛人通常誤以為係鑰匙損壞而暫離現場以聯絡取得備份鑰匙或拖車事宜，竊嫌乃利用這段空檔時調換來之鑰匙迅速將車駛離現場（新型朋馳汽車係以鑰匙晶片來啟動引擎，且可從晶片鑰匙反查該車車籍資料）。

(4)贓車漂白一：先行收購肇事車之合法證件資料，然後再行偷竊符合肇事車主車輛移花接木，為了取信新買主將車向汽車租賃公司辦理貸款，然後不按期繳納分期付款，供貸款公司據以移送法院提出民事訴訟，貸款公司再以拍賣法定程序取用，即成自以為合

法取得車輛出售謀取不法利益。

(5)贓車漂白二：竊車集團竊取高級汽車，偽造車主身分證及車籍證件向員警謊報自行尋獲失車辦理註銷失竊紀錄，取得員警開立之車輛尋獲證明單，持車輛尋獲證明單向監理單位辦理重新領牌取得合法車籍身分，以中古車價格轉賣給不知情車行或民眾脫手圖利。

3. 借屍還魂

(1)高級車失竊（尤其失竊被銷往國外車輛無法尋回）竊盜集團利用管道與失主聯絡，希望付出相當之款項後，竊取複製相同廠型（車身號碼、引擎號碼、顏色、西西均與失竊車相同）之車輛指定地點停放，再打電話給失主，由失主至派出所報註銷尋獲。

(2)監理單位為便民，採取資訊公司公開將車輛之車籍資料提供，雖然只提供車主姓名及公司行號開頭字碼和住址之路巷，但就可能被歹徒複製一部完全相同車輛賣給貪小便宜者。另一種是事先冒用原車主身分向監理單位偽稱行照遺失補發，隔日再以補發之行照持往監理單位冒稱原始車籍證件遺失申請補發，取得監理單位所補發之行照及原始車籍證件後，再俟機竊取被害人車輛（利用失竊後被害人報案輸入失車空檔），持往變賣或典當圖利。

(3)竊犯以竊得車輛內身分證、駕、行照之車輛後，變造身分證持往典當或變賣（利用失竊報案輸入失車空檔），或者歹徒以偽造之身分證、駕照向逃漏稅之租賃車行承租非雙胞牌之車輛（非租賃車），再以偽造身分證、駕、行照，持往變賣或典當圖利。

(4)以肇事撞毀不堪修復之車輛證件，竊得贓車變造引擎號碼及車身號碼，再掛上原車牌出售。

(5)以失竊車之證件收購後，再行竊同型贓車套裝，再變造車身、引擎號碼，懸掛偽造車牌後，向警察機關報尋獲，取得證明再向監理單位申請復駛，而成為合法車輛再予出售。

(6)竊嫌經常為一有組織集團，於竊得新車時即重新偽造新車出廠證件（若是進口車亦偽造進口與貨物稅完稅證明書等），將竊來之新車重新打造偽造之車身號碼，並利用變造之他人身分證至監理單位重新領牌（偽造之車身號碼含鋼板均整塊切割偽造再焊接，以辨識真偽），於取得新車牌照後復持偽造證件將該車典當於汽車當舖。

(7)利用人頭虛設公司，持偽造證件向監理機關申請車籍資料，偷竊同型汽車，打造車身號碼，連車廠識別都可輕鬆複製，由無生有，完成一部連原車廠都認不出的進口車，再配上歹徒仿印知名公司高階主管名片，銷貨無庸匱乏。

4. 將贓車解體

贓車解體成零件後，以售零件圖利。

(1)根據所查獲案件，大部分解體工廠不在中古汽車材料行或修配廠內。換言之，中古汽車材料或修配廠解體，有但只是夾帶性質。

(2)解體工廠型態：

①占用面積至少二百坪以上才夠使用，因牽涉解體工具及停車範圍關係，以鐵皮屋居多。

②窗戶緊閉，內以木板隔住，讓外人無法看到內部狀況。

③地點均相當隱密，大多選擇唯一出入口之通道或者是小型加工區內廠房亦是他們最愛。

④贓車入庫後會待引擎冷卻後進行拆卸工作，主要是拆卸安全問題。

⑤慣性會將每日處理後贓車零件立即載走，另將車牌、條碼、車主遺留車內等易辨識東西一併處理乾淨。

(3)中古汽車材料行經營型態：

①販售零件均係處理過的贓車零件。

②販售正廠零件兼售贓車解體零件。

③店面型：店內擺設合法零件，但附近另有倉庫，要貨時再去倉

庫取出。

④鐵皮屋型：至少使用面積均在三百坪以上，不管合法及不法零件均存放在裡頭並當場販售。

5. 走私外銷

從下游的竊車到收贓者，囤積贓車之貨主、拖運之拖車司機，辦理出口廠商、報關行及國外接貨者等等形成一脈相承之共犯集團。

走私犯罪組織方式：

(1)幕後金主：出資交由貨主收購贓車。

(2)貨主：

①聯絡特定報關行。

②聯絡竊車集團首腦。

③聯絡大陸方面負責人。

(3)特定報關行：

①向船務公司訂櫃（二十呎或四十呎）。

②聯絡拖車行。

③利用績優廠商，偽刻該公司大、小章，偽造出口報單。

④出口報單貨物品名填寫其他物品向海關申報出口。

(4)拖車行：

①向船務公司領櫃。

②將空櫃拖進裝櫃地點倉儲（庫）。

③載貨櫃至貨櫃場等候船期。

(5)竊車集團首腦：

①利用人頭承租倉庫。

②聯絡竊嫌作案。

③聯絡裝櫃工人（需有裝櫃技術）。

④聯絡貨主確認贓車數量領取佣金。

⑤發放佣金給竊嫌、工人。

(6)倉儲（庫）位置：

　①地點偏僻。

　②貨櫃可進出。

　③隱密性較高處所。

　④空曠廠房。

(7)貨櫃場：貨櫃贓車夾混在正常出口櫃中等候船期出口。

(8)香港：以香港當地公司轉運，貨自台灣出口後，由船務公司更改出口報單物品名，以方便大陸買主提貨。

(9)大陸貨主：負責大陸方面銷贓。

6. 竊車勒贖

(1)竊車勒贖款（現金），事先以購得或偽造身分證向銀行開戶取得提款卡，竊得贓車後命令被害人匯入指定銀行帳戶內，歹徒再持提款卡跨行提款。

(2)犯罪手法：

　①歹徒做案前之準備，係根據報紙所刊登之廣告，購買金融機構存摺、提款卡及行動電話卡。

　②存摺、提款卡及行動電話卡均係利用人頭身分證件所申請（利用遺失、偽造之身分證申請；亦有民眾販賣本身之存摺、提款卡），且人頭身分證大都被利用申請多家金融機構、行動電話公司。

　③歹徒所勒贖之對象係選自車上留言板（最多）、車內車主證件、找出車主身分、查出電話、車內公司貼紙、高級高爾夫球具個人資料。

　④方式：

　　a.竊車勒贖：(a)固定車種例：朋馳車、Cefiro；(b)無固定車種。

　　b.登廣告騙車勒贖。

　　c.贖款金額：(a)高級車十至二十萬間；(b)國產車三至八萬。

　⑤歹徒會指定一金融機構之人頭帳號供被害者匯款，且堅持不當

面取款。

⑥利用不特定之金融機構提款領出贓款，且歹徒領款時均頭戴安全帽、手戴手套。

⑦歹徒撥行動電話時，均不在居住處所之行動電話蜂巢位置範圍。

⑧歹徒持用王八卡行動電話所聯絡之對象均為被害人，且均為發話，無受話（亦有詐欺案件使用之行動電話均為受話，無發話）。

⑨王八卡使用一個月後，即更換另一支王八卡。

⑩贖款後情況：

a.款去車回。

b.款去車不回，不再聯絡。

c.款去車不回，解體。

d.款去車不回，亂棄。

e.款不足車燒掉。

f.款去佯稱帳戶被凍結，需再另匯指定帳戶。

（二）贓車不易被發覺因素

1.引擎或車身號碼、條碼被磨損或刮掉後還原困難，查證不易，需由專業人員如原車商製造廠鑑定，由於目前沒有法令約制，各廠商亦由於本身制度關係，配合程度不一。

2.車商生產製造防竊密碼不全，常遭竊賊破壞，循線找回原車籍資料困難。

3.對於中古汽車材料行，零件來源均無法考據，常有車賊零件回流，管制追查不易。

4.車輛監理單位，對檢視車輛工作繁重，僅以目視為之，難以辨識車輛是否有被改（變）造。

5.車輛定期檢驗，民間代檢日益增多，由於缺乏對贓車認識，欲從檢

驗中發覺有其因難度。

6.A、B車、偽造車牌集團，將車牌套用於同型、色、種之贓車於他地使用，及一車牌車輛同時出現南、北兩地情形，原車主在不知情下，往往接獲違規告發單始知車牌被偽造冒用。

7.員警對贓車辨識缺乏專業知識，如對車輛種類、年份不熟悉，僅能檢視行照核對車輛號牌、顏色、廠牌、CC數等，使贓車駕駛者有恃無恐。

8.員警查獲可疑車輛時，未能追根究底，確實了解來源或及時採證如指紋、電解等使原車重現。

9.海關人員工作繁重加上快速通關作業規定，抽檢出口貨櫃率低，且在欠缺情資下，查緝非法不易，使不法業者有機會矇混過關。

（三）行竊方式

1.打破車窗：以石頭等硬物擊破車窗，再開啟車門進入接通電源竊走。

2.使用L尺：從車門玻璃縫插入勾起車門把手鎖鉤，開啟車門接通電源竊走。

3.使用起子及鐵（鋼）絲：以起子將車門撬開一條裂縫，再將鐵絲伸入車內，勾起門閂竊走。

4.拖吊：竊賊偽裝成拖吊公司吊走或假冒修廠員工謊稱保養車輛騙取鑰匙開走。

5.複製鑰匙：利用代客泊車或洗車、修理車輛機會複製鑰匙後，俟機行竊或交由竊車集團行竊。

6.車主疏忽未鎖好窗門，被徒手開啟車門開走。

7.發動電源方式：打造T字起子直接插入鑰匙座啟動；或用一根迴紋針當導線發動；或者由電瓶牽線至啟動馬達，直接啟動。

（四）偵查要領

1. 行政警察

(1)受理民眾失竊車輛報案時，主動與拖吊、環保單位聯繫，過濾誤報失車案件。對延誤報失竊之車主製作筆錄時，敘明延誤原因，並於四聯單上書明附筆錄。

(2)受理民眾報案汽車失竊，處理員警應陪同報案之車主至車輛停放地點實施現場勘察，從中了解是否擋住店面門口被移動或酒醉忘記停放處所等等，防止誤報或謊報情形發生。

(3)如有發生車齡老舊車輛失竊，應詳加詢問諸如繳稅問題，經查證係謊報屬實者，應依刑法追究謊報刑責，以導正民眾錯誤之投機歪風。

(4)發現贓車時，若發生失竊時間不久，落實保全現場並報三組派員採取可疑指紋過濾、比對，以利追查竊嫌。

(5)對於容易失竊地點，依實務見解埋伏守候逮捕竊嫌，礙於警力長久持續性種種問題效果往往不張，不仿運用情境犯罪預防方式，如洽請相關單位加裝路燈或張貼廣告標語提醒車主或在該地點必經處所執行盤查來得有效。

(6)為發揮巡邏威力之措施，在線上對可疑人、車實施盤查相當重要，若能要求盤查時做盤查登記，不但易發現不法，且甚具嚇阻作用，同時也能以盤查紀錄管制勤務執行狀況。

(7)盤查登記資料應妥善加以運用，例：登記數日後再一次用車號查詢是否失竊，循線追查竊嫌。

(8)凌晨時是汽車竊嫌活動猖獗時刻，因車主大多熟睡，道路往來人車稀少，作案風險低，盤查點應選在縣交界、市區與郊區交界處，以及通往高速公路之主要道路。

(9)轄區內已出租之倉（庫）儲應落實清查，尤其以白天大門深鎖（含一樓公寓）內有隔板列為清查重點。

(10)交通事故未能修復車輛，應強制建檔並函監理站管制註銷車牌。

2. 刑事警察

(1)辨識車輛：本國生產製造車輛廠商，於出廠時經過經濟部能源委員會及環保署等單位檢驗合格後，將生產順序編號（車身號碼、引擎號碼）彙整齊全輸入電腦。然後與監理單位負責新領牌照窗口連線，使生產車輛數與領牌照數相符，可防止竊取車輛，更改車身、引擎號碼，避免偽造證件之幽靈車無中生有冒領牌照之情事，降低汽車失竊率。因此國產車不需檢驗車輛，只審驗車籍證件（出廠證、發票）即可（如作業程序表）。進口車輛則需檢驗車輛，環保署、經濟部能源委員會都需檢驗合格並審驗車籍證件、出廠證、進口證明書、發票等合格後才發照。而偵辦汽車竊盜案初步辨認就是引擎及車身號碼，然各種車種引擎及車身號碼位置均不相同，因此必須去了解。在國產車引擎號碼最常打造位置，引擎之左側、右側、內側、前側，係以在駕駛座面對方向為準，車身號碼最常打造位置，引擎室之左側、右側、引擎室內側擋風玻璃前防火牆上、引擎室前側水箱上方、避震器固定架上。進口車身號碼最常打造位置有前擋風玻璃內側、駕駛座下方、前座下方，而美規車輛都會在車身可拆解零件（引擎蓋、車門、後行李箱蓋、前後保險桿、儀表板內、乘客座椅內側上）則有車身電腦號碼條都可辨識。

(2)無可辨識的地方可用下列方式再找出原車主：

①克萊斯勒電腦主機板解讀。

②安全氣囊及控制安全氣囊電腦條碼（有些車輛無法辨識）。

③贓車內遺留修車廠名片或修車廠貼紙廣告或代理商貼紙廣告。

④原車主遺留發票、名片或可辨識東西。

⑤香火包：國人喜歡購車時車內擺放廟乞求香火包保平安，一般習性香火包大多是當地廟乞求，因此可據以研判車主可能居住在該廟附近，然後透過汽車經銷處電腦尋找該廟附近何人有購同廠牌車輛，近期內有無失竊紀錄，再從失竊紀錄通知車主到現場指認。

最後所列圖片為車型、車身、引擎號碼位置，對查獲贓車時可供立即核對，對偵辦應有所助益。

(3)竊車勒贖偵查：

①歹徒提款之地點，大致為其居住縣、市地區之提款機。

②反求歹徒連繫被害人時所用之行動電話。

③赴銀行調閱歹徒所指定帳號之基本資料及資金往來明細並設法採指紋、以及分析該帳戶之提款情形、提款地點及提款歹徒之錄影資料，並將錄影帶資料製成照片，供日後指認之用。

④錄製歹徒恐嚇電話之音檔，以供日後之聲紋比對。

⑤依據反求所得歹徒之行動電話王八卡後，調閱該通職紀錄，分析出販賣王八卡予歹徒者之對象，再申請搜索票執行搜索。一逮獲販賣王八卡之人後除依電信法、偽造文書罪移送外，需確認恐嚇之歹徒總計購買幾支王八卡。

⑥將歹徒所購買之王八卡均予以調閱通聯紀錄，做行動電話細胞位置及通話對象分析。

⑦對歹徒可能居住之細胞範圍內之處所，均需實施現場勘察，以過濾歹徒最有可能之藏匿處。過濾之原則為排除商店、行號等處所，而以公寓、套房、民宅為佳、再加上居住、租用者之前科清查，並對可疑者實施現場監控即能得知該處所是否為歹徒所匿之處。如此，在鎖定處所後再執行搜索，其他與歹徒有相關之人亦一併搜索。

⑧對於通聯紀錄之內容，需特別注意通話秒數為0或4、5秒內之發、受話對象電話、雖做案之歹徒無時不刻留意其電話不得撥打予親友。然百密亦有一疏，拼命打不需付費之電話，即容易誤撥不該打之電話，此乃其致命因。對於狡詐型態之犯罪，依此循線偵破者有十之三、四。

⑨車歸還時採取車內指紋。

⑩依通信保障及監察法相關法條實施監聽。

⑪車輛失竊地點附近監視器錄影帶調閱察看是否有與贓車一同駕

駛離去車輛。

(4)落實清查轄區有照、無照之中古汽、機車買賣商行、汽機車修配廠及材料行，逐一查訪、布建，過濾可疑處所，形成重點對象後鎖定監控搜索。

(5)當舖流當車輛或汽車貸款公司不繳貸款放棄車輛，應加強查察並從相關資料採證工作發現不法（例：買賣委託書、讓渡書、統一發票、出廠證明、新車新領牌照登記書、行車執照、進口完（免）稅證明書、如過戶須有新、舊車主名稱資料）。

(6)轄內有走私出口贓車之廠商、報關行、拖車行及倉儲等相關業者人員之前科應紀錄建立，全面鎖定、監控，兼具查緝及防範作用。

(7)電解拓模技術應充分運用以電解法方式將車身或引擎號碼重現，同時對無法電解經確認係打造過引擎號碼，可用拓模方式採取並送請原製造廠比對證明非該廠字模。

(8)加強產物保險公司定期聯繫交換情資，有助了解更多贓車訊息。

（五）提升肅竊小組功能

1. 利用易於銷贓行業填送之日報表，就電腦端末提供之失（贓）物資料，進行比對，發現可疑據以查贓。

2. 據報現場勘察，從實施犯罪的手段方法分析研判犯人的範圍，並從同一手法殊死戰類似手法之前科犯找出竊犯。

3. 對轄內遇有竊案，肅竊小組應參與偵辦，或了解竊案狀況以吸取偵辦竊案經驗，增強偵辦能力。

4. 蒐集轄區內慣竊特徵、做案習性、做案特性、慣用做案工具，曾經一起共同做案成員等資料，指導或提供找出竊盜案之線索。

5. 對破獲之竊案應作贓物流向分析以及竊嫌犯罪期間主居所交往人物等動態做紀錄，俾做日後再犯案提供偵查方向。

6. 鎖定慣竊偵辦：依據做案手法，習癖及目擊者所指認特徵鎖定特定之嫌疑人採取偵查行動以跟監、定點監控方式，在於犯行現場或其附近，以現行犯方式加以逮捕。

（六）失竊車輛尋回領牌標準作業程序

汽車失竊尋回重新核號、登檢領牌作業程序先完成車輛失竊註銷手續，並備妥下列證件：

1. 警察單位尋獲證明正本。

    ※若遭磨滅改刻車身、引擎號碼，則須於尋獲證明單附註欄註明：「尋回之車身及引擎號碼確為00-0000號車之原車車身及引擎」（依84警刑偵字第32021號辦理）。若拓磨遭改刻或磨損之車身、引擎號碼黏貼於尋獲證明單及新領牌照登記書上，加蓋承辦員警印章。

2. 原車廠之車體鑑定證明及該公司營利事業登記證影本（加蓋公司章及負責人印章）。

3. 購買證明。

4. 車輛係為國外進口則需附進口關單正本、海關進口完（免）稅證明文件（影本面加蓋原車廠公司章及負責人印章）。

5. 申請書（以十行紙書寫）並填妥新領牌照登記書二分（附原車籍資料及已註銷之證明）。

6. 個人車主需附身分證正、影本；公司行號需附營利事業登記證影本（加蓋公司章及負責人印章）。

    程序：

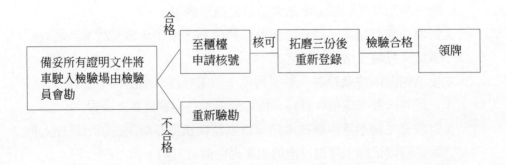

    ※注意事項：新鑒刻之號碼請打在被磨損處之附近，勿與原號碼重疊。

【附錄】贓車辨識方法

日產汽車有關贓車辨識方法如下：

部　位	辨識方法	備　註
安全氣囊（airbag）	在單（雙）安全氣囊內部均有一條碼可供辨識	條碼型態： G02*KMOM8966211481*（在*與*之間計有14碼）
	在裝有單（雙）安全氣囊之汽車內部，於駕駛座右側之扶手位置內部下方亦有一安全氣囊電腦盒裝條碼可供辨識	條碼型態： *KMOM8966211481*（在*與*之間計有14碼）
轉向拉桿	在轉向拉桿上方九十度位置有一條碼可供辨識，轉向拉桿位於汽車底部雙輪之間之橫向拉桿	條碼型態： 99（99為出廠年份） 2313112（2313112計有7碼）
變速箱	在變速箱上方有一條碼可供辨識 變速箱上有用油漆寫上變速箱號碼，如11875	1600CC自排車條碼型態： 99（99為出廠年份） E3 11875（E3為工廠代號，11875計有5碼） 1600CC手排車條碼型態： 98（98為出廠年份） 9-Z 19798 TQ（19798計有5碼） 2000CC自排車條碼型態： 99（99為出廠年份） 4319752（4319752計有7碼） 3000CC自排車條碼型態： 99（99為出廠年份） 308 4402225（4402225計有7碼）
引　擎	在引擎上方有一條碼可供辨識	條碼型態： 849679（849679計有6碼） 引擎號碼： 849678（刻印849678計有6碼，位於引擎右側中間內部）
前　軸（後、左、右軸）	在引擎上方有一條碼可供辨識	條碼型態： 9515125（9515125計有7碼，位於輪子內側）

部　位	辨識方法	備　註
車身號碼	CEFIRO車系在右前避震器座（內龜）有刻印車身號碼	號碼型態： A32TK015470（A32TK015470）計有11碼
玻　璃	在1998年12月以前所有玻璃均噴砂有引擎號碼可供辨識	
CEFIRO	汽車3000CC有天窗配備，左右前座椅均有配備各一個安全氣囊（AIRBAG）內部貼有條碼可供辯識	

TOYOTA進口車車輛鑑識：

部　位	位　置
車身號碼	變速箱本體上
	引擎本體上
	前擋風玻璃靠近儀表板附近
引擎號碼刻印位置	引擎本體上
車身號碼貼紙位置	引擎蓋內側
	引擎室左／右葉子板內側
	四門車門上
	左／右後輪弧上
	後行李廂蓋內側
	前／後保桿內側
車身條碼貼紙	左B柱（或左前門）
	全車共17（或16）處可共識別

識別牌種類

A.

B.

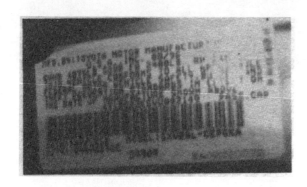

C.

D.

車身標識牌位置圖

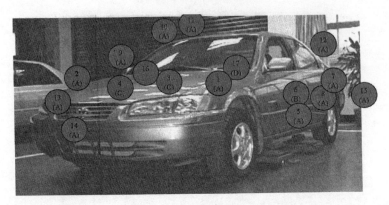

部位說明：

1.引擎室左前葉子板內側

2.引擎室右前葉子板內側

3.變速箱本體上

4.引擎本體上及避震器固定架上

5.左前門車門側面上

6.左B柱（或左前門）

7.左後輪弧上

8.左後門車門側面上

9.右前門車門側面上

10.右後門車門側面上

11.右後輪弧上

12.後行李廂蓋內側

13.引擎蓋內側

14.前保桿內側

15.後保桿內側

16.引擎號碼刻印位置

17.前擋風玻璃靠近的儀表板附近及後擋風玻璃和車門玻璃

朋馳車美規與歐規基本辨識方法

美規車	歐規車
1.由貿易商進口 2.碼表里有英哩與公里二種 3.保險桿加長（防撞油壓） 4.車身號碼在左儀表板玻璃下 5.有天窗	1.代理商、貿易商都有進口 2.碼表只有公里，沒有英哩 3.一般保險桿 4.引擎號碼而不是車身號碼 5.加天窗是附加配備
一、舊型W124型200/200E/230E/260E/300E/24V停產（85-92） 二、新型W124型200E/220E/280E/320E/400E/500E 92年開始 三、歐規200、230、260、300E 　　　1.司機座墊下有電腦紙條 　　　2.後座靠背處有電腦紙條 　　　3.車門內裝板均有電腦紙條 　　　4.引擎及氣缸蓋後面各乙張，油底殼一張電腦紙 　　　5.變速箱號碼系打鑄造號碼（底部）	

朋馳（BENZ）車系引擎碼資料一覽表

——朋馳轎車（MERCEDES-BENZ）之引擎號碼共有14個字：
——前6字代表該引擎之型式，各型式代號說明如下：

前6字	適用車型	前6字	適用車型
102,910	190E 1.8	104,992	320E, 320CE
102,962	190E		300SL/24
102,985	1903 2.3	119,960或 119,792	500SL
102,990	190E 2.5-16	103,941	260SE
102,963	200E	100,987或 110,989	280SE, 280SEL
111,940	200E（新型）	103,981	300SEC, 300SEL
111,960	220E, 220CE	116,961或 116,963	380SEC, 380SEL
103,940	230E, 230CE	116,965	420SEC, 420SEL
103,940	230E, 260E Long	117,961 117,963 117,965	500SEC, 500SEL
104,942	280E, 280E Long	117,968	560SEL, 560SEC
103,980	300E	104,990	300SE 300SE（新型）
104,980	300E/24, 300CE/24	119,970	500SECL（新型） 500SEC

——同一車型之前6字均應相同。
——第7、8這兩個數字通常應為12或10（12：自動排檔；10：手動排檔）
——後6字為原廠安排之序號，並無一定之規則。

例：300SEL（新型）之引擎號碼：

引擎號碼：　$\underset{\text{引擎型式}}{\underline{104990}}$　　　$\underset{\underset{\text{自動排檔}}{\downarrow}}{12}$　　　$\underset{\text{序號}}{\underline{053577}}$

美規車轉換歐規車底盤號碼說明

例：美規車=WDB　GA33E1TA292759
　　歐規車=WDB　140033-1A-292759/1

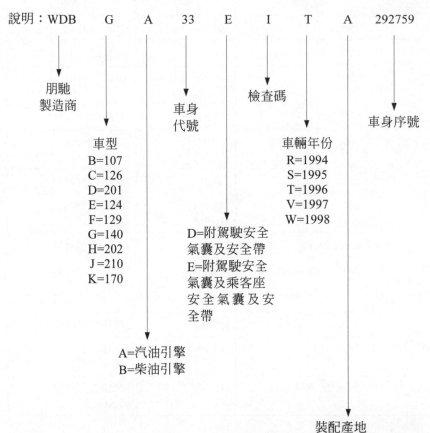

說明：WDB　　G　A　33　　E　I　T　A　　292759

朋馳
製造商

車型
B=107
C=126
D=201
E=124
F=129
G=140
H=202
J=210
K=170

A=汽油引擎
B=柴油引擎

車身
代號

D=附駕駛安全
氣囊及安全帶
E=附駕駛安全
氣囊及乘客座
安全氣囊及安
全帶

檢查碼

車輛年份
R=1994
S=1995
T=1996
V=1997
W=1998

車身序號

裝配產地
1. A 到 E: Sindel finger（新德芬根）
2. F 到 H: Bremen（布萊梅）
3. J　　　: Rastatt（羅斯達）

BMW車身號碼及引擎號碼

車身號碼：車身號碼共有十七碼，可區分為四大部分：

W	B	A	E	G	9	1	0	7	C	X	X	X	X	X	X	X
1	2	3	4	5	6	7	8	9	10	11	12	13	14	15	16	17
A			B				C			D						

1. 前二字母 WBA 為一部寫

 ┌ W = West Germany
 │ B = Bayerische Motoren Weke Gmbh = BMW AG
 └ A = Automobiles

2. 此欄位共有四碼（兩碼英文，兩碼數字）為該車之車型代碼，如上所示之「EG91」即代表 BMW 850csi。

3. 其中第 8 位數皆為 0；用以當做預留位置。

4. 最後七碼為車身號碼，目前新車的 11,12 碼亦以英文字母表示。

引擎號碼：

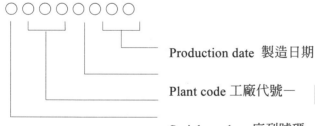

Production date　製造日期

Plant code　工廠代號─ ┌ 0-4 for Munich
　　　　　　　　　　　 └ 5-9 for Steyr

Serial number　序列號碼

Assembly line　裝配線

0 = M10 of M40.M433 = M50. M52

2 = M20 Munich（Steyr 0 in general）

4 = M30 5 = M60. M626 = M70. M73

美國GM車型車身（牌）號碼解析

要成為美國車的專家，其方法很簡單，只要在擋風玻璃與儀表板間找到車身號碼，便可從中瞭解其車型類別，甚至生產的年份，這對收購車輛的驗明正身是有極大幫助的，以下是逐一的附表說明：

GM車系的車身號碼一組共有17個字，以下是逐一的附表說明：

第1個字：為製造生產國代號，1代表美國製造，不是1號代表非美國原廠的車子。

第2個字：代表該車是原廠生產，或者是與日本車廠等合資的產品，如G，代表獨資，Y代表豐田廠合資等，S代表鈴木，s代表五十鈴，L代表大寧，C代表CAMRY。

第3個字：為車廠代號：
    1代表雪佛蘭 CHEVROLET
    2代表龐帝克 PONTIAC
    3代表奧斯摩比 OLDSMOBILE
    4代表別克 BUICK
    5代表羅帝克零組件廠 PONTIAC INCOMPLETE
    6代表凱迪拉克 CADILLAC
    7代表加拿大通用廠 GM OF CANADA
    8代表金土里廠 SATURM

第4個字：代表車型即「CAR」

第5個字：代表等級，第4、第5個字是配合起來看的，所謂的K-CAR、J-CAR…等等，代表的是底盤傳動系統的編號，而第五字則表示同一底盤車種之不同等級，但此等級不依排氣量大小或車子尺寸規格來區分，而是表示不同的地位象徵，各位可參考以下的表格，就拿W-CAR（W型車）來說好了，雪佛蘭的LOMINA、龐帝克的GRAND PRIX和奧斯摩比的COTLASS SUPREME、別克的REGAL等皆是，他們共用一個底盤傳動系統，相近的動力輸出，銷售價格與配備也相似，但他們的等級不同，市場反應也有差異。

第6個字：代表車身造型
    1代表二門跑車
    2代表二門斜背／掀背轎跑車
    3代表二門敞篷車
    4代表二門旅行車
    5代表四門轎式
    6代表四門掀背／斜背
    8代表四門旅行車

第7個字：代表安全帶形式
    1代表固定式手動繫安全帶
    3代表固定式安全帶且方向盤附有安全氣囊
    4代表自動滑緊式安全帶

第8個字：代表引擎的形式

第9個字：為出廠電腦查驗碼

第10個字：代表年份（以上類推）
    J:1988　K:1989　L:1990　M:1991
    N:1992（以下類推）

第11個字：為製造的工廠

第12-17個字：為生產順序編號

VEHICLE IDENTIFICATION NUMBER DECODING CHART

POSITION	INTERPRETATION	CODE OPTIONS	
1	Country of Origin	1=United State Others=non-United State	
2	Corporation	G=Single-Handed C=CAMRY S=SUZUKI	L=DAEWOO T=TOYOTA s=ISUZU
3	Factory Code	1=Chevrolet　2=Pontiac 3=oldsmobile 4=Buick 5=Pontiac Incomplete 6=Cadillac 7=GM of Canada 8=Saturn	
4	Type of Vehicle		
5	Rank (Level)		
6	Body Style	1=2 door Coupe 2=2 door HatchBack 3=2 door Convertible 4=2 door Tour 5=4 door Sedan 6=4 door HatchBack 8=4 door Tour	
7	Passenger Safty System	1=Passenger Manual Seat Belt 3=Driver AirBag Passenger Manual Seat Belt 4=Automatic Seat Belt	
8	Engine		
9	Check Digit		
10	Model Year	… J=1988　K=1989　L=1990 M=1991　N=1994….etc	
11	Assembly Plant		
12	Throuth　　M=Vehicle Build Secuence		

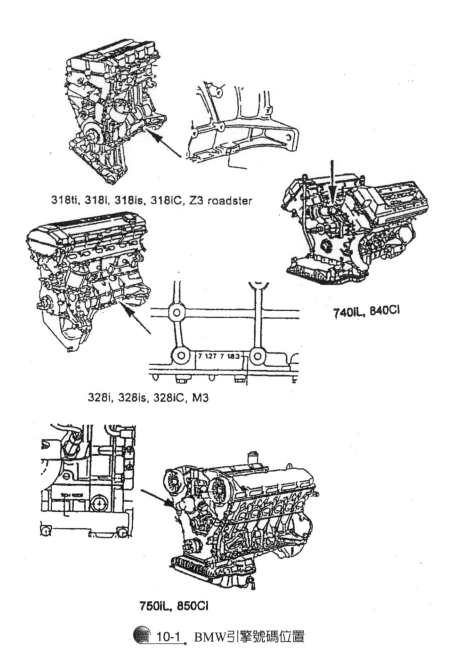

318ti, 318i, 318is, 318iC, Z3 roadster

740iL, 840Ci

328i, 328is, 328iC, M3

750iL, 850Ci

圖 10-1　BMW引擎號碼位置

電腦條碼

Sidekick and X-90

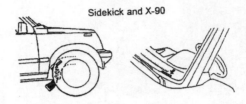

變速箱號碼位置

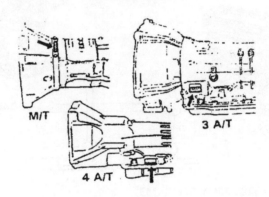

M/T

3 A/T

4 A/T

引擎號碼位置

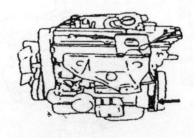

圖 10-2　SUZUKI

標示牌和條碼

• 900 •

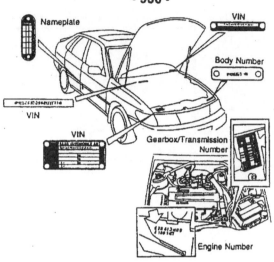

• 9000 •

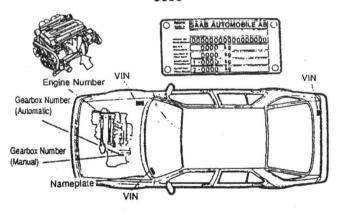

圖 10-3　SAAB

Location: Stamped on the Engine Block

Line	Engine Code (5th Digit)	Line Code (Bth Digit)	Engine Type	ID Locations
ES300	F	G	1MZ-FE	2
GS300	D	S	2JZ-FE	3
LS400	H	F	1UZ-GE	1
SC300	D	Z	2JZ-GE	3
SC400	H	Y	1UZ-FE	1
LX450	J	J	1FZ-FE	4

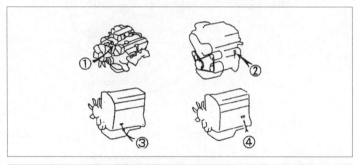

Line	Line Code (8th Digit)	Manual	Automatic
ES300	G	N/A	B
GS300	S	N/A	A
LS400	F	N/A	A
SC300	Z	1	A
SC400	Y	N/A	A
LX450	J	N/A	A

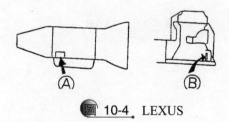

圖 10-4. LEXUS

引擎號碼位置圖

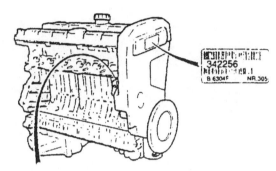

5/6 Cylinder Engines: Stamped on the right side of engine

變速箱號碼位置圖

AUTOMATIC TRANSMISSION
Location: Plate on Transmission Left Side.

M 46	NR.	1216097
FABR. NR.		28439

MANUAL TRANSMISSION
Location: Type Designation, Part Number and
Serial Number on Plate on Transmission Underside.

圖 10-5 VOLVO

引擎號碼位置圖

4ZE1 Engine

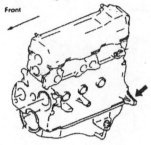

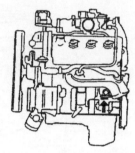

6VD1-V Engine

變速箱號碼位置圖

Manual

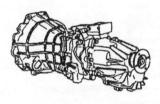

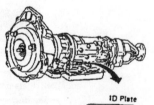

Automatic

圖 10-6 HONDA

引擎號碼位置圖

V8 Engine

V6 Engine

4 Cylinder Engine

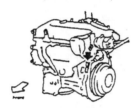

變速箱號碼位置圖

Automatic

Automatic

Manual

圖 10-7 INFINITI

引擎號碼位置

1.6L 4 CYLINDER ENGINE

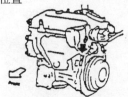

2.0L 4 CYLINDER ENGINE

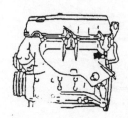

2.4L 4 CYLINDER ENGINE

3.0L V6 CYLINDER ENGINE &
3.3L V6 CYLINDER ENGINE

車輛辨識

—— VEHICLE IDENTIFICATION ——

1. V.I.N. (chassis number)
2. V.I.N. plate
3. Emission control label
4. V.I.N. plate
5. F.M.V.S.S. certification label

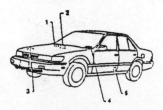

圖 10-8　NISSAN

車輛辨識號碼
VEHICLE IDENTIFICATION NUMBERS

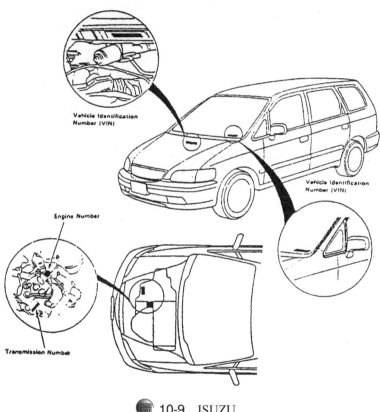

圖 10-9 ISUZU

車輛辨識
——VEHICLE IDENTIFICATION——
Sonata‧Elantra‧Accent
（Embossed VIN‧Elantra）

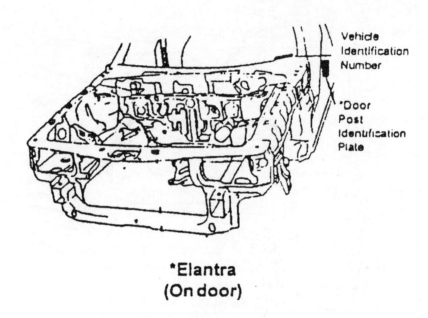

Vehicle
Identification
Number

*Door
Post
Identification
Plate

*Elantra
(On door)

All models: Stamped on firewall.
Upper left hand corner of crash pad.

圖 10-10　HYUNDAI

引擎號碼位置
Location: Stamped on the Crankcase near
either the Crankcase Dip Stick or the Distributor

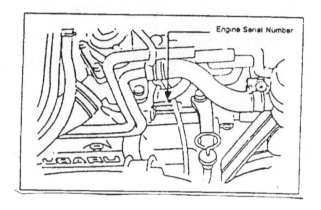

雙速箱號碼位置
Location: The Top of the Transmission
Case. Bell Housing. or the Torque Converter

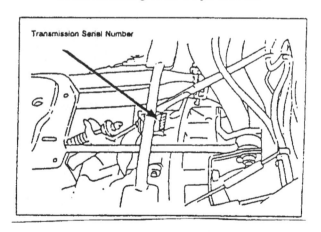

圖 10-11 SUBARU

圖10-12　日產CEFIRO 2988CC

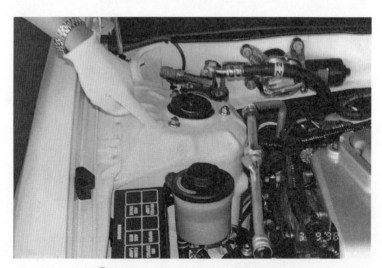

圖10-13　右前避震器座車身號碼

圖10-14　引擎號碼：進氣岐管下方

圖10-15　左中柱車身條碼

圖10-16　BENZ朋馳E240 2397cc

圖 10-17 引擎號碼：汽缸體下方

圖 10-18 右中柱車身號碼條

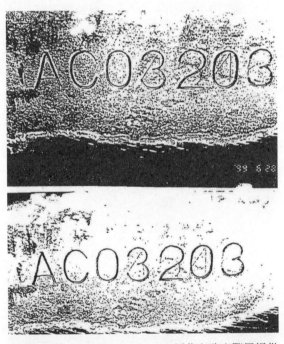

電解過字樣 　　　　　　　　新北市政府警局提供
AC03203→AC04546

圖 10-19

現車引擎號碼拓模B14 GLA 08340

現車引擎號碼拓模B14GLA008346

新北市政府警局提供

 10-20

二　機車部分

（一）慣用手法

1. 機車銷贓管道絕大部分是中古車行合法購得舊機車或肇事無法修復機車（包括證件）委託小偷竊取同一廠牌車輛借屍還魂後，再交給中古車行收取傭金再展示賣出或由專門改裝贓車集團將改裝過機車（含證件）販售給中古車行。

2. 直接在中古車行內進行改裝贓車，是一種夾帶性質，每日處理數量不多。

3. 借環保廢棄車量標單，以廢鐵名義或將贓車打上廢棄車輛引擎號碼夾帶出口。

4. 不管拆卸零件販售或借屍還魂出售，值得注意其解體改裝地點多選

在郊區鐵皮屋或偏僻公寓內進行，使用面積約三十坪即夠用且大多將四周窗戶封死，甚至加裝隔音板，主要目的是不要讓外人了解裡面狀況。

（二）行竊方式

1.萬能鑰匙：即一支鑰匙可以開啟同廠牌十餘部機車。
2.整車吊走。

（三）偵查要領

1.轄區內已出租之倉儲（庫）應落實清查，尤其以白天大鐵門深鎖內有隔板者列為清查重點。
2.同一轄區（一個或二個分局為單位）最近二、三天內連續大量失竊機車時，附近極可能有藏放贓機車處所（倉庫）應加強查察發現，按竊犯說法，贓車載運太遠，風險性高。
3.中型箱型車配有昇降機械設備應加強查察箱內是否裝有贓車。
4.監控竊盜集團首腦及有走私紀錄報關行、拖車行，兼具查緝及防範作用。
5.多實施路檢及順風查抄車號工作，甚具遏止作用。
6.刻意將車牌抹黑或將車牌向上彎曲應加強盤檢。
7.引擎發動用接線而非用鑰匙啟動車輛應詳查。
8.運用行政作為針對中古機車買賣業及維修業深入調查，發現中古機車行套裝機車販售時，依「道路交通管理處罰條例」第16條第1項第1、2款處罰，以干擾及行政取締作為迫使業者改善，斷絕銷贓管道。
9.對清查出有可疑之機車行或解體（借屍還魂）處所，經查證做案屬實，用聲請搜索票搜索或運用儀器科技器材監控伺機搜索。

新車領牌作業程序表

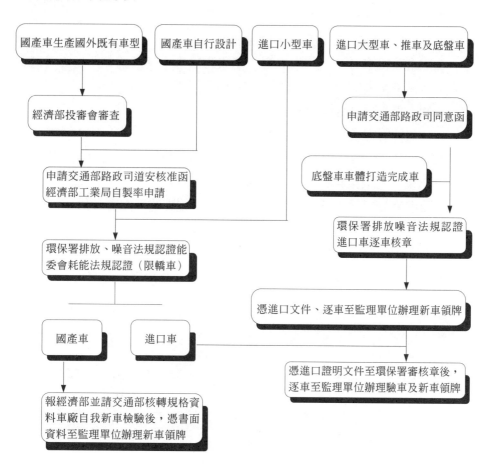

（四）機車失竊尋回申請重行核號、登檢領牌作業程序

將以下各項文件裝訂後交監理處收發室

1.警察單位尋獲證明影本乙份。

　　*若遭磨滅改刻車身、引擎號碼，則須於尋獲證明單附註欄註明：「尋回之車身及引擎號碼確為00-0000號車之原車車身及引擎」（依84警署刑偵第32021號辦理）。並拓磨遭改刻之車身引擎號碼黏貼

於尋獲證明單，加蓋承辦員警印章。

2.機車牌照登記書影本、註銷證明影本。

　*機車失竊後，須先辦妥註銷登記。

3.申請書正本（以十行紙書寫，個人車主需加簽名蓋章，以公司行號名義申請者需加蓋公司及負責人印章）。

4.個人車主附身分證影本。

　公司行號附營利事業登記證影本（加蓋公司章及負責人印章）。

*監理處審核核可函覆申請人，告知新編引擎號碼，回原機車廠鏨刻新引擎號碼，完成後拓磨三份，並備妥：

1.監理處公司函、車主身分、印章、填妥領牌照登記書二份。

2.警察單位尋獲證明單正本。

3.機車牌照登記證車主聯（辦妥註銷登記）、行車執照。

將機車駛至監理處機車檢驗線，重行登檢合格後申領牌照。

圖10-21　光陽125cc

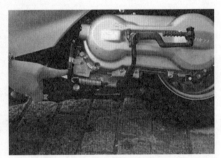
圖10-22　引擎號碼位置

圖10-23　三陽50cc

圖10-24　引擎號碼位置圖

第五節　竊盜案件之偵訊

　　偵訊乃為查明刑事案件真相最直接之手段，案件如能獲得嫌犯的配合說明，事實真相必能迅速重現，但在一般刑案的偵訊中，嫌犯通常不願配合，尤其係竊盜慣犯，其犯罪手段及方法，贓物的處理都非常擅長，被捕後的辯解，亦十分高明，總是避重就輕，因此如何突破嫌犯心防，取得正確的供詞，擴大偵破，有賴偵訊人員的智慧與技巧。

一　偵訊的要領

（一）偵訊的目的

　　偵訊的目的有二，一在給予行使防禦權之機會，便其辨明犯罪嫌疑，陳述有利之事實，並提出相當之證據；一為調查證據之手段，查明其犯罪事實，以期足以認定犯罪之證據[9]。

（二）偵訊的程序

1. 法律的規定

　　(1)訊問被告，應全程連續錄音；必要時並應全程連續錄影。但有急迫情況且經記明筆錄者不在此限（刑訴§100-1）。

　　(2)司法警察官或司法警察，除①經受詢問人明示同意者；②於夜間經拘提或逮捕到場而查驗其人有無錯誤者；③經檢察官或法官許可者；④有急迫之情形者等，不得於夜間詢問犯罪嫌疑人（刑訴§100-3）。

9　高金桂，台灣地區竊盜犯罪之分析及其偵防措施之研究警政研究所碩士論文，民國68年6月。

2.權利的告知

(1)訊問被告應告知下列事項：

①犯罪嫌疑及所犯罪名。罪名經告知後，認為應變更者，應再告知。

②得保持緘默，無須違背自己之意思而為陳述。

③得選任辯護人。如為低收入戶、中低收入戶、原住民或其他依法令得請求法律扶助者，得請求之。

④得請求調查有利之證據（刑訴§95）。

上述權利的告知，應於偵訊筆錄中，明確記載。

3.真實身分關係的查核

(1)訊問被告，應先詢問其姓名、年齡、籍貫、職業、住居所，以查驗其人有無錯誤，如係錯誤，應即釋放。

(2)查驗嫌犯身分是否相符，一方面為了防止誤捕誤訊，一方面也是防止慣竊冒用他人身分犯罪或冒名頂替的情事發生。

4.涉案事實關係的調查

(1)訊問被告，應與以辯明犯罪嫌疑之機會；如有辯明，應就其始末連續陳述；其陳述有利之事實者，應命其提出證明之方法（刑訴§96）。

(2)嫌犯有數人時，應分別訊問之；其未經訊問者，不得在場。但因發現真實之必要，得命其對質（刑訴§97）。

(3)被告對於犯罪之自白及其他不利之陳述，並其所陳述有利之事實與指出證明之方法，應於筆錄內記載明確（刑訴§100）。

5.獲案證據的查證

(1)證物應示被告，令其辨認，如係文書而被告不解其意義者，應告以要旨（刑訴§164）。

(2)被告之自白，非出於強暴、脅迫、利誘、詐欺、違法羈押或其他

不正之方法，且與事實相符者，得為證據（刑訴§156）。

6. 犯後的態度

科刑時應審酌一切情狀，並注意犯罪之動機、目的、手段、犯罪時所受之刺激、犯人之生活狀況、犯人之品性、犯人之智識程度、犯罪所生之危險或損害、犯罪後之態度，為科刑輕重之標準（刑§57）。

（三）偵訊要點

1. 竊案被害人之詢問

偵查竊盜案件被害人，應依下列各點，詳細詢問，以確定被害事實，獲得更多嫌犯之情資[10]：

(1)被偷何物：失竊財物之種類、品質、數量、價值、特徵等。

(2)何時被偷？至何時仍在？是否為特別日期？

(3)失物放在何處？以什麼狀態收存？

　①有無加鎖？

　②是否放在一般人皆可能知道的地方？有誰熟悉該地方？

(4)被偷當時之家人狀態？

　①係外出中，就寢或工作中？

　②有無訪客？

(5)有無目睹犯人？目睹時其相貌、特徵、服裝、攜帶物等？

(6)案發前，有無可疑聲音或形跡可疑的人徘徊等情形？

(7)有無犯人之遺留物、痕跡？

(8)其他嫌犯犯行狀況所知事項？

2. 竊盜犯、贓物犯之初訊

應就下列各點，詳為調查[11]：

10 同註1，第216-217頁。
11 同註9，第147頁。

(1)竊盜犯、贓物犯之素行、教育程度與家庭狀況。

(2)行竊時間、地點、方法及其所竊物品、種類、數量。

(3)行竊侵入手段、途徑、破壞工具。

(4)犯罪原因。

(5)是否為累犯、習慣犯、常業犯及其是否因遊蕩或懶惰成習而犯罪者。

(6)有無共犯及其銷贓之情形。

(7)少年竊盜犯是否有幕後教唆、幫助、利用之人。

(8)贓物犯對贓物之認識情形。

二　竊盜偵訊筆錄的製作與範例

（一）竊盜偵訊筆錄注意事項

1.慣竊累犯多願供認一些小案件，而隱瞞其他大案件，故在偵訊時不宜以此自喜，而忽略繼續追查的工作。

2.注意竊犯之別號及綽號，訊明其出身、經歷、生活、家庭、環境、負擔情形、工作及職業，以探明構成犯罪原因。

3.注意證據之確實，供詞與事實之連繫，主共犯供詞之吻合，供述與現場情境之相符，防止翻供。

4.追索贓證，核對事實，以期偵訊之正確。

5.詢問要有耐心，不要期望一次即可獲得正確而完整之供述，多次詢問應按序製作筆錄，找出前後所述矛盾之處，追根究底，從中突破，求得真實之供述。

6.受詢問人如拒絕回答或在筆錄上簽名，蓋章或捺指印，不得強制為之；但應將其拒絕原因或理由記載於筆錄末行，仍可發生筆錄之效力。

7.刑事訴訟法第256條第1項前條之規定「告訴人接受不起訴處分書後，得於七日內以書狀敘述不服之理由，經原檢察官向直接上級法

院檢察署檢察長或檢察總長聲請再議。」，故受理告訴案件，縱係非告訴乃論，例如竊盜、搶奪、強盜等案件，仍應詢明被害人是否告訴？記明筆錄，以免影響告訴人聲請再議之權利。

（二）偵訊筆錄製作範例

1. 竊盜案件被害人筆錄範例

問：下述年籍資料是否正確？家庭狀況？職業？教育程度？聯絡電話？

答：

問：你今天△△時因何事到派出所來？

答：

問：你於何時？何地被竊？

答：

問：被竊物品原放置何處？如何收存？有無上鎖？現場保持情形如何？

答：

問：竊嫌用何種方法竊取？現場有無遺留痕跡？有無移動？

答：

問：你家中安全設備（門窗）有無遭破壞？如何破壞？

答：

問：你何時發現被竊？被竊時是否有人在家（場）？

答：

問：有目睹竊犯或發現可疑人、事？

答：

問：你以上所講是否實在？有無補充意見？

答：

右筆錄經被詢問人親自閱覽，無訛後，始簽名捺指紋。

被詢問人：（姓名）　（指紋）

詢 問 人：（職別）　（姓名）

記 錄 人：（職別）　（姓名）

2.竊盜嫌犯偵訊筆錄範例

問：你因涉嫌竊盜罪，於受詢問時，得行使下列權利：

一、得保持緘默，無須違背自己之意思而為陳述。

二、得選任辯護人。如為低收入戶、中低收入戶、原住民或其他依法令得請求法律扶助者，得請求之。

三、得請求調查有利之證據。

答：

問：下記年籍資料是否正確？教育程度？婚姻家庭狀況？有無前科？目前從事何業？

答：

問：你因何案於何時？何地被警方查獲到案？

答：

問：警方於拘捕你時有無告知「得保持沉默，無須違背自己之意思而為陳述」及「得選任辯護人」等二項權利？

答：

問：警方所告知涉嫌之罪名及得行使之權利是否知道？是否請辯護律師到場？

答：

問：你一共犯多少件竊案？分別於何時？何地行竊那些財物？

答：

問：你於右記時地犯案，係以何種方式、途徑侵入行竊？有無破壞安全設備？使用何種工具？有無其他共犯？

答：

問：如何選定作案對象（目標）？由何人選定？如何計畫分工？（有

共犯時）

答：

問：你行竊所得之財物，如何處置？有無受人教唆行竊？

答：

問：除了上記所供述之案件，是否另涉有其他刑案？

答：

問：行竊他人財物的動機何在？

答：

問：以上所說是否事實？有無其他補充意見？

答：

右筆錄經被詢問人親自閱覽無誤後，始簽名按指紋。

被詢問人：（姓名）　　（指紋）

詢　問　人：（職別）　　（姓名）

記　錄　人：（職別）　　（姓名）

3. 事故車借屍還魂案訊問善意第三者之筆錄

問：據警方查證你所購買之牌照△△－△△△△號車，係以被害人
○○○所失竊之牌照△△－△△△△號車頂併的，請問你是否願
意將車交還被害人？

(1)放棄所有權之答法

答：我願意將車子交由被害人領回保管，另我再向購買之車商要求索
賠金額，惟要求請警方將車籍註銷，免得牌照稅等繼續寄交給
我。

(2)主張所有權之答法：

答：我購買之車子是向合法之車商購買的，並且經過監理單位合法過
戶，因此我主張擁有此車之所有權。

4. 事故車借屍還魂案詢問被害人筆錄範例（摘要）

問：警方所查獲之牌照△△－△△△△號車，係以你失竊車之車身

與該車之引擎併裝而成（車身為你所有，引擎為牌照△△－
△△△△號所有），請問你如何處理？

答1：我希望將車身領回，引擎退還現持有人。

答2：我願意將車身售賣給現持有人。

答3：我希望現持有人將引擎連同牌照車籍售賣給我。

（三）人犯戒護注意事項

1. 現行犯一定要上戒具，最好設鐵欄桿，亦應銬住牢靠位置，千萬不要銬住椅子，以防偷襲或偷逃。

2. 人犯上廁所要盯著看，保持在目視範圍內，不要有不好意思看之心態，但女犯應以女警為之。

3. 重刑犯一律戴上安全帽防自殺。

4. 人犯要求服藥時，要查證清楚是否真的有病，服藥是真藥或毒藥。

5. 長途押解人犯在車內以反銬為宜，防範人犯勒住駕駛頸部，意圖同歸於盡或趁機脫逃。

6. 押解人犯臨檢，車內一定有戒護人員，不可同時下車，獨留人犯在車內，嚴防駕車脫逃。

7. 偵訊時桌面要清理乾淨，不要放置玻璃杯、迴紋針、銅板或其他可供傷人或自殺之工具。

8. 重刑犯偵訊前要搜身，以防暗藏證物或武器，偵訊時不可與之過度接近，以防其偷襲。

第六節　查　贓

一　查贓之意義

根據查贓資料，取得證物，並進一步發掘關連，擴大偵辦，使犯罪無所遁形，繩之於法，追回失物，充分發揮查贓功能，保障人民財產安全，

犯罪所得之贓物，不問其為直接或間接得來，均為犯罪主要證據，必須認真追查。

二　查贓之重要性

（一）根據失竊狀況推定嫌犯

有無失物對推定該案性質、犯罪目的或嫌犯是怎樣的人，是偵查工作上極重要之線索。

1. 犯罪目的

例如殺人案件，其行兇是否以謀財為目的？抑或以愛情、憤恨或報復為目的等，常成為急切需要查明的問題。若經查明其目的，自當可決定正確之偵查方針，縮小涉案對象。此時有無贓物失竊，則成為重要判斷依據。然而有時所清查出之失物，間有係故意偽裝者。又有雖無失物之情形，但卻以謀財為目的，乃因無暇下手偷竊機會，在致於在實際上並無失物的情形。一般而言，若有失物，則可以判斷係以謀財為目的。

2. 推定犯人

有失物時，從贓物之種類可以大略推定嫌犯之範圍。由贓物之數量、重量、容積等可以推定嫌犯之人數、體型、力氣、搬運工具等，並以之決定正確之偵查方針。且由失物收藏場所之狀況，可以推定嫌犯知悉被害人內部情形之程度。

（二）遁贓緝犯

先查明贓物之種類、特徵，同時循其流向，銷贓經過而實施通報、臨檢、盤查等勤務，以期發現所持或收贓者。贓物不但是緝獲嫌犯的線索，且在證明犯罪與犯罪人關係上具有決定性之價值，且可以作為認定犯罪事

實的根據[12]。

（三）提高破案效果，增進民眾信心

偵辦案件除了釐清犯罪事實，將嫌犯繩之以法外，更重要的是將民眾失物找回，如此才能順應被害人期待，增進民眾對警察辦案之信心。

三 查贓之相關法令

（一）當舖業法

第十五條　當舖業收當物品時，應查驗持當人之身分證件，並由持當人於當票副聯內捺指紋，始可收當。

前項所捺指紋，應為左手大拇指之三面清晰指紋，如殘缺左手大姆指時，應捺印左手或右手其他手指指紋，並註明所捺之手指指名。但無手指者，不在此限。

第十六條　當舖業不得收當下列物品：

一、違禁物。

二、有價證券及各種存款憑證。

三、機關印信及其他政府機關管理之財物。

四、軍警制服及其他附屬物品。

五、政府核發之證照及私人身分證明文件。

六、其他經政府明令禁止及管制買賣之物品。

當舖業於收當物品時，發現前項第一款、第三款、第四款、第六款或其他非法持有之物品時，應通報當地警察機關。

第十七條　當舖業不得收當無行為能力人及限制行為能力人之質當物。但限制行為能力人經其法定代理人同意者，不在此限。

第二二條　當舖業應備登記簿，登記持當人及收當物品等資料，每二星期

---

12 同註1，第127-128頁。

以影印本二份送主管機關備查；收當物品於逾滿當期五日後，仍未購取或順延質當者，應即填具流當物清冊，備主管機關查核，其流當物得拍賣或陳列出售。

第二三條　當地警察機關對於當舖業得視需要予以查察。

第二四條　當舖業收當物品時，如對持當人之身分或物品認有可疑時，除拒絕收當外，並應立即報告附近警察機關處理。

第二五條　當舖業接到警察機關通報失物查尋資料後，應與收當品詳細核對，如發現有相似或可疑時，立即通知附近警察機關處理。

第二六條　當舖業之負責人或其營業人員依本法規定收當之物品，經查明係贓物時，其物主得以質當金額贖回。

當舖業之負責人或其營業人員，非依本法規定收當之物品，經查明係贓物時，應無償發還原物主；原物主已先贖回者，應將其贖回金額發還。

（二）高雄市特定營業管理自治條例

（經營委託寄售及舊貨業應遵守事項）

第十五條　經營委託寄售及舊貨業，應遵守左列規定：

一、接受委託寄售或收買之舊貨物品，如認來歷不明或行跡可疑者，不得收受，並應即報告該管警察機關。

二、接受委託寄售或收買舊貨物品時，應將寄售人姓名、住址、身分證字號、名稱數量詳載登記簿，並於翌日填具報表送該管警察機關備查。

三、經營舊貨業其儲存物品，不得暴露道路兩側視線以內，並不得妨害交通、市容、衛生。

（車輛修配、保管業應遵守事項）

第十九條　車輛修配、保管業，應遵守左列規定：

一、車輛修配、保管或洗刷，不得占用人行道、騎樓或妨害交通、市容及衛生。

二、不得買賣非法車輛或代為非法解體、拼裝。

三、汽車修理業應置備保養修理紀錄簿登載車輛修配項目，其
　　為總成更換、總成更換、翻修者，並按日複寫一式三份，
　　一份自存，二份於七日內送請當地警察機關備查。

四、汽車修理業應置備購入主要材料紀錄簿，登載購入材料項
　　目，並保留來源憑證備查。

五、保管車輛應設保管單，一式三聯，一聯交車主，一聯繫於
　　車輛，一聯由業者保存，保管期間為二個月。

六、接到警察機關抄發竊盜或遺失車輛案件之失物、贓車、查
　　尋通報單或失物、贓物查尋專刊，應即詳實核對，發現與
　　查尋通報單或專刊所載相同者，應即報告該管警察機關。

前項第五款之規定，民營收費停車場準用之，公設停車場從其
規定。

四 查贓之方法

（一）發生失竊時

贓物偵查在發生失竊時，應即確認失物並查明其特徵，是為重要之工
作。在實施通報、查贓工作時，若失物特徵不詳，贓物偵查工作則很難以
進行。故確認失物及掌握其特徵，乃是贓物偵查的基本原則。

1.確認失物：應向被害人詢明該物收藏狀態及知悉失物者為誰？且應
　　向發現失竊者詢明。

2.失竊當時之狀態。

3.掌握失物特徵：

應向被害人或所有人詢問可以與其他同種東西識別的地方。但因被害
人往往不曉得失物之特徵，或即使曉得，亦很難以口頭說明。有時亦不能
完全了解，因此，偵查員應以下列方法，去掌握失物之特徵。

(1)如係衣服款式或裝身具之形狀，應僅閱被害人穿戴時之相片。

(2)如係手錶、照相機、電話類、應提示樣品型錄，使其指認同型者。又可提示類似物品，以使其說明不同之處。

(3)如係珠寶、裝飾品，應命被害人以繪圖描寫說明。並詢明製造、出售、修理廠商，再從該處查明特徵。

(4)照相機、電器類、鐘錶、裝飾品、成衣等，若有外裝箱則應據此以查明出品廠是那家？其特徵是什麼[13]？

（二）通　報

1.贓物輸入電腦協尋：失物一經確認，應即輸入電腦供其他警察機關協尋。

2.製作失物查尋專刊：明確標明其名稱、款式、品種、特徵、或附上相片通報其他警察機關或當舖業協尋。

（三）當舖檢查

1.當舖業不得收當下列物品：

(1)違禁物。

(2)有價證券及各種存款憑證。

(3)機關印信及其他政府機關管理之財物。

(4)軍警制服及其他附屬物品。

(5)政府核發之證及私人身分證明文件。

2.檢查要領：

(1)登記簿查對：

①是否有與身分不當之典當品？

②是否有多次典當？

③典當者是否有不良前科？

④是否經常典當同種類之物品？

---

13 同註1，第129-130頁。

⑤失竊時間與典當時間關係。

⑥典當者之住居所、工作地點是否遠離典當場所？

⑦是否皆記載於登記簿上？

(2)典當品查對：

①典當品是否有過多？

②是否一次有典當大量物品或者全新物品？

③典當品應有附屬品而無者。

④典當品價格典當過分偏低。

⑤典當品是否為拼裝或改裝之贓物？

(3)對當舖業者詢問：

①是否有人拿與其身分不相當之典當品？

②是有人事先以電話打探價格？

③是否有人不知情況下購入價格？

④是否有人不論典當價格多少皆可？

⑤是否有人詢問店外同夥價格或受人委託典當？

⑥是否有人形色匆匆將貴重物品草率典當？

⑦是否有人對所典當物品價值不了解？

（四）委託寄售業檢查

1.查對委售物品登記簿。

2.查對有無陳列、販售、收藏失（贓）物查尋專刊登列之物品或其他失、贓物。

3.查察有無委售走私物品、違禁物品。

4.查察委售物品流向及購買人身分、次數、數量、用途等有無異常情事。

5.調查可疑委售物品委售人之身分、來源。

（五）舊貨業檢查

1. 查對收購舊貨物品登記簿。
2. 查對有無失（贓）物查尋專刊登列之物品或其他失、贓。
3. 查察有無混充夾雜贓車、贓物、走私物品、違禁品。
4. 查察有無贓車解體之零組配件並追查來源。
5. 調查可疑下盤舊貨收購者之身分、舊貨來源。
6. 查察購買人身分、次數、數量、用途等有無異常情事及舊貨之處置、流向。

（六）對可疑贓（失）物偵查

1. 易於銷贓行業監控：根據偵破刑案之統計分析，發現較易於銷贓行業有當舖業、委託寄售業、舊貨業、汽車修配業、機車修配業、銀樓（金屬加工業）等，勤務執行可直接、間接、秘密查訪，並透過警勤區查察及義工任務，詳實掌握其動靜狀況。
2. 追查贓物時，應先明瞭贓物之特徵，如廠牌規格、色澤、型式、號碼、標籤及其他擦痕、火痕、水漬、破補、字跡、缺陷等，俾能一目了然。
3. 追贓根據犯罪嫌疑人（含共犯）之供述或第三者之舉發。追贓時得由辦案人員親自或委託其他司法警察人員辦理，必要時亦得帶同犯罪嫌疑人查證，但應注意其安全及防止脫逃。
4. 利用易於銷贓行業填送之日報表，就電腦端末提供之失（贓）物資料，進行比對，發現可疑據以查贓。
5. 充分應用現有三個月內在台灣地區典當五次以上者資料報表，典當人與通緝犯交叉比對報表資料，據以查贓。
6. 追查贓物應認真澈底，防止湮滅、毀損或藏匿，發現贓物時應即時予扣押，逐一詳列扣押物品清單，以憑查核。

（七）贓物汽車之偵查

1. 中古汽、機車買賣商行資料核對：

(1)核對有無買賣委託書。

(2)核對有無委賣車輛原始證件影本。

(3)買賣成交之讓渡書紀錄。

2. 車籍證件辨識：

(1)本國生產車有統一發票、出廠證、新車新領牌照登記書（註明是車主聯）、行車執照等證件，如過戶車須有新、舊車主名稱資料（近兩年內車主聯遺失補發之車主聯，監理單位都以電腦紙印製）。

(2)進口車有統一發票、進口完（免）稅證明書、出廠證、新車新領牌照登記書（註明是車主聯）、行車執照等證件，如過戶車須有新、舊車主名稱資料。

3. 查贓注意事項：

(1)應先向營業負責人出示刑警或警察人員服務證表明來意，務須講求禮貌，注意言詞，爭取對方合作。

(2)執行員警在查贓工作進行過程中，應遵守法定程序，以免發生無謂糾紛。

(3)查追贓物要認真澈底，防止湮滅，毀損或藏匿。發現贓物時，應即時扣押，深入偵查，並協調有關單位處理。

(4)發現可疑贓物有煙滅、藏匿之虞，需搜索、扣押時，應依「刑事訴訟法」及「警察偵查犯罪規範」之有關規定辦理。

(5)查贓完竣，應請業者於臨檢表簽證，並將執行經過紀錄於勤務簿，以免日後遭致無謂困擾。

4. 贓車外觀上較易表露特徵：

(1)引擎號碼處異常生鏽。

(2)車身號碼牌噴漆新舊不一。

(3)鉚釘重釘、釘冒粗糙不平。

(4)車身電腦紙條被撕毀。

(5)車牌背面是否有焊接痕跡。

(6)車身是否留有贓車原來底漆顏色。

(7)電鎖、門鎖有破壞、撬解痕跡，鎖頭線路有異常剪接換新情況，鎖匙重配情事。

(8)電腦條碼不一致，與車籍資料不相符。

(9)車牌壓鑄號碼、字跡無圓滑、一致性，牌面烤漆色澤、表面光滑度，有補漆、重漆、焊接、搥打之痕跡。

5. 贓物發現後之處置：

(1)遇有大批贓物，研判有被隱滅可能，有執行搜索扣押必要時，需依刑事訴訟法有關規定辦理。

(2)查獲贓物時，應請營業人出具贓物品保管單，聽候依法處理。

(3)贓物均應隨案移送檢察官處理，如係笨重不便搬運而交適當人員保管者應將保管單隨案移送，又為減輕被害人損失，得視情節報請檢察官核可，將贓物先行發交被害人保管，惟應注意下列：

①須有被害人之申請。

②須經查明確係被害人所有。

③須無他人主張權利者。

④發交之前，先由申請人（被害人）說明贓物之品名、規格、特徵等認為相符後，始予指認領回保管。

⑤申請發還贓物應由被害人填具贓物認領保管單，詳記贓物品名、規格、數量、特徵等一式兩份，由經辦人在副本上簽報機關主管（官）批準後始得發還，贓物發還後，將保管單正本隨案附送檢察官，副本存卷備查。

⑥貴重贓物之發還，應照相存證。

扣押之贓物如應受發還人所在不明，或因其他事故不能發還時，依刑事訴訟法第475條規定報請檢察官處理。

第十一章　竊盜犯罪之預防

第一節　防治竊盜犯罪之綜合建議

　　從前述對於竊盜犯之特性、目標物之選擇與其江湖術語之介紹，及對當前政府部門、刑事司法部門防治竊盜犯罪工作之檢討得知，竊盜犯罪之防治工作絕非一蹴可及，仍須各方之配合。檢視國外之防治經驗，我們深切了解惟有政府各部門與民眾二者攜手合作，採行必要之犯罪預防措施，始能使竊盜犯罪降到最低。具體改善竊盜犯罪問題之建議如下：

一　強化刑事司法體系整體「嚇阻」（deterrence）犯罪之效能

　　在防治竊盜犯罪之努力上，從前述分析我們看到警察、法院與犯罪矯正等刑事司法組織與運作呈現破碎分離（fragmentation）現象，不僅政策、執行步調、重點不一，同時缺乏統合，造成一致、聯合性之行動不足，影響整體防治能力，例如，警察、地檢署、法院與犯罪矯正當局皆係獨立之部門，並接受不同之管轄。而每一刑事司法實體皆具有不同之權力、溝通、監督體系，而此不利於整合；此外，每個次級體系皆有其既定之政策目標，而這些政策或目標又隨著每位警政首長、內政、法務部部長、司法院、法院院長等之更易而有所變動。這些差異導致現行刑事司法體系之緊張與混亂，造成刑事司法體系之不一致、分歧，甚至各行其道，故我們認為應致力於強化整合刑事司法機構人員共同打擊犯罪，同時加強蒐證，做好與法院之溝通、協調，俾減少阻力，達成防治犯罪之目標。

　　其次，以竊盜犯罪之防治工作而言，鑑於多數竊盜累犯是理性的罪犯，故整體刑事司法體系建立一「威嚇體系」（threat system）有其必要，以傳達「犯罪係不值得」（crime does not pay）之訊息給潛在犯罪人。其中，在警察部分，警察之強力掃蕩（police crackdown）竊盜犯罪

行動，如加強臨檢、查緝贓物、瓦解銷贓網路及檢肅竊犯，並對慣犯嚴密監控查察等，必須持續進行，當有助於減少竊盜犯罪之發生。在地檢署方面，檢察官則應加強蒐證與起訴工作，使竊盜犯罪無所遁形。在科刑方面，法官對於累犯及常業竊盜犯則宜從重量刑，或科以保安處分，使偷竊之暴利難與相比，以收嚇阻之效果。當然，法院處理竊盜累犯與常業犯時，宜把握迅速（swiftness）、確定（certainity）與嚴厲（seriousness）之三原則，為此始能達成嚇阻竊盜常業犯罪之作用[1]。最後，在犯罪矯正部分，除應採必要之措施（如嚴厲獨居、分離初、累犯等），以瓦解竊盜次文化外，對於竊盜累犯及常業犯則應加強考核，不輕易予以假釋。在觀護部分則可考慮實施密集觀護監督（Intensive Probation Supervision），以確實掌握竊盜犯之行蹤，避免再犯。

二 強化居住環境設計與規劃預防犯罪

近年來，由Jeffery[2]、Newman[3]等人所倡議之「經由環境設計預防犯罪」（Crime Prevention through Environmental Design，簡稱CPTED）策略，晚近受到學術與實務工作者正視。此項以環境設計為主要架構之犯罪預防措施屬都市計畫內容之社會規劃（social planning）範疇，其主要係透過對環境（含社區、建設局等）之妥善規劃、設計與管理，如強化其領域感（Territoriality）、自然監控（Natural Surveillance）與通道控制（Access Control）之犯罪防護力，減少犯罪機會，阻絕犯罪侵害之預防策略。具體成功之案例如在1974年，美國國立司法部門（National Institute of Justice）贊助了一項『經由環境設計預防犯罪』（CPTED）之計畫，並在奧瑞岡，波特蘭市之UAC商業區域試辦[4]。此項方案之工作重點在1976年初期運用下列兩項技術：1.改善街燈亮度；2.安全建議調查（Security Survey）

---

1 楊士隆，犯罪心理學，五南圖書，民國101年。
2 Jeffery, C. R. Crime Prevention Through Environmental Design. Beverly Hills, CA: Sage, 1971.
3 Newman, O. Defensible Space: Prevention through Urban Design. New York: Mac-millan, 1972.
4 Griswood D. B. Crime Prevention and Commerical Burglary: A Time Series Analysis. Journal of Criminla Justice 12; 1984, 493-501.

之施行，以改善該區域住宅竊盜案件猖獗情形。時間系列之評估顯示此兩項技術之結合有效的降低商業區住宅被竊案件之發生；此外，在英國Birmingham之市中心市場區由於竊盜甚為猖獗，因此造成商家及攤販不少損失。其原因除因市場區域交通便利、人多極易吸引歹徒犯案外，該市場區域燈光亮度不足，且市場攤位間之人行通道窄（約兩公尺）則為竊賊下手之主因[5]。在市場之攤位人行通道加寬（由兩公尺增至三公尺）後，攤位物品被竊之案件在兩年內降低了70%。

三　加強社區動員，提升社區意識，並強化守望相助工作

研究指出在人際冷漠、社會疏離、缺乏互動之社區，較易為犯罪所侵害[6]，也因此必須強化社區意識，建立社區共同體觀念，使能預防犯罪之發生。強化社區意識之具體措施包括社區之妥善規劃，加強居民之歸屬感，強化社區活動中心之功能，並發行社區報紙；動員社區居民參與社區事務等。而鄰里守望相助（Neighborhood Watch）為實際組織、動員社區人力、物力、資源，共同參與犯罪預防之重要工作。其特色為當建立社區的整體觀念後，民眾將成為警察抗制犯罪的最佳助手，隨時保持警戒、注意可疑份子，進而強化治安的維護。亦即，警力不足的說法將不再是問題。守望相助可藉下列活動而推展。例如，里民大會之召開與大掃除計畫，守望崗哨之設置與巡邏，社區活動中心之妥善規劃，與提供強化社區意識的資訊、呼籲財產註記……等。此外，民眾參與巡邏在鄰里守望相助方案中乃重要一環。其相關活動包括崗哨之定點巡邏、廣播守望（Brocasting Watch）等。目前在澳洲新南威爾斯地區，海灘的巡守活動已經被組織起來。在鄉村地區，家畜的守望相助組織亦已建立，以因應日漸升高之家畜被偷竊事件的發生[7]。顯然鄰里守望相助方案獲得澳大利亞

5　Poyner, B. and B. Webb. Successful Crime Prevention Case Studies. London: The Tavistock Institute of Human Relations, 1987.

6　Skogan, Wesley G. Disorder and Decline-Crime and the Spiral of Decay in American Neighborhoods. New York: Free Press, 1990.

7　Geason and Wilson (1988).

居民最大的支持。此外，鄰里守望相助方案，近年在美國亦受到重視。根據估計，在1992年全美，大約有42%之家庭反應守望相助團體在鄰里間運作，而其數目仍在增加中[8]。

根據Lab（1992）[9]之綜合文獻，鄰里守望相助無論係由官方犯罪紀錄或亦由被害調查加以評估，其對降低各階層犯罪與被害恐懼感均有實質之幫助，值得推廣。

四　財產之註記（Operation Identification）

透過財產之註記（Operation Identification），可增加財物之識別，降低財物之價值及銷贓之機會。具體之案例，如英國內政部為改善住宅竊盜情形，於南威爾斯三個區域試行財產註記（包括在門口及窗口標示財產已為註記等）[10]，此項方案在經地方電視新聞媒體之廣泛宣傳下，有效的降低了竊盜之發生頻率，由前一年之128件，減至第二年之66件；此外，鑑於汽車之註記有助於降低其銷贓之機會，並追回贓車，美國聯邦立法當局於1978年制定機動車輛竊盜法律執行法案（The Motor vehicle Law Enforcement Act），規定機動車輛車身結構之主要部分皆應刻上汽車識別號碼（Vehicle Identification Number）（VIN）。其次，在澳大利亞，由於部分人士將汽車中之音響加裝特殊之個人識別號碼（Personal Identification Number）（PIN）使用系統，因而有效的降低汽車被竊事件之發生。

五　強化目標物（Target Hardening）與監控（Surveillance）

目標物之強化，基本上係指使較脆弱之犯罪，可能標的物更加的堅固與安全，此項策略嘗試減少歹徒的入侵，並且使得犯罪標的物更不易

8　O'keffe et al. (1996).

9　Lab, Steven P. Crime Prevention: Approaches, Practice and Evaluations. Second Edition. Anderson Publishing Co., 1992.

10 LayCock (1991).

得手（或被害）。國內竊盜犯罪偵查實務專家何明洲等[11]曾指出竊盜犯罪之手法以「破壞」目標物為主，較少以開鎖方式入侵，故如何強化目標物乃成為預防竊盜犯罪之重要措施。一般而言，門鍵、警鈴、鑰匙、柵欄、鋼製鐵窗，卡榫及其他強化財產的措施屬之。此外可將室內燈光、音響打開或停止郵件的傳遞，以製造歹徒入侵之心理障礙（psychological barriers）。英國劍橋大學犯罪學研究所教授Bennet及Wright[12]之研究，曾指出防盜系統之安置與否影響及竊盜犯之犯罪決意。筆者[13]之研究證實此項見解，並發現目標物之強化措施以防盜鈴、未栓住之看門狗較為管用。學者Rosenbaum[14]檢視相關文獻後指出，目標物強化的策略對於特殊犯罪類型，如夜間竊盜及破壞公物等行為，具有相當的效用。

　　監控係指運用警察、安全警衛、偵測器等，以對潛在犯罪人產生威脅，減少非法行為之發生。其可藉著許多電子設備如警鈴、閉路（有線）電視（CCTV）、紅外線測速、照相等裝置而增加預防之效果。具體之成功案，例如英國警方在1983年底對位於Kent之Doner市中心停車塔加強限制出入、加亮入口之燈光亮度及出口處置一辦公室增加監控，因此有效的降低該處停車場汽車遭破環、毀損及偷竊事件達50%以上[15]。此外，在英國Guildford地區之Surrey大學，由於校警在1986年3月間在停車場等地安裝了閉錄電視（CCTV），並由警衛加強操控，汽車相關竊盜案件由92件減少至此項措施後之31件。

11 何明洲，竊盜犯罪偵查實務，內政部警政署刑事警察局，民國89年。

12 Bennelt, T.& Wright, R. W. Burglars on Bruglary. Aldershot, Hants, England; Gower, 1984.

13 楊士隆，竊盜犯罪：竊盜犯與犯罪預防之研究，五南圖書，民國86年4月。

14 Rosenbaum, Dennis P. Community Crime Prevention: a Review and Synthesis of the Literature, Justice Quarterly, Vol.5, 1988, No.3.

15 Poyner, B. Situational Crime Prevention in Two Parking Facilities. Security Journal 2: 1991, 96-101；楊士隆，情境犯罪預防之技術與範例，警學叢刊第二十五卷第一期，中央警官學校印行，民國83年。

六 強化預防犯罪宣導，加強個人自我保護措施

研究指出竊盜犯罪之發生，除竊盜犯之汲汲搜尋犯罪標的物外，民眾本身缺乏警覺與防範意識亦為主因[16]，故有必要強化犯罪預防宣導，作好防治犯罪工作。在政府方面，應持續擴大犯罪預防宣導，教導民眾及住戶採行必要之防範犯罪措施，如汽車多裝置幾道鎖及警鈴、防盜設備，以增加犯罪之困難，不在汽車上置留言版並留下電話，以免為歹徒綁車勒贖、住戶加裝門栓並安裝家戶聯防系統、夜間外出打開電燈及音響電視以欺敵等。必要時派遣熟悉犯罪預防工作之警察人員前往高犯罪區域之商家、住家協助，促其改善並予以講習，以強化風險管理，降低被害機會[17]。在民間方面，目前各種基金會與民間團體已展開各項服務包括專線服務、犯罪預防宣導與自我防衛訓練、出版防竊手冊、刊物及舉辦座談及演講等，如何強化其組織、運作與動員，俾充分發揮預防犯罪效果，為防治竊盜犯罪不可或缺的一環。

第二節 警察與保全機關之預防措施

一 警察機關

（一）防竊宣導

在警政署頒布之宣導預防犯罪工作手冊第一章即有明確要求：

1. 宣導預防犯罪應依據地區特性、治安狀況，利用各種機會，採用適當方式，隨時、隨地、隨人、隨事實施，必要時派遣熟悉犯罪預防工作之警察人員前往高竊盜犯罪區域之商店、住家協助，促其改善。

---

16 同註13。

17 Rosenbaum, Dennis P., Arthur J. Lurigio and Robert C. Davis. The Prevention of Crime: Social and situational Strategies. Wadsworth Publishing Company, 1998.

2.協請有關機關，策動民間各種社團組織共同推展，使宣導工作深入社會各階層。

3.宣導內容力求簡明，易為大眾理解、接受。

4.從事宣導應持續不斷、反覆實施。

5.宣導人員要儀容整潔，態度和藹，言詞懇切，並顧及民眾之作息時間，避免擾民。

（二）慣竊列管

警勤區為警察勤務基本單位，目前我國現有警勤區將近一萬五千四百九十九個，由於警勤區散布廣闊，無遠弗及，目的在警勤區制度上設計，採劃分一定範圍，由專人固定負責查察，普遍而深入，其主要功能在掌握犯罪徵候，非其他制度所能替代，惟近年來慣竊動態查察漸流於形式，其所能發揮實質效益漸小，因此如何落實查訪紀錄及管理和動態通報，則是防竊相當重要一環，依據法務統計竊盜犯再犯比率高達62.6%，可見在台灣職業竊盜之嚴重性。

（三）守望相助推動

就整體而言有實施守望相助的地方，只要認真執行，竊盜案件均有明顯下降趨勢，此項工作有待繼續努力，更待如何有效提升其力量，共同防治竊盜犯罪？

1.實施教育訓練：使其具備法律常識及防身技能，並能觀察事物，提高警覺。

2.裝備充足：例使用手提強力探照燈，對社區內黑暗死角加以搜查，深具防竊效果。

3.協助編組：對已編組完成者，隨時提供改進意見，對未來編組之地區，督導鼓勵其社區負責人或里長編組。

4.舉辦聯誼：對民間組織力量，每年選擇適當時間，舉辦聯誼，以增進感情，爭取向心力。

5.適時獎勵：對於查獲或協助查獲竊盜現行犯之巡守員或管理員，應適時予以獎勵，以增強其榮譽心。

（四）海報告示

對竊案發生頻率較高地區域路段、印製海報張貼提醒，是相當有必要的。舉例：台北市中正一分局轄內南陽街補習班最多，機車失竊最多，且為數不少車主疏忽將鑰匙掛在車上未取走致遭竊，經中正一分局用心採取以貼紙條方式提醒並代保管鑰匙、失竊車輛從最多一個月二百多輛降至百輛以下。

此外，分局人力足夠類似日本警察社區報紙刊物發行給轄區內住戶，除了能將治安訊息傳播外，尚具有溝通警察與居民意見的角色，深具親民之舉。

（五）清樓計畫

都會區大樓林立。尤其商圈，外來人口多，勤區掌握不易，台北市中山分局清樓計畫構思來自九二一地震，東星大樓倒塌，當時大樓內許多人未有設籍，致身分難查，然大樓管理員卻能清楚掌握。因此採取結合管理員，透過管理員認識住戶，逐樓逐層清查陌生人，並加以掌握。由於和管理員接觸頻繁，住戶警覺性相對提高，警民關係變好、造成竊案發生減少。

（六）加強勤務作為

勤務作為重點應擺在可疑份子盤查，例行性巡邏簽巡效果有限，因小偷是會躲警察的，若能主動採取攻勢行為，不但有成效，亦會有好的績效。下列可疑者應注意盤查：

1.駐足某個地方對目標物觀望，一遇路過的人即閃避者。
2.一見警察即轉身閃開。

3.夜間於建築物、金融機構、工廠、倉庫等處所徘徊,行跡可疑者。

4.偷窺他人屋內陳設或爬牆偷看牆內狀況,似有所圖者。

5.同夥間攜帶無線對講機,手提袋內裝似金屬類工具,行跡詭異者。

6.故意將車牌漆黑或將車牌向上變曲。

7.駕駛者所駕駛車輛與身分不相稱者。

8.用T型把手啟動引擎者。

9.機車用所謂萬能鑰匙(有別正統鑰匙)啟動或用接線方式啟動。

10.深夜在車內睡覺者。

11.兩部車先後前進,後面這部車永不超越前車(按:偷車停放地點較遠時,以前車來掩護後面贓車,遇警察路檢由前車受檢,後車閃過)。

12.駕照照片很新而駕照本身破舊或照片上設有鋼印者。

13.一見警察在前面路檢,即回頭逃逸者。

二 保全公司

保全業務,經營場所相當廣。如辦公處所、營業處所、工廠、倉庫、演藝場所、競賽場所、住居處所、展示及閱覽場所、停車場等均是,下列注意事項若能實施、對防竊能力提升必定有所助益:

(一)落實職前及在職訓練:依據保全業法施行細則規定,保全業僱用保全人員應施予一周以上職前專業訓練;對現職保全人員每個月應施予四小時以上在職訓練。訓練目的在轉達上級指示,統一事權、增進團隊力量、了解員工心態。若保全業能重視訓練,則該公司出狀況機率減少是必然的。

(二)科技新防竊器材更新及研究,對已被破解的設施,應設法補強。

(三)重型機械(挖土機、堆高機)無牌照號碼協調業者打上區域性編號,以利失竊後,認領及警察查贓。

(四)倉庫、倉儲、小型工廠鐵捲門甚多,應設法裝置斷電系統,使

歹徒使用無線電掃瞄器無法開啟。

（五）對所保全標的物失竊率較高地區，可採取專案防堵方式，加強勤務防範。

（六）建立客戶之間良好互動關係，促請客戶共同留意可疑人、事、物。

（七）運鈔路線應採亂線或隨時更改路線方向，避免歹徒摸準做案時機。

（八）重視內部管理、嚴防監守自盜。

（九）線上保全人員遇有危急狀況（例：被歹徒控制），應有聯絡密碼規定，將危急信號發出。

（十）加強與當地警察機關配合聯繫，對所蒐集到情資提供警方緝捕。

第三節　各場所之防竊措施

本章節主要在提供一些防竊常識，小偷防不勝防，除了要有很好防竊設備外，民眾提高警覺亦相當重要，財團法人吳尊賢文教基金會73年10月印製防竊手冊以來，深受民眾肯定，本章節引用該手冊內容，加上作者在實務運作經驗，提出一些防竊淺見彙整下列原則，若能遵守應可減少被竊機會。

一　住宅防竊

（一）外出時或每夜睡前，一定要檢查門窗並上鎖。

（二）貴重物品不可放置明顯處，應妥加收藏。同時，若有可能，應做上暗號，或將它的特徵、型式、編號記下，或拍照存證。

（三）失竊後，不可因價值少或無信心追回而不報案。分局或派出所電話號碼應抄記在電話旁，以便有事聯絡方便。

（四）公共照明或報案設備如有損毀故障，應立即報請檢修。

（五）如裝有鐵門鐵窗，須考慮危難時之逃生孔道。選擇鐵材要粗厚，裝設要由內而外，並且不要留有空隙，逃生孔鎖應購買不會生銹鎖，以防緊急時打不開。

（六）房舍門窗除採光和通風所需外，應盡量少設少開，以減少防竊上的困難。

（七）應多與鄰居交往，彼此守望相助，減少被竊的機會。

（八）公寓樓梯通往屋頂陽台的門，以及樓梯間三不管的地帶，常為竊賊來去的地方，應派人負責管理，或定時巡察。

（九）配打住宅門窗鑰匙時，最好親自前往。

（十）住宅附近如有陌生人打轉，行跡詭異，或有不明來路的車輛停放，尤其攜帶無線電對講機者，需提高警覺。

（十一）送貨服務，家庭修繕人員按鈴或敲門時，應確定來人身分，不可隨便放入，進入屋裡後，最好親自陪同檢修。

（十二）大門應裝置「眼孔」和「門鍵」、「迪門」，以便開門前可辨別來人。避免敞開大門，使外人觀察屋裡陳設的機會。

（十三）家裡遇有外人按錯門鈴的現象時，須提高警覺，這可能就是竊賊投石問路，探查環境的方式。

（十四）電話常是竊賊打探的工具，故盡量少讓外人知道，接獲不明電話時，也不可透露家裡情形，以免竊賊所乘。

（十五）剛建立的新社區或住宅大廈，左右鄰居稀少，相識不多。除非必要，不必急著搬入，最好裝好防竊設施（裝設要由內而外），一切布置妥當後，再行搬入。

（十六）房子改租他人時，應更換門鎖和防竊設備，並記下前房客家人的有關資料，租用他人房子時，上述措施也非常重要。

（十七）平時隨時攜帶的門鎖，不可亂丟，以免他人有意仿造，其後果將不堪設想。

（十八）裝設大型信箱，固可容納較多郵件，但應盡量避免可從窗口伸手或伸物打開自動門鎖。

（十九）夏天使用冷氣機時，應提高警覺，盡量避免一家人共處一室，使小偷有機乘虛而入。

（二十）好鎖是值得購用的，因為它使小偷花更多時間和精神，心理上感覺沮喪，也即增加被抓的機會。

（二十一）活動樓梯不可隨便放在屋外，如無法收藏在屋內，也一定要上鎖。

（二十二）鄰近如有蓋房子，竊賊常利用以觀察你的屋內，而後行竊，因此門禁及窗簾均需緊閉，以免小偷可打探和行竊。

（二十三）通風口要盡量做得小，並加裝鐵條，以免小偷由此爬入作案；樓上排水管的裝設，也要做得不讓小偷有攀爬的立足點。

（二十四）不清楚身分的人通報「家人在外發生車禍」或其他不幸事件時，需提高警覺以防通報者是個騙子。

（二十五）禁止幼兒於胸前或書包明顯處掛鑰匙，嚴防壞人尾隨進入，並交代小孩對陌生人不要開門讓其進入。

（二十六）家裡有貴重東西最好租銀行保管箱存放，萬一沒有也應將貴重東西分散藏放，遭竊時較可避免損失慘重。

（二十七）對講機按鈕有被做記號者，可能是歹徒已勘察過做為行竊對象。

（二十八）社區大樓有住戶遭竊（盜），應貼公告於出入口明顯處提醒其他住戶提高警覺。

（二十九）單身小姐住處鞋櫃不妨擺一雙男人鞋子欺敵。

（三十）商業住戶，尤其是套房出租大樓公寓，因來往份子較複雜要有警覺性，尤其對陌生人應隨時注意。

二 獨門、獨院住宅的防竊

（一）僱用人員，須充分了解他們的背景。離職，也盡可能更換門鎖。受僱幾天就藉故離職的，極可能是竊賊的同夥，不能不防備。

（二）衣著華貴、高級住宅、名牌轎車都是竊賊的目標，因此，切忌

過分炫耀而惹眼，引來盜難。

（三）家中的防竊設備及裝置，應請防竊專家或信用可靠的保全公司加以鑑定和改進。

（四）獨門大宅，面積廣大，不易照顧，養隻訓練過的狼犬，有益安全。

（五）使用自動「電話答錄機」時，切忌在留言中說出自己何時回來，以免竊賊有充分下手的機會。

（六）花園種植樹木花草，應加選擇，如無特殊目的，不宜選擇過於繁雜隱密的植物。造園設計亦應減少視線死角；喬木應避免種植牆邊，便於竊賊攀爬。

（七）大門之內、主屋之外，入夜應打開照明設備。

（八）姓名不要標示在信箱或門上，以免竊賊藉此查得電話，打探虛實。

（九）屋裡無人，或人皆到後院時，一定要注意前門是否關上上鎖，以免歹徒乘機潛入。

（十）庭院內裝設監視器，讓竊賊無所遁形。

（十一）養一條經訓練之看門狗，狗在居家安全尤其是獨棟別墅或農村。扮演著相當重要的角色，牠可以有效發揮嚇阻作用。

三　平常外出時的防竊

（一）全家出門時，避免全體在外乘車，讓人知道是全家外出。

（二）平時全家外出而無人時，白天可打開收音機，晚間打開電燈。收音機與電燈若配合定時開關機器，時開時關，則效果更佳。

（三）避免一家人共用一把鑰匙，或將鑰匙藏在門框上、鞋櫃內、花盆下、竊賊發現，後果將不堪設想。

（四）窗簾用以防止竊賊窺視屋內情形，拉上窗簾，再配合電燈和收音機，效果加倍。

（五）不可輕易透露外出的消息，不經意地洩漏給認識不深的人，也

會釀成盜難。

（六）車庫要關閉。洞開的車庫，而又沒有車輛，就是告訴小偷家裡沒人。

（七）外出時，家人可互相配合調整，盡量不要常常沒人在家。

（八）請鄰居、守望相助巡守員代為關照。

（九）外出時將警報系統與鄰居或守望相助崗亭相連接。

（十）住戶暫時外出（例：夜間倒垃圾）亦應隨時將門關上嚴防壞人趁隙進入。

（十一）鄉村、都會區老社區，因大多有老人家在，失竊率較低，而新興社區小家庭較多，夫妻同時上班亦多易遭竊，因此不妨邀請父母同住，可一舉數得。

四 長期外出時的防竊

（一）舉家遠遊，切忌在門上張貼「主人外出……X日回來」等字樣的通告。

（二）訂閱的報紙、雜誌、及訂講的牛奶，在遠行前，須通知停送，郵件包裹則請鄰居代收。

（三）貴重物品應寄放銀行保險箱或暫時化整為零散放在安全隱密的地方。

（四）新婚夫妻住宅，切忌在門楣上貼「囍」字。剛結婚時，嫁妝豐富、家具嶄新，再加上蜜月旅行，等於是替小偷製造行竊的機會。

（五）找個可信賴的鄰居，請他代為注意，或請親朋好友暫時住人看守房子，且須叮嚀對不明人士的詢問，不必告訴詳細的行程。

（六）旅行前，將防竊鈴、警報系統等設定妥當，並加以測試。

（七）旅行期間，電話不可切斷，裝成為「講話中」的訊號可避免歹徒利用電話打探虛實。

（八）窗簾拉上有助防竊，但悉數拉上則易顯示無人在家的跡象。選擇一兩個無法窺覬內部的窗簾，以示有人在家。

（九）長期外出，將電話鈴響聲音調小或關閉。

五　工廠防竊注意事項

（一）嚴格檢查進出人員與車輛。

（二）休業時間，應有輸值人員留守，並注意巡視。

（三）工廠應有詳細周全的防竊計畫，並實施操作演習。

（四）警衛安全人員，應加以防竊的專業訓練。

（五）倉庫應設精密的防竊系統。

（六）工廠周圍，應有良好的照明設備。

（七）可以飼養警犬，幫助看守。

（八）與派出所或守望相助崗亭密切聯繫。

（九）選擇信譽良好，制度健全的保全公司保全。

（十）倉庫鐵捲門應有斷電系統設施，嚴防竊賊用無線掃瞄器開啟。

（十一）堆高機最好在暗處打上記號，以利日後認贓，並用鐵鍊上鎖，讓小偷無法輕易開啟。

六　珠寶店防竊注意事項

（一）珠寶店與藝品店，是竊賊最樂於光顧的地方，夜間應由機警的人留守。

（二）設置厚重的鐵門及防盜系統，並注意檢修。

（三）最好向信譽良好，制度健全的保全公司投保。

（四）店內職員應熟知與警察聯繫的方法。

（五）若遇有三、五人一組入內選購珠寶，應防調包，以及被聲東擊西，趁機行竊。

（六）店內鑰匙，最好由老闆自行保管。

（七）對於突發的事件，須有應變的措施與能力。

（八）應防止宵小於打烊關門前，躲藏於店內。

（九）珠寶店打烊「關門後」，才將貴重物品藏在保險櫃或其他隱密處所。

（十）應熟知貴重物品的特徵，萬一失竊，有助於查贓。

（十一）每天打烊後，拿珠寶回家時，千萬要注意路上的安全，嚴防被盯上。

七 藝術品、文物防竊注意事項

（一）對每件收藏品及作品，要建立檔案資料習慣，包括照片、尺寸、材質。萬一失竊，在同業的消息管道及警方留存檔案，具有嚇阻下游收贓的效果，一旦查獲，也能立即認贓。

（二）非有必要，最好別讓閒雜人到藏寶重地參觀，即使是認識的人，也要略微留意觀察其人平日往來對象及素行，以免引狼入室。這種情況最容易發生在收藏家讓別的收藏家來分享切磋自己收藏或者是藝術家讓慕名的買家登堂入室來看作品。

（三）家中有重要寶物，最好有保全措施或良好硬體防竊設備，一方面降低竊賊行竊意願，畢竟竊賊找容易下手的地方本身安全度高，不必挑難度高冒險，另一方面若有保全即使被竊，也能獲得一定程度的賠償。

八 百貨公司與超級市場的防竊注意事項

（一）在假日人潮洶湧時，工作人員提高警覺。

（二）於適當的地點，裝置閉路電視或反光鏡。

（三）當顧客索取統一發票，店員必須離開專櫃時，應提防乘機行竊。

（四）收銀處應設防盜警鈴，按鈕要裝在適當位置。

（五）僱用員工，注意其品性，避免監守自盜。

（六）在公司內張貼警示標語，或明示獎勵檢舉，以遏阻客人順手牽羊。

（七）注意藉機與店員耍嘴皮，企圖趁機下手者。

（八）加強從業人員的服務態度，避免引起報復性的竊盜行為。

（九）注意停電時的防盜措施。

（十）注意孩童的出入，他們可能被利用行竊。

（十一）注意突發事件，如有人大聲爭吵，謹防聲東擊西。

（十二）請顧客將手提袋放在寄物架上，再進入超級市場。

（十三）易於夾帶的貴重物品，盡可能以專櫃擺售。

（十四）由便衣人員佯裝顧客，巡視於內。

（十五）打烊前，徹底檢查每一個角落，尤其是廁所、貯藏室、勿讓宵小藏身，入夜行竊。

（十六）打烊時，注意門窗是否安全上鎖。

（十七）打烊後，應有人值夜留守。

九　一般商店的防竊注意事項

（一）櫃台宜設置在適當的地方，可以清楚地觀察顧客的行動。

（二）顧客眾多時，謹防混水摸魚。

（三）張貼警告標語，如「偷竊依法嚴辦」。

（四）商品要加入註記，以免引起糾紛。

（五）物品賣出，應加以包裝。

（六）商品密集區，最好成立「夜巡小組」，守望相助，以防竊賊夜間行動。

（七）商店內的金庫，切忌貼牆而立，因為竊賊可由背面挖空，席捲財物。

（八）設置防盜系統。

（九）當聽到汽車引擎聲、喇叭聲或其他噪音連續不斷，應提高警覺，避免竊賊利用噪音掩護偷竊。

（十）打烊時，應關門點數鈔票，以免引起他人不良企圖。

（十一）打烊後，若不留人守夜，應留一盞燈，表示有人在。

（十二）營業時間外，所有貴重物品切勿放在展示櫥窗。

✚ 重型機械及農場設備防竊

（一）使用安全的方法，如上鎖裝置，上鎖固定器和關閉燃料的真空管。

（二）紀錄所有產品的識別碼並參加鑑識設備的活動。

（三）描述所有的設備，要特別注意獨有的特徵，像是凹痕印花樣、刮痕以助日後的辨識。

（四）把設備放在充足的光線上並在工作及設備場內設立防禦區域，把農場設備鎖在有保全的建築物或上鎖的密閉空間裡。

（五）隨時都知道建築物及農場設備的位置。

（六）保留關於設備位置以及它會持續放在某個特定位置多久的法律強制通知。

（七）在周末採取額外的預防措施，大部分的設備會被偷竊都發生在星期五晚上六點到星期一早上六點之間。

（八）不要把鑰匙留在任何需要鑰匙的設備上，不使用時，鎖上所有可以上鎖的機器。

（九）馬上向執法人員報告可疑的活動，像是有陌生人在拍設備的照片。

（十）其他還有一些減少或預防偷竊的方法，在一些重型設備上打上自己的識別碼，以利註冊，並在幾個印花處銲接上自己的號碼[18]。

---

18 Charles. R.S. & Neil. C. C. & Leonard T. Criminal-Investigation (6th ed, p. 590). The McGran Hill Companies. Inc, 1996.

十一　防扒注意事項

（一）乘車時

1.不管在公車上或人潮擁擠的地方，感覺有人在推擠時，扒手就可能在身邊。

2.在人潮擁擠車上，不要爭先恐後，因爭先恐後容易忘記注意所攜帶錢包及貴重物品。

3.當有人故意用手肘或膝蓋碰撞你的衣袋、褲袋、皮包等部位時，應提高警覺。

4.金錢財物最好放在衣服內部特製的暗袋裡。

5.女士皮包應切記不離身，將皮包抱在胸前。

6.男士後口袋做拉鍊，扒手較難伸入扒竊。

7.在車上最好勿入睡。

8.貴重東西最好不要擺在車上行李架上。

（二）百貨公司購物時

1.切忌擠進人潮擁擠之處趕熱鬧。

2.電梯間人潮擁擠時，應特別提防身邊人。

3.女士手提包最好選用雙層拉鏈、並將金錢放在內層。

4.選購商品、衣服應特別注意周圍的人，如果有人藉口與妳談話，要特別注意提防被扒，女扒竊經常利用妳選購衣服不注意時打開妳的手提包扒竊財物。

5.女士選購衣服到更衣室試穿衣服時，勿隨便將手提包放在櫃台上，容易被竊走，目前百貨公司發生案例最多，希望女士們將手提包帶入更衣室或交同伴（或店員）保管。

十二　汽車防竊

（一）汽車防竊第一課就是選擇材質良好，不易被剪斷鎖，鎖住方向盤、離合器及利剎車等的拐杖鎖，最令竊賊討厭。如有可能，車主最好能裝上「兩付」。

（二）加裝防竊設備（如遙控防竊或警報器之類），這對竊賊具有嚇阻作用。

（三）汽車門的卡榫，宜使用圓形或光滑者，竊賊將不易由門外以細小鋼絲勾開車門。

（四）最好於車內隱密處，另行裝設電源暗鎖，防止他人將車開走。

（五）路邊停車盡量找收費站停靠，有人看守，安全及放心，切勿亂置。

（六）夜晚車輛失竊率高，尤其三至六時，停車最好選在光源明亮顯眼處，避免停在陰暗巷道處。

（七）修車或保養車子應找信用可靠的修車廠，以免修車廠技工複製鑰匙而偷走車子。

（八）租車與人或他人借車，應注意其人品性，以免鑰匙被複製而偷走車子。

（九）修車最好換新零件。根據調查，車子遭竊，零件易於銷贓乃為主因。

（十）切勿貪小便宜，購買來路不明的汽車，既犯法（贓物罪），又缺德，且後患無窮。

（十一）貴重及可以攜帶之物品，應隨身帶走，不可留置車內，如非不得已，亦應置於車後行李箱，並緊緊上鎖。

（十二）噴砂方式將引擎號碼噴在玻璃或車身塑鋼。

（十三）盡量避免單獨一部停放，否則小偷打不開乾脆用拖吊車拖走。

（十四）泊車時最好將鑰匙取回保管，防止複製。

（十五）臨靠路邊進入商店購物，應將鑰匙隨手取下，嚴防竊賊伺機

將車開走。

（十六）車子停妥後記得將窗戶搖上，否則易成為竊賊行竊目標。

（十七）購買新車若能選擇晶片防竊或GPS汽車防竊系統，則安全性較高。

十三　機車防竊

（一）最好的防竊辦法即自己費神停在家中，勿放置騎樓或門外。因竊賊常以小發財車，將機車整輛搬走。

（二）機車如停於門外或騎樓，最好多重加鎖（即前、後輪和把手均上鎖）。

（三）機車停放好後，應左顧右盼，注意附近有無人窺覷。

（四）不要因為停放短暫時間，而忽視停靠地點及未上鎖，最好能內鎖油門、短切電路，防止竊賊開走。

（五）上班或出門在外，應多多利用汽機車保管場，將車寄存保管。花費小錢，卻有人代為保管車輛，可減少被竊的心理負擔。

（六）新機車底盤、引擎噴上黑漆，竊車集團解體時須多花一道手續處理，利潤誘因降低。

（七）外出注意停放地點，盡量靠近隨時有人出入的商店，避免停在黑暗巷道。

（八）坊間公司有新創機車防盜辨識系統是使用專利工具，在機車多數塑膠、組件熱烙上該車之引擎號碼，該記號很難去除。因此讓機車改造借屍還魂繁瑣，提高成本，使竊賊知難而退。

（九）根據消基會車鎖測試結果，不需鑰匙就可以把鎖鈎輕易掛入上鎖的機車掛鎖，特別是彈簧式，只要敲擊震盪方式控制鎖門的彈簧收縮，不用鑰匙即可將鎖鈎彈出開鎖，因此選擇需鑰匙上鎖的車鎖是較安全的。

第十二章　經由環境設計預防犯罪

　　犯罪與貧窮、環境污染等問題相同，直接影響及民眾之生活品質。犯罪之啟動不僅對市民之生命財產構成嚴重威脅，加深對犯罪之恐懼，倘在缺乏因應對策下，更將危及整體社會安全與經濟繁榮。近年來，統計資料一再的顯示政府每年在刑事司法抗制犯罪上花費無法計數。例如，每年我國之司法及警政支出即高達一千餘億元。而且犯罪之發生無論對犯罪者或被害人而言均將造成無可挽回之傷害，因此，犯罪之成本實在高得驚人。無疑的，犯罪必須在發生前加以預防。

　　自從犯罪預防理念逐漸受到學者、專家與實務工作者一致認可與重視，許多犯罪預防策略，如嚇阻（delerrence）、個別處遇（individual treatment）及肅清社會病源（root-cause approach）等相繼被援用，試圖降低／預防犯罪之發生。然而，甚為可惜的，這些構想在我國並未發揮具體之成效。值得注意的是，在眾多犯罪防治專家苦思妥適預防對策之同時，由Jeffery[1]、Newman[2]、Poyner[3]等人所倡議之「經由環境設計預防犯罪」（crime prevention through environmental design）策略，提供了犯罪預防之另一可行方向。此項以環境設計為主要架構之犯罪預防措施屬都市計畫內容之社會規劃（social planning）範疇[4]，其主要係透過對環境（含社區、建築物等）之妥善規劃、設計與管理，強化其犯罪之防護力，減少犯罪機會，阻絕犯罪侵害之預防策略。目前「經由環境設計預防犯罪」之策略，正逐步廣泛的在各國犯罪預防實務上應用，為使更多學術與實務工作者了解其內涵，本文進一步予以探討，希冀能對我國犯罪預防工作之推展有所貢獻。

1　Jeffery, C. R. Crime Prevention Through Environmental Design. Beverly Hills, CA: Sage, 1971.

2　Newman, O. Defensible Space: Crime Prevention through Urban Design. New York: Macmillan, 1972.

3　Poyner, B. Design against crime: Beyond defensible space. London: Butterwork, 1983.

4　陳明竺，都市設計，創興出版社，民國82年。

第一節　環境設計預防犯罪之沿革與發展

　　以環境設計預防犯罪之觀點形成雖不久，惟仍可追溯至十九世紀比利時學者Quetelet及法國學者Guerry之研究發現犯罪集中於某些地域[5]。而美國學者Shaw and Mckay[6]等人在1920至1940年間對芝加哥及其他城市進行之區位研究提出少年犯罪區域（delinquency area）之觀念，亦對於後來環境規劃、設計之興盛產生部分影響。然而，對於環境設計預防犯罪理念之促成與發展，在文獻上以Jacobs[7]之「美國大城市的死亡與生活」（The death and life of great American cities）、Newman[8]之「防衛空間」（defensible space）、Jeffery[9]之「經由環境預防犯罪」（crime prevention through environmental design）等之作品最具關鍵。

　　首先，美國新聞雜誌記者Jane Jacobs曾在「美國大城市的死亡與生活」一書中，對於當時都市之規劃與設計走向垂直化、郊區化、腐蝕社區生活傾向加以抨擊，而為未來之「環境設計規劃預防犯罪」理念奠立良好基礎。根據她在紐約市生活及身為一個建築新聞記者工作者之經驗，指出當時之都市建築規劃已隨著人口之增加、工商業之發展，而逐漸揚棄傳統之社區街道平面建築型態，而改以高樓大廈代之，此項結果促使傳統之社區生活遭受嚴重侵蝕，人與人之間疏離感增加，人際隱匿性加大，人際冷漠感加深，治安死角增加，非正式社會控制減弱，因而促使犯罪更加嚴重。Jacobs指陳此種環境建築規劃、設計之不當情形，促使學者深思如何採行補救措施及未來環境設計預防犯罪規劃之努力方向。

　　其次Jeffery[10]在七〇年代初葉率先以「經由環境設計預防犯罪」之名

5　Brantingham, P. J. and P. L. Brantingham. Environmental Criminology. Beverly Hills, Ca: Sage, 1981.

6　Shaw, C. R. and Henry, D. M. Juvenile Delinquency and Urban Areas. Second Edition Chicago; University of Chicago Press, 1969.

7　Jacobe, J. The death and life of great American cities. New York: Random House, 1961.

8　同Newman，前揭書。

9　同Jeffery，前揭書。

10　同Jeffery，前揭書。

稱出版該書，對環境設計在犯罪預防上之作用做了重要宣示。尤其，其在首頁即舉例「應對環境加以改善，而非人……」，清晰的描繪出其基本理念。根據Jeffery之見解，犯罪預防應考慮及犯罪發生之環境及犯罪人之互動特性。而妥善之都市環境設計與規劃，可消弭人際隔閡，隱匿、增加人際互動，減少偏差與犯罪行為之發生[11]。環境規劃與設計之重點包括：1.改善都會之物理環境如髒亂、擁擠、破舊、頹廢之建築物等；2.以環境設計強化人與人之溝通及關係維繫，減少疏離感。

　　當然，檢視經由環境設計預防犯罪之文獻，以當時擔任美國紐約大學住宅規劃研究所所長Oscar Newman[12]出版之「防護空間」（Defensible space）最具影響力。Newman以其研究紐約市都會建築與犯罪之心得，提出嶄新之建築設計概念「防護空間」，以期減少犯罪之發生。其指出藉著製造可防護本身之建築環境，可促使居民充分掌握控制居住區域，衍生社區責任感，進而確保居住安全，減少犯罪之侵害。Newman之「防護空間」概念，深深影響到世界各國住宅之規劃與設計，為環境設計預防犯罪之發展奠定重要根基。

　　值得一提的是，環境設計預防犯罪之發展亦受地理學家（Geographer）研究之影響。例如Harries[13]之「犯罪與司法地理學」（The Geography of Crime and Justice）、Plye et al.,[14]之「犯罪空間動力」（The Spatial Dynamics of Crime）等之研究在環境規劃技術、方法、概念之開發上功不可沒。此外，另一波由建築師及都市規劃者之努力，亦對環境設計預防犯罪之發展造成影響。諸如，Gardiner引介之「環境安全」（Environmental Security）概念及Rubenstein et al.[15]之「建構環境」（Built Environment）理念均屬之。前者係指整合鄰里設計、都市發展與犯罪預

11　蔡德輝、楊士隆，犯罪學，五南圖書，民國102年8月。

12　同Newman，前揭書。

13　Harries, K. D., The Geography of Crime and Justice. New York: McGraw-Hill, 1974.

14　Pyle, Gerald F, et al., The Spatial Dynamics of Crime, Chicago: University of Chicago Department of Geography, 1974.

15　Rubenstein et al., The Link Between Crime and the Built Evironment-The Current State of Knowledge, Vol. l. Washington D. C: American Institutes Research, 1980.

防理念之都市計畫與設計過程。後者指人類居住、工作、生活、學習、遊樂之物理建築。這些理念，尤其是Built Environment告訴我們物理環境設計規劃不當可能刺激犯罪之發生。當然，倘妥善予以設計，不僅可產生防治犯罪功用，同時亦可喚起（鼓舞）住戶採行必要行動，以遏止非法情事之發生。這些鉅著對於以研究犯罪發生時間、空間、地域、環境特感興趣之環境犯罪學產生刺激性之作用，而為環境設計預防犯罪之發展開闢更為寬廣之道路。學者Brantingham and Brantingham[16]出版環境犯罪學（Environmental Criminology），犯罪型態（Patterns in Crime）詳述都市犯罪之型態、特性及犯罪之時空、物理環境因素，即為著名代表作。除此之外，晚近對環境設計預防犯罪之推展有鉅大貢獻者，尚包括學者Poyner[17]之「排除犯罪設計」（Design Against Crime），及學者Clarke[18]倡議之「情境犯罪預防」（Situational Crime prevention）。前者根據犯罪預防原理、實驗及研究發現，詳述社區、住宅之規劃原則。後者倡議對某些獨特犯罪類型，以一種較有系統、常設的方法對犯罪環境加以管理、設計或操作，以增加犯罪之困難與風險，減少酬賞。這些發展皆對環境設計預防犯罪之發展有顯著之影響。

第二節　環境設計預防犯罪之內涵

在回顧「環境設計預防犯罪」之發展後，吾人認為或由於不同學者切入角度之差異，環境設計之內涵因而不易界定，為免遺珠之憾，本部分引述多位權威學者之見解以做為參考。

---

16 同Brantingham，前揭書。

17 同Poyner，前揭書。

18 Brantingham, P. J. and P. L. Brantingham, Patterns in Crime, New York: Macmillan, 1984. Clarke, R.V., Situation Crime Prevention: Theory and Practice, British Journal of Criminology. 20: 1980 136-147; Clarke, R.V., Situational Crime Prevention Successful Case Studies, New York: Herrow and Heston, 1992.

一　Newman之環境設計預防犯罪

Newman以其對紐約市住宅犯罪情形之觀察，指出在缺乏安全防護之高樓中有許多可隨意進入之出入口，建築物缺乏適當之窗戶或空間足以觀察，監控陌生人出入情形，並且人口複雜不易管理，因而犯罪率較高。相反地，在較低之建築物，其發現有較低之犯罪率。其特徵包括有較少家庭使用出入門、易於辨識陌生人進出及戶外相關活動之設計等。而根據Newman之見解，高樓大廈之所以有高犯罪率之情形與建築物缺乏「防護空間」（defensible space）有關。在環境設計的領域內，Newman認為防護空間具有下列四項要素：領域感（territoriality）、自然監控（natural surveillance）、意象（image）與周遭環境（mileu）。每個因素皆可能影響及犯罪區位之特性。領域感係指土地、建築物之所有權者是否將半私有（公共）用地納入監控，加以管理之情形，以強化對三不管地域之掌握。自然監控涉及區域建築環境之設計，使土地建築所有者，有較佳的監控視野，以觀察陌生人之活動，俾以在必要時採行防護措施。意象大體上乃指嘗試建立一個不為犯罪所侵害並與周遭環境密切接觸之鄰里社區，以產生正面之形象，減少犯罪之侵害。「周遭環境」乃指將社區安置於低犯罪，高度監控之區域，減少犯罪之活動。

這些要素不僅可增加社區居民之互動，強化關心社區安全之態度，進而促使社區發展，同時對於犯罪者而言，可減少並阻絕其侵害，降低整體之犯罪率。

二　Wallis及Ford之環境設計預防犯罪

以美國政府在波特蘭商業區、康乃狄克住宅區及佛羅里達四個高級中等學校施行環境設計預防犯罪（觀念取自Oscar Newman）之示範方案為範例，Wallis及Ford[19]編印之「經由環境設計預防犯罪操作手冊」詳述以下四

---

19 Wallis & Ford (1980).

項環境設計技術以預防／阻絕犯罪之發生。

（一）監控（surveillance）

監控之目的為增加潛在犯罪人被觀察之風險，俾以辨識及逮捕。實務上採行之技術包括，改善街燈亮度，使用電子監控設備、將易受攻擊之區域（地點）編配安全警衛、警察或守望相助團體等。

（二）行動管制（move control）

係指採行必要之措施以限制潛在犯罪人順利的經過某一地域。其包括Newman領域感觀念、象徵性的障礙物架設及其他硬體設備之安置等。實際上採用之技術包括減少建築物出入口數目，死巷或封閉道路之設計及設置障礙物，以防止對社區之侵入。

（三）活動支持（activity support）

係指對各項設施加以改進，以吸引更多的居民使用該區域。擴展監控力。實務上採行之方法包括在高犯罪區域製造活動區域如提供展示中心等，強化活動之舉辦。

（四）動機強化（motivational reinforcement）

係指強化民眾服務社區事務之意願，致力於犯罪預防工作。其措施包括警民關係之改進，市民參與警政工作……等。

三 清水賢三、高野松男之環境設計預防犯罪

根據黃富源[20]之譯介，日本學者清水賢三、高野松男曾指出「環境設

---

20 黃富源譯，「以環境設計防治犯罪」，新知譯粹第一卷第二期，74年6月10日。係清水賢

計預防犯罪涉及以工程學之方式，改變都市及街道，建築物之物理條件，藉以改善居民犯罪者之行為及社會關係，而達到防止犯罪之目的。」其在「都市之犯罪防止」一文中，提及環境設計之技術，倘能與其他資源如人、社會、警察等併用，將可發揮更大之功效。就環境設計之技術而言，清水賢三及高野松男隱約的指出其大致包括：

 1.隔絕：先假定犯罪者可能前往犯罪之途徑，於其前以工程學的方法設定障礙物（人、社會、警察、法、機器、空間）以防止犯罪者之侵入或前往。

 2.威嚇：具威嚇效果性的設定障礙物以阻止犯罪者的接近，以防止犯罪者之前往或侵入。

 3.強化：屬於隔絕的亞型，於自身周圍建構障礙物以增強保全防止犯罪者之前往與侵入，惟必須付出不方便，與不經濟的代價。

 4.迴避：設定可能遭遇犯罪者侵襲之援護物，迂迴或退避可能潛伏犯罪者之地區。

 5.誘導：屬於迴避的亞型，設定犯罪者可能前往之途徑，事先設計引導犯罪者朝一特定方向前往侵入，以迴避犯罪者。

四 Moffatt之環境設計預防犯罪

根據Moffatt（1983：22）之析見，環境設計應包含下列七項範疇[21]：

（一）防衛空間

係指設計一居住環境，在其內建立防衛本身安全之組織，並以硬體之表現方式防止犯罪之發生。防衛空間包括建構環境，嚇阻犯罪者，以及可以分辨居民或侵入者等的安全設備、公共設施與建築美工等。

三、高野松男原著「都市之犯罪防止」，文刊於伊藤滋編「都市之犯罪」，日本東京經濟新報社發行，1982年10月12月，第206-213頁。

21 鄧煌發，犯罪預防，中央警官學校印行，民國84年6月。

（二）活動計畫之支持

如加強民眾犯罪預防自覺、參與社區事務、提供社會服務等計畫的支持等，均屬活動計畫之支持。

（三）領域感

源自動物對私有活動領域的防衛本能，設計可促使人類自然產生強烈的所有權威之環境即屬之。

（四）標的物強化

係指促使財產及其他標的物更加堅固、安全之措施，如以鑰匙、電子警示系統等，嚇阻、偵測、延遲及阻絕犯罪之發生。

（五）監　控

係指正式監控之力量，包括閉路電視系統之設施及安全警衛與巡邏警力等。

（六）自然監控

自然監控涉及住宅之設計，如策略性地加裝透明窗戶、以使居民能夠看到侵入者：同時也讓侵入者知道他已經被清楚地看到或被監視，防止進一步侵害，而熟識居民在住宅附近走動，以嚇阻潛在性犯罪人亦屬之。

（七）通道管制

所謂「通道管制」（access control），乃對於限制或禁止接近之處所，設立象徵性的障礙物，如：矮牆、灌木叢等，用以顯示特屬之私人領域，並非開放之公共場所。

第三節 環境設計預防犯罪之應用原則

環境設計預防犯罪之應用範疇甚廣，可涵蓋及社區、平面住宅，高樓公寓、校園、金融機構及其他工商場所如百貨公司、珠寶店、旅館、一般商店、工廠等。本部分參考前述學者、專家及實務工作者之經驗，扼要說明這些地域之環境規劃、設計、管理原則。至於其他工商場所部分，因限於篇幅，不另介紹，讀者可依標的特性，參酌金融機構規劃設計原則及詳閱吳尊賢文教公益基金會編印之「防竊手冊」[22]，即可明瞭其規劃重點。

一 社區之規劃與設計原則

（一）社區應力求同質性，嚴格劃分住宅區、商業區或工業區，減少混雜使用。

（二）避免貧窮之社區與富裕之區域相連接。

（三）社區環境應美化，避免髒亂，並強化照明設備。

（四）社區之未開發土地（地域）應予運用，或透過活動舉辦，強化土地使用。

（五）住宅與街廓配置提供每一居住單位有私用戶外空間及促進鄰里交流之環境[23]。

（六）社區之出入口數目應予限制，不宜過多。

（七）社區內可酌設死巷，或必要時設立禁止接近或進入之號誌。

（八）設立阻絕物，防止未經授權之人進入特定區域。

（九）運用社區巡守員、老人、婦女，強化監控力。

（十）設立青少年兒童遊樂場所，並加強安全管理。

---

22 許春金等，防竊手冊，財團法人吳尊賢文教基金會印行，民國73年10月。
23 張主璿，都市及區域規劃，中國土木水利工程學會出版，民國81年1月。

二 平面住宅之建築設計與管理

（一）住屋地點避免孤立隔絕。

（二）住宅儘可能不應直接面對道路。

（三）進出口處必須加裝照明設備（至少四十瓦以上）。

（四）在靠近出入口處避免有高大之樹木遮掩視線。

（五）採用獨特製材之安全窗戶（或加裝鐵窗）及門鎖。

（六）從前門至後門之通道應予管制。

（七）房屋的後面儘可能有堅固的圍籬，柵欄或防護牆。

（八）住宅後院採阻絕潛在犯罪人接近之措施。

（九）住宅後院不可過於隱密，以讓其他住戶可觀察為原則。

（十）起居房的設計，以能夠適當的監控走廊狀況為佳。

（十一）住宅有管理人員、幫傭或警犬等協助看護。

三 大樓公寓之預防設計

（一）儘量避免有大量住戶聚集之公寓建築。

（二）公寓之建築應有良好之自然監控能力，以觀察陌生人出入情形。

（三）公寓建築物之出入口應配備電子監控系統或請專人看護。

（四）公寓之門應有窺視孔及門鍵之裝置，以觀察陌生人。

（五）公寓之門鎖應予強固並富變化，足以承受重大撞擊。

（六）公寓之門外可加一盞小燈。

（七）樓層之樓梯間設計，以可從街道看得清楚為原則。

（八）電梯口與大門間設置之警衛檯距離宜適當，不宜太近。

（九）貴重財物予以註記或存放至保險箱。

（十）購置（租用）房屋時，更換門鎖。

四 校園之安全設計、管理

（一）維持學校建築物之整潔、明亮、避免破舊。

（二）對於髒亂之地域予以整頓清掃。

（三）加強照明設備（尤其是廁所等隱蔽處），減少治安死角。

（四）設置緊急通話系統。

（五）進入校園之出入口不宜過多。

（六）進入校園出入口應予管制，且進入校園須配掛識別證。

（七）強化停車場之巡邏、管理與電子監控。

（八）校園建築設計以讓居民得以觀望學校之活動情形為原則。

（九）加強夜間巡邏、查察。

（十）要求師生於夜晚時儘量結伴而行，避免落單。

（十一）提供校園護送服務。

（十二）財產註記（參閱Doebel, 1994）[24]。

五　金融機構之犯罪預防設計

（一）金融機構之設備地點宜考量其安全性，避免於偏遠、人口出入複雜或交通順暢，歹徒逃離容易之地點，以鄰近警察機構為佳。

（二）消除金融機構附近隱蔽處所。

（三）出入通道裝設堅固鐵門。

（四）強化櫃台窗口安全，加裝防彈玻璃。

（五）裝設電子錄影監視系統。

（六）普遍裝設金庫定時鎖。

（七）張貼裝有各項安全防護設備（如電子監控）之告示。

（八）設直達警方之警鈴。

（九）金庫或保險櫃位置應隱蔽，以避開公共視線。

（十）編配警衛管理人員。

（十一）增加金融機構之照明。

---

24 Doebel, P. A. Review of Campus Security Programs, CJ the American Volume 7. Number 1, February-March, 1994.

（十二）強化門鎖安全[25]。

第四節　環境設計預防犯罪之實例

環境設計預防犯罪（CPTED）之工作目前已在各國犯罪預防實務上逐步廣泛的應用，因篇幅之侷限，特依目標區域（target area）之大小，扼要介紹幾個較為顯著之案例。

一　美國哈特福住宅區域防治犯罪

以環境設計預防犯罪之理念，在1973年間美國康乃狄克州哈特福區之North Asulum Hill曾為具體之實驗。就方案有關物理環境之規劃、改善而言，其項目包括死巷（Cul-de-sacs）、減少筆直的道路、規劃單行道（one-way street）、控制街道之開啟時間（交通管制）等。這些做法目的為促使該區更具隱密性，並且由該區域之居民所掌握。評估研究大致顯示，哈特福方案有助於減少該區搶劫及夜盜等案件，減少居民之恐懼感、增加居民對該區街道及公園之使用[26]。

二　英國伯明罕之環境設計方案

1980年代期間英國伯明罕（Birmingham）市中心之Bull Ring市場經常有竊盜案件（尤其是皮包被偷）發生，造成商家及攤販不少損失。經調查其原因除因該市場區域由於交通便利吸引歹徒作案外，該市場區域燈光亮度不足，且市場攤位間之人行通道過窄（約二公尺）則為竊賊下手之主

---

25 蔡中志，台灣區金融機構搶劫事件與安全防範措施之探討，警學叢刊第二十二卷第四期，民國81年。蔡中志，郵政機構被劫實證與防治措施之研究，中央警官學校出版社印行，民國82年1月。

26 Fowler, F. M. E., McCalla, and T. W. Mangione, Reducing Residential Crime and Fear. The Hartford Neighborhood Crime Prevention Program. Washington, DC: National Institute of Law and Criminal Justice, 1979.

因。在將亮度改善並拓寬攤位人行道之寬度（由二公尺增為三公尺）後，該市場區域之竊盜案件在二年內降低了70%[27]。

三　美國波特蘭商業區環境設計預防犯罪方案

在1974年間，美國波特蘭UAC商業區犯罪問題嚴重，政府乃贊助一項「經由環境設計預防犯罪」（CPTED）之計畫，在該區試辦，以期遏止層出不窮之竊盜案件。此項方案具體之措施包括：1.改善街道街燈之亮度；2.安全調查（security survey），對該高犯罪區域進行問卷調查，並將具體之防治犯罪建議提供給業者，如要求其夜晚打開室內、室外燈、加裝警鈴、電眼監控系統或貼示犯罪預防之措施於門窗等。此項經由環境設計預防犯罪之方案，歷經Lavrakas et al.[28]及Kushmuk & Whittemore[29]二次評估，證實有助於降低該商業區竊盜案件之發生[30]。

四　美國佛州蓋恩斯維爾地區便利商店防搶方案

在1980年代中葉美國佛羅里達蓋恩斯維爾（Gainesville）地區，便利商店被搶劫之比率在所有商業搶案中約占50%，此種情形引起當地政府與民眾之嚴重關切[31]。有鑑於此Gainesville市於1986年通過便利商店之管理條例，要求業者採行下列之防護措施，以防止頻繁之搶案。

（一）窗戶應打掃乾淨、明亮。

（二）將職員（收銀員）之工作檯置於一般民眾可看得見之區域。

27 Poyner, B. and B.Webb, Successful Crime Prevention Case Studies. London: The Tavi- stock Institute of Human Relations, 1987.

28 Lavrakas, P. J., Nornoy & J., Wagener. Cpted commercial demonstration evaluation report (mimeo). Wvanston, IL: Westinghouse Electric Corporation, 1978.

29 Kushmuk, J., & Whittemore S. A re-evaluation of crime prevention through environ- mental design in Portland, Oregon: Executive summary. Washington, DC: Government Printing Office, 1981.

30 Griswood D. B. Crime Prevention and Commercial Burglary: A Time Series Analysis. Journal of Criminal Justice 12, 1984: 493-501.

31 Clifton, W."Convenience Store Robberies in Gainesville, Florida"Paper presented at the annual meeting of the American Society of Criminology, Montreal, Quebec, Novermber, 1987.

（三）標示商店內並無美金五十元以上之大鈔。

（四）強化附近停車場之燈光亮度。

（五）裝置閉路電視監控設備。

（六）強制夜間工作之職員接受防搶訓練。

在1987年2月間，該條例經修正增加「便利商店必須至少有二位之職員工作」之條款。經研究評估發現該市便利商店之搶劫案件因而減少64%。

五　英國之停車場防竊方案

由於竊盜案件之猖獗，英國警方在1983年底對位於Kent之Doner市中心停車塔加強限制出入、加亮入口之燈光亮度及出口處置一辦公室增加監控，因此有效的降低該處停車場汽車遭破壞、毀損及偷竊事件達50%以上。此外，在Guildford地區Surrey大學由於校警在1986年3月間在停車場等地安裝了閉路電視（CCTV），並由警衛加以操控，汽車相關竊盜案件由92件減少至此項措施施行後之31件[32]。

六　澳洲之目標物強化方案

1988年間，由於澳洲公共電話亭屢遭毀損及偷竊，電信總局為免損失擴大，而對南澳（South Australia）及北部區域（Northern Territory）電話亭採行目標物強化措施，以遏止破壞、偷竊情形，其主要之措施包括對投幣口加以設計，聽筒線採不銹鋼式、重新安置電話亭的位置、增加公共電話亭附近照明設備的亮度，及配合自然及正式監控之實施等。統計資料顯示這些措施使每年達6,000件之電話亭破壞案件減至在1,000件左右[33]。

---

32 Poyner, Barry, Situational Crime Prevention in two parking Facilities. Security Journal 2, 1991: 96-101.

33 Challinger, D. Less telephone vandalism: How did it happen? Sect Journal. 2, 1991: 111-119.

第五節　經由環境設計預防犯罪之評估

　　倡議「經由環境設計預防犯罪」之學者曾指出環境設計具有相當良好之阻絕、預防犯罪功用，尤其對某些具犯罪機會成分（opportunity component）之犯罪類型，如住宅竊盜、商店、金融機構搶劫、竊盜案件、毀損公物及其他暴力攻擊行為等更顯現其防治效果。然而，部分學者卻指出環境設計預防犯罪仍面臨部分侷限，效果並非非常顯著[34]。例如，環境設計之相關措施，如增加街燈亮度，改變建築設計或強化自然監控能力等，真能阻絕犯罪，為何相關之犯罪事件仍層出不窮。其次，強化環境設計之結果難道不會產生犯罪轉移效果（the displacement effect），導致犯罪者改變先前之做案方法，轉移至其他地域犯罪或選擇不同之目標或受害者[35]。

　　有關環境設計之防治犯罪效能問題，吾人認為採行單一之措施，效果仍然有限，惟倘能將諸如改善照明設備、安裝警示系統、強化監控設備、改變道路或強化建築物之自然監控力等環境設計技術予以結合，應有助於降低犯罪者之作案動機，增加犯罪之成本，使犯罪更加的困難、不易得逞。當然，另有學者指出這些環境設計措施仍屬硬體之設計，其仍無法促使受害者採取充分之行動或知會警方達成反制之目標[36]（金融機構與警方連線係例外）。因此，至為明顯的，環境設計欲發揮較佳之防治犯罪效果，必須加上活的、具生命之阻絕物（live barriers）如家人、親友、幫傭、警衛、狗等之協助[37]。其次，犯罪轉移現象問題之可能存在的確對環

---

34 Taylor, R. B. and Gottferdson, S. Environmental Design, Crime, an Prevention: An Examination of Community Dynamics, in Community and Crime, Edited by Albert J. Resii. Jr., and Michael Tonry. The University Chicago Press, 1986.

35 Repetto, T. A. "Crime prevention and the displacement phenomenon," Crime and De- linquency 22, 1976: 166-177.
Gabor, T. "The crime displacement hypothesis: an empirical examination." Crime and Delinquency 26, 1981: 390-404.

36 Lab, S. P. Crime Prevention: Approaches, Practices and Evolutions. Second Edition, Cincinnati Anderson, 1992.

37 O'Block, R. L. Security and Crime Prevention. London: Mosby, 1981.

境設計之學者帶來極大之挑戰，但值得注意的是並不是每次犯罪皆有可能產生轉移[38]，除非：1.犯罪人急於從事犯罪；2.當時之犯罪型態與原來之攻擊目標相近；3.未有阻嚇犯罪發生之抑制物出現；4.及有適當之犯罪地點，犯罪轉移現象始有出現之契機，假如缺乏這些條件，轉移情事並不易經常發生。

因此，如何促使大多數民眾採行及強化犯罪預防措施，使被害可能性降至最低，乃成為當前犯罪防治之重要課題。

第六節 結 論

經由環境設計預防犯罪之做法雖無法涵蓋及所有之犯罪類型，且其預防犯罪之成效亦非100%，然而在諸多預防策略面臨侷限之同時，以環境設計預防犯罪之觀點仍值得一試。尤其，在台灣經濟走向更為繁榮、富裕之時刻，財產性犯罪增加，以使犯罪發生更加困難阻絕犯罪機會之環境設計、規劃、管理方案，未來將有更大之發展空間，尤其在都會地區之犯罪預防上扮演更為重要之角色[39]。

目前，在學術上已發展出環境設計之原理及部分準則供學界及行政部門參考，在實務上亦有許多案例顯示妥適之環境設計、規劃與管理有助於促使犯罪不易得逞，避免犯罪之發生，因此如何促請政府（尤其是都市計畫部門）與民間部門積極採行此類犯罪預防措施，為當前努力之方向。

---

38 Barr, R. and Pease K. Crime Placement, displacement and deflection. In M. Tonry and N. Morris (eds.) Crime and Justice: A Review of Research Vol. 12. Chicago: University of Chicago Press, 1990.
39 許春金，論都會地區的犯罪預防，台北市少年犯罪防治工作研討會，民國79年5月18、19日。

第十三章　情境犯罪預防之原理與應用

　　基本上，情境犯罪預防（Situational Crime Prevention）係指對某些獨特之犯罪類型，以一種較有系統、常設的方法對犯罪環境加以管理、設計或操作，俾以增加犯罪者犯罪之困難與風險，減少酬賞之「降低犯罪機會」預防措施（Opportunity-reducing Measures）[1]，其與公共衛生犯罪預防模式之第一層次預防相近[2]。其措施包括許多目標物強化（Target Hardening）、防衛空間設計（Defensible Space）、社區犯罪預防（Community Crime Prevention）策略，如鄰里守望相助（Neighborhood Watch）、民眾參與巡邏（Citizen Patrol）及其他疏導或轉移犯罪人遠離被害人之策略[3]。

　　情境犯罪預防之興起主要係對傳統抗制犯罪策略之缺乏效能而提出另一改善社會治安之可行方向。蓋在當前犯罪之猖獗、惡化事實，突顯出傳統之抗制犯罪策略如依賴刑事司法體系嚇阻犯罪或採行肅清社會病源犯罪策略，如從教育做起、道德重整等之窘狀及面臨侷限。而由克拉克（Clarke）教授等倡議之情境犯罪預防策略，恰可截長補短，對特定犯罪類型展現預防之效果。

第一節　沿革與理論基礎

　　情境導致犯罪的觀念可回溯至早期學者Harthorne及May之作品[4]。他

1　Clarke, R. V. "Situational Crime Prevention: Theory and Practice." British Journal of Criminology 20,1980: 136-147; Clarke, R. V. and P. M. Mayhew, Designing out Crime. London: H. M. S. O. 1980.

2　Brantingham, P. L. and F. L. Faust,"A conceptual model of crime prevention. "Crime and Delinquency 22, 1976: 284-296.

3　Clarke, R. V., Guest Editor's introduction to the special issue on situational prevention, in Journal of Security Adminstration, 11, 1988: 47.

4　Hartshorno, H. and M. A. May, Studies in Deceit. Vol. 1 of the studies in the Nature of Character. New York; Macmillan.

們的研究指出，青少年的人格特性如誠實，常隨著情境的變化而呈現不同的風貌。例如學生參加考試時是否作弊，常依授課教師的不同，或監考的鬆緊而做出不同的反應[5]。類似的觀點為其後之許多學者所強調。例如，Yanblonsky及Short與Strodtbeck在其研究中相繼指出，同輩間之壓力對於勞工階層幫會成員偏差行為的發展具有顯著的影響[6]。犯罪學先進Fox在監獄暴行的研究中，亦認為激發（Precipitating）因素——情境誘因乃監獄暴行的關鍵[7]。Clarke and Martin在稍早對青少年逃學的研究中發現「直接情境的因素」比「青少年之人格特質」或「家庭社會背景」更具逃學的決定要因[8]。從前述的文獻中，吾人了解「情境導致犯罪」的觀點在許多早期的偏差行為與犯罪的研究中即已出現，並非捏造或毫無實證基礎。

然而，真正對情境犯罪預防概念之發展具關鍵性之影響為來自於學者Tizard, Sinclair及Clarke在英國內部研究發展部門（The Home Office and Planning Unit）從事犯罪矯治研究所獲致之心得[9]，其發現少年感化機構中少年犯之脫逃與其直接環境及其犯罪之機會結構（如管教人員監督管理之鬆嚴）密不可分[10]。此後，情境之犯罪決定要因在研究上激起學界鉅大迴響，而由現任美國新澤西州羅格斯大學刑事司法研究所所長克拉克（Clarke, Ronald）等將之發揚光大。值得一提的是，雖然情境犯罪預防之概念源自於英國，惟根據克拉克之見解[11]，其發展受到美國二個獨立但仍具有部分相關之研究所影響，紐曼（Newman）之防衛空間（Defensible Space）及傑佛利（Jeffery）之經由環境設計以預防犯罪（Crime Prevention

---

5　Mayhew, P. R., V. G. Clarke, A. Sturman and J. M. Hough. Crime as Opportunity. London: HMSO, 1976.

6　Yablonsky, L. The Violent Gang. New York: Macmillan, 1962; Short, J.F. and F. L. Strodtbeck, Group Process and Gang Delinquency. Chicago: University of Chicago Press, 1965.

7　Fox. Vernon, Why Prisoners Riot? Federal Probation, 35, 1971:106.

8　Clarke, R. V. and D. N. Martin. Absconding from Approved School. London: HMSO. 1971.

9　Tizard, J. I. Sinclair and R. V. Clarke, Varieties of Residential Experience. London: Routledge and Kegan Paul, 1975.

10　Felson, Marcus, Crime and Everyday Life: Insights and Implications for Society. California: Pine Forge Press, 1994.

11　Clarke, R. V. Situational Crime Prevention: Successful Case Studies New York: Harrow and Heston, 1992.

Through Environmental Design）（簡稱CPTED）研究[12]。前者大致指出，許多建築因規劃不當，而使得社區居民無法履行正當之領域（Territorial）控制，以排除入侵者，或因建築物監控視野欠佳，通道出入口缺乏管制，而使得陌生人得以順利侵入及脫逃，因而強調可減少隱匿性，增加監控並且降低脫逃機會之防衛空間設計；後者認為犯罪預防考慮及生物遺傳與環境因素之互動關係，而妥善之都市環境設計與規劃，可減少人際隔閡、隱匿，增加人際互動，減少偏差與犯罪行為之發生。克拉克（Clarke）另提及情境犯罪預防之發展並與新近理性抉擇理論（Rational Choice Theory）、環境區位學（Environmental Criminology）及例行性活動理論（Routine Activities Theory）之研究密不可分[13]。理性抉擇理論主張犯罪人犯罪之決意係相當理性的。犯罪經常是犯罪人對行動與事物做成本效益分析的結果[14]。環境區位學研究則對於犯罪之分布、犯罪人之住居地，影響犯罪之環境情境聚合因素等特感興趣[15]。例行性活動理論則強調犯罪之發生乃下列三項因素聚合之結果：一、有動機及能力之犯罪者；二、合適標的物之出現；三、抵制犯罪發生者之不在場[16]。前述這些相關研究直接或間接影響及情境犯罪預防之發展外，亦促使情境犯罪預防在成長之過程中更審慎的思考其策略與技術是否仍須加以補充，俾以在犯罪預防實務上做更大之貢獻。

---

12 Newman. O., Defensible Space: Crime Prevention through Urban design. New York: Macmillan Publishing Company, 1972; Jeffery, C. R. Crime Prevention Through Environmental Design. Beverly Hills, CA: Sage (2nd Edition), 1977.

13 同註11。

14 Cornish, D. B. and R. V. Clarke, The reasoning Criminal: Rational Choice Perspec- tives on Offending. New York: Springer-Verlag, 1986.

15 Brantingham, P. L. and P. J. Brantingham, Niches and predators: theoretical departures in the sociology of crime. Paper read at the West Society of Criminology annual meetings, Berkely, 1991.

16 Cohen, L. E. and M. Felson "Social change and crime rate trends: a routine activities approach" American Sociological Review, 44, 1979: 588-605.

第二節　情境犯罪預防之策略

如同所述情境犯罪預防之策略涉及大規模之環境設計與管理措施，俾以促使犯罪之達成更加的困難或增加犯罪的成本[17]。

首先，妥善之環境與建築設計規劃為情境犯罪預防之重點。此項策略常被引用為「經由環境設計以預防犯罪」（Crime Prevention Through Environmental Design），而強化特定區域的領域感，為其主要之工作目標。紐曼（Newman, Oscar）「防護空間」（Defensible Space）的概念做了最佳的詮釋。他認為防護空間具有下列四項要素；領域感（Territoriality）、自然監控（Natural surveillance）、意象（Image）與周遭環境（Milieu），每個因素皆可能影響到犯罪區位之特性[18]。領域感乃指土地、建築物之所有權者將半私有（公共）用地納入，加以管理。自然監控涉及區域建築環境之設計，使土地建築所有者（有較佳的監控視野）以觀察陌生人之活動。意象大體上乃指嘗試建立一個不為犯罪所侵害並與周遭環境密切接觸之鄰里社區，以產生正面之形象，減少犯罪之活動。綜合言之，意象與周遭環境描繪我們對周遭生活環境安全與否的看法。

紐曼防護空間、建築設計的觀念，將物理環境與住宅區行為（活動）之關聯做了最佳的描述。紐曼進一步強調對環境、建築物之妥善規劃與設計，將可鼓勵住宅居民參與整體之犯罪預防活動。另外，強化監控（Surveillance）效果對於犯罪預防策略而言亦屬重要的一環。根據Fennelly的看法，監控的範疇大致涵蓋：1.警衛、警察與民眾之巡邏；2.硬體設施的強化如燈光的亮度；3.自然的監控如對商店、街道的觀察等[19]。這些監控措施具有嚇阻潛在犯罪人的效果，可加以應用。

其次，我們討論目標物強化（Target Hardening）的概念。大體上，

---

17 Clarke, R. V. and P. M. Mayhew, Designing out Crime, London: H. M. S. O. 1980.

18 Newman, O. Defensible Space: Crime Prevention through Urban Design, New York: Macmillan Publishing Company, 1972.

19 Fennelly, Lawrence J. Handbook of loss prevention and crime prevention, Butterworth Publishers, 1989.

目標物強化乃指「財產之堅固化與安全化」[20]，此項策略嘗試減少歹徒的入侵，並且使得犯罪標的物更不易得手（或被害）。一般而言，警鈴、鑰匙、柵欄、鋼製鐵窗、財產之註記⋯及其他強化財產的措施屬之。此外更可將室內燈光、音響打開或停止郵件的傳遞，以製造歹徒入侵之心理障礙（Psychological Barriers）。常吾人檢視相關文獻後，目標物強化的策略對於特殊犯罪類型，如夜間竊盜及破壞公物等行為，具有相當的效用[21]。

　　更進一步的再仔細推敲防護空間／物理環境，建築設計與設計犯罪的相關，吾人了解其對犯罪的影響可能是直接的，例如經由直接的監控或對目標物的強化。亦可能是間接的，經由中介變項的效果（居民對社區的態度、領域感，社區居民抗制犯罪的努力及社區的氣氛等）[22]。換句話說，防護空間、物理環境、建築設計、目標物強化等犯罪之影響具有一定之路徑不是零散的。

　　應注意的是，情境犯罪預防的策略並不侷限於前述物理環境設計的範疇。事實上其應用範圍甚廣，其中尚未說明的一個重要預防策略為社區鄰里的守望相助方案（Neighborhood Watch），守望相助的觀念對於一般之民眾而言並不陌生，世界各大都市多積極採行此項策略，不少國家甚至已行之多年。例如，美國底特律市之守望相助方案，結合市民與警察共同抗制犯罪，成果斐然[23]。守望相助的基本目標大致為減少犯罪，降低對犯罪的恐懼感，及增加社區意識[24]。此項策略可經由各類方法達成既定目標，其中最重要的一項工作是組織與動員社區的人力、物力與社區資源共同參與犯罪預防工作[25]。

　　運用社區守望相助從事犯罪預防工作，非常依賴監控（Surveillance）

20 Becker, Harold K., 美國的社區犯罪預防，許春金譯，犯罪防治與社區發展研討會，民國74年。

21 Rosenbaum, Dennis P. Community Crime Prevention: A Review and Synthesis of the Literature, Justice Quarterly, Vol.5, No. 3, 1988.

22 Lab, Steven P. Crime Prevention: Approaches, Practice and Evaluations. Anderson Publishing Company, 1992.

23 同註20。

24 同註21。

25 蔡德輝、楊士隆，犯罪學，五南圖書，民國90年6月。

的實施。換句話，常建立社區整體的觀念後，民眾將成為警察抗制犯罪最佳助手，隨時保持警戒、注意可疑份子之出入，進而強化治安的維護。亦即，警力不足的說法將不再是問題。守望相助可藉下列活動而推展。例如，村里民大會之召開與大掃除計畫，守望崗哨之設置與巡邏，社區活動中心之妥善規劃與提供強化社區意識的資訊、呼籲財產註記……等。

此外，我要強調的是民眾參與巡邏在鄰里守望相助方案中乃重要一環。其相關活動另包括崗哨之定點巡邏、廣播守望（Brocasting Watch）等。大體上這些監督活動並沒有顯著的特色，而僅簡易的將人員布置於街道上巡邏。巡邏方案本身亦沒有很正式的預定進度（計畫表）。相反的，參加的人員除注意可疑人物外，一方面同時從事正常的工作，並不妨礙許多其他活動的進行。

除了前面述及之策略外，Clarke及Felson援用「例行性活動策略」（Routine Activities Approach）發展出許多情境犯罪預防措施，雖然與前述預防活動稍有重複，然而毫不抹滅其應用價值[26]。

（一）在國民住宅中；儘量將老年人與小孩／青少年分開，以減少潛在犯罪者對此類目標物的獵取。

（二）運用下列方法抑制犯罪者的活動。

1.強化社會控制，例如在學校舉行研討會，以教導青少年避免破壞公物及其他粗暴之行為。

2.限制取得特殊物品，以減少犯罪的管道。例如，禁止青少年購買可能破壞公物及其他粗暴行為之物品。

3.限制某些用品在特殊場合使用。例如，禁止在球場或其他具暴力性質的比賽場合販賣酒精類飲料。

（三）採行下列方法以保護目標物。

1.使用特殊之材料製品，以減少歹徒破壞公共場所之公有物。

2.限制進入犯罪可能較易發生的地點，例如，設置出入通話系統，以

---

26 Clarke, R. V. and M. Felson, Unpublished article on situational crime prevention, in Geason and Wilson, "Crime prevention: theory and practice," Australia Institute of Criminology, 1988, p.14.

使陌生人不易侵入。其次，亦可設置許多障礙物，以減少竊賊在車
站附近行竊。

3.降低財產、物品的銷售價值。例如，在所有物上刻上姓名、號碼
等，或者儘量減少攜帶過多的現鈔。

4.減少被窺視的機會。例如，在窗戶透明處，女性應減少穿著透明的
衣物或者確定門窗上鎖。

（四）強化監控效能。

1.力行守望相助，或在夜晚時將公司行號內部的燈光打開，以防止被
搶或盜。

2.劃分權責，加重責任。例如，訓練員工應更加機警以對潛在之犯罪
人構成威脅。

3.增加應付突發狀況能力。例如透過各項廣播（如汽車電話之聯繫）
加強聯絡。

第三節　情境犯罪預防之新近技術分類與案例

　　根據理性選擇理論與日常活動理論之論點，Clarke（1992）提出
十二項情境犯罪預防技術，藉由增加犯罪困難與風險、降低犯罪酬賞的
方式以排除犯罪之機會（楊士隆，1994）。之後，這些技術慢慢擴增為
十六項技術，加入罪惡感及羞恥之考量（Clarke, 1997; Clarke and Homel,
1997），另加入情境促發者角色（Clarke and Eck, 2003; Cornish and Clarke,
2003）等向度，於近年提出情境犯罪預防策略之二十五項技術。這些技
術可被涵蓋在五大原則之下，即Nick Tilley（1997）所定義之「機制」
（mechanisms），包括：提升犯罪阻力、增加犯罪風險、減低犯罪酬賞、
減少犯罪刺激、移除犯罪藉口等，希冀透過這些情境犯罪預防策略達到預
防犯罪發生之效果。以下就情境犯罪預防之五大原則、二十五項技術做
一概要之介紹（Fanno, 1997；Clarke and Eck, 2003；許春金，2007；楊士
隆、曾淑萍，2006）。

表 13-1　情境犯罪預防之二十五項技術

提升犯罪阻力	增加犯罪風險	降低犯罪酬賞	減少犯罪刺激	移除犯罪藉口
（一）標的物的強化 1.汽車防盜鎖 2.加強門鎖	（六）擴充監控 1.結伴而行 2.守望相助	（十一）目標物隱匿 1.車上勿放置貴重物品 2.使用無標的的運鈔車	（十六）減低挫折與壓力 1.改善服務，避免衝突 2.增加座位	（二十一）設立規則 1.飯店住宿規則 2.國家公園及山地管制採入山登記制度
（二）管制通道 1.停車場之管制 2.團體 3.進門時有聲響	（七）增加自然監控 1.防衛空間 2.街燈 3.超商設立透明落地窗	（十二）目標物之移置 1.商店櫃檯減少存放現金 2.避免攜帶大量現金	（十七）避免爭執 1.將敵對球迷分隔開來 2.計程車採跳表制	（二十二）敬告規則 1.殘障專用停車位 2.張貼敬告標示
（三）出入口檢查 1.下車繳回票根 2.商店物品的磁條措施	（八）減少匿名性 1.學生穿制服上下學 2.計程車司機辨別證	（十三）財物之辨識 1.車輛識別號碼 2.個人識別號碼	（十八）減少情緒挑逗 1.在公眾場合注意錢財 2.夜歸婦女注意安全	（二十三）激發良心 1.張貼警告標語 2.設置速限提醒板
（四）轉移潛在犯罪人 1.提供公用廁所 2.公共垃圾桶	（九）職員協助監控 1.保全人員 2.管理人員	（十四）搗亂市場 1.取締非法流動攤販 2.檢視報紙小廣告	（十九）減少同儕壓力 1.指定駕駛 2.阻擋孩子與有負面影響的朋友交往	（二十四）協助遵守規則 1.公廁管理 2.改善圖書館之借書管理
（五）控制犯罪促進物 1.嚴格控制青少年購買噴漆 2.強化玻璃杯	（十）強化正式監控 1.防盜警鈴 2.閉路電視（cctv） 3.測速照相	（十五）拒絕利益 1.假人警察 2.塗鴉立即清除 3.墨水標籤	（二十）避免模仿 1.V晶片 2.立即修復遭破壞之物品或塗鴉	（二十五）管制藥物與酒精 1.酒駕肇事，可能有罰鍰、扣車、吊扣、吊銷駕駛執照等處罰。

資料來源：Ronald Clarke and Ross Homel, "A Revised Classification of Situation Crime Prevention Techniques," in Crime Prevention and Crossroads (Ed.), Steven Lab (Cincinnati: Anderson, 1997), p. 4。

一　提升犯罪阻力（Increase the effort of crime）

「提升犯罪阻力」的設計為情境犯罪預防最為基本之策略，其主要目的在於增加犯罪人在犯罪時所需投入之努力及阻礙，其具體技術包括：

（一）強化標的物（Harden targets）

係指財產之堅固化及安全化，以減少潛在犯罪人之入侵，增加犯罪之困難度，使得犯罪標的物不易得手。透過上鎖、遮蔽物、警鈴、柵欄、鋼製鐵窗、防彈安全玻璃或是其他強化物質等有形物體之設置，以提高目標物遭受破壞或竊取之障礙或困難度。

（二）管制通道（Control access to facilities）

如同古代之護城河、閘門等設計，係指針對特定場所進入之人員實施限制與監控，以禁止人們進入他們無權進入的場所，包括辦公室、大樓、工廠或公寓等。具體的措施包括出入之電視螢幕管制、身分證之識別、各種障礙物之架設等，以減少潛在犯罪人之侵害。

（三）出入口檢查（Screen exits）

此項措施之目的在於確保離開大樓、設施或其他場所等人員，沒有竊取任何物品、或是已付清所有的費用，實際作法包括下車繳回票根、離境時的邊境管制、商店物品的磁條措施等。

（四）轉移潛在犯罪人（Deflect offenders）

係指利用一些對環境及情境妥善操弄、控制與管理的設計，以分散、轉移潛在犯罪人之活動聚合犯罪機會，或將潛在犯罪人之行為導向至較能被社會所接受的方向，比方說提供公共廁所、塗鴉板或是公共垃圾桶等。

（五） 控制犯罪促進物（Control tools and weapons）

係指對於易導致偏差或犯罪行為發生之促進物或是犯罪所使用之設備及物品予以控制，以預防犯罪發生之相關措施，例如嚴格控制青少年購買噴漆、使用「強化啤酒瓶」或「強化玻璃杯」以防止破碎之玻璃製品備用來當攻擊的武器等。

二 增加犯罪風險（Increase the risks of crime）

根據對犯罪人之訪談結果，Clarke及Eck（2003）發現相較於犯罪被逮捕之後果，犯罪人較為擔心被逮捕之風險。從犯罪人觀點來解釋，這是可以理解的，因為被逮捕後，他們難以避免後續的處罰，但是在被逮捕前，他們可以藉由小心謹慎的作為以降低被逮捕之風險。這就是情境犯罪預防策略為什麼特別重視增加犯罪之風險而非試圖操弄處罰，以期收預防犯罪效果之主要原因。具體之技術包括：

（一） 擴充監控（Extend guardianship）

根據Cohen及Felson（1979）所提出之「日常活動被害理論」，犯罪之發生必須在時空上有三項因素之聚合，亦即具有能力及犯罪傾向者、合適之標的物、足以遏止犯罪發生之抑制者不在場。而擴充監控即是針對第三個因素「足以遏止犯罪發生之抑制者」所設計，比方說要離家數天的屋主應該暫時取消送報服務及告知鄰居何時會離家、何時回來，並請其幫忙注意各項情況，或是夜間出門攜帶手機或結伴而行、成立鄰里守望相助等，皆為擴充監控之具體方法。

（二） 增加自然監控（Assist natural surveillance）

增加自然監控是「防衛空間」及「鄰里守望相助」的首要任務，其主要是藉由人與物的輔助措施，增加對潛在犯罪人之監控效果，減少其犯罪動機並進而嚇阻犯罪之發生。此項策略包括修剪住家的樹叢、便利超商裝

設透明落地窗及夜間燈火通明、加強街道照明、防衛空間的建築設計、警民連線、犯罪預防方案等設計，皆是仰賴民眾每天例行性活動所提供的自然監控，以增加犯罪人犯罪之風險。

（三）減少匿名性（Reduce anonymity）

現今社會的發展及建築物的設計，使得人口具高度流動性，人們越來越常與陌生人共處一室，彼此互不認識，不僅阻礙人際社會關係之正常發展，也會減弱社會控制之約束，造成偏差或犯罪行為發生之可能性。因此，減少匿名性是一種有效的情境預防犯罪之技巧，具體的方法包括要求學生穿制服以減低學生上下學之匿名情形、要求計程車司機在車上清楚地放置身分證件等。

（四）職員協助監控（Utilise place managers）

係指運用從事公共服務業之員工，除了本身的職責外，在其工作崗位上也扮演著監控的角色，以協助治安的維護。這些員工包括商店的雇員、飯店的門房及服務生、公寓大樓的管理或保全人員、停車場的管理人員、車站的站務人員等。希冀藉由這些員工之協助，有效地監督潛在犯罪人之活動，以嚇阻犯罪之發生。

（五）強化正式監控（Strengthen formal surveillance）

正式監控是由警察、保全人員、商店的探員（store detectives）等所提供的監控，他們的主要角色在於對潛在的犯罪人產生一種嚇阻的威脅感，減少非法行為之發生。其他可以增強正式監控的具體方法包括防盜警鈴、閉路電視（closed circuit television, CCTV）、交通巡邏警衛、紅外線測速、測速照相等方法，增加預防犯罪之效果。

三 減低犯罪酬賞（Reduce the rewards of crime）

根據理性選擇理論的主張，犯罪人在犯罪之前會進行成本效益分析，總是希望在犯罪中獲得利益。利益可以是有形的、物質的利益，如金錢、值錢的物品等，利益也可以是無形的酬賞，包括性慾的抒解、陶醉、興奮、復仇、同儕的尊重等。情境犯罪預防的其中一個原則即為了解特定犯罪的酬賞，並進而降低或移除酬賞，以預防犯罪之發生。具體之技術包括：

（一）目標物之隱匿（Conceal targets）

係指將可能誘導犯罪發生之人、物、設備等目標物以藏匿、移開或做其他安置等方式，降低犯罪之誘惑，以減少犯罪之發生。例如，住戶會將珠寶及有價值的物品藏起來或是拉下窗簾避免竊賊之窺探；有些人不在公共場合穿金戴銀、避免將車子停在街道上過夜；不在車上放置中物品等。另有一些較為不明顯的隱匿方法，比方說使用性別模糊的電話簿以避免女性遭受猥褻電話之騷擾，或是使用無標示的運鈔車比降低運送過程中遭劫之風險。

（二）目標物之移置（Remove targets）

係指將犯罪之可能目標物移開，以避免成為歹徒犯罪之目標，例如電話卡的使用可減少攜帶大量現金在身上之需求，避免成被竊偷竊的目標；公車的不找零系統或是使用悠遊卡，可降低巴士被搶劫之風險。其他移置目標物的方法還包括將營利所得現金交易改換成票據轉帳、商店櫃臺減少現金存放、或是遊樂場以代幣代替現金等。

（三）財物之辨識（Identify property）

係指透過財產的註記，增加財物的辨識，以降低財物的價值及銷贓之機會，比方說要求汽車登記並取得一個獨一無二的車輛識別號碼（Vehicle

Identification Number, VIF）、將汽車中的音響加裝特殊的個人識別號碼
（Personal Identification Number, PIN）等，以降低汽車竊盜事件之發生。

（四）搗亂市場（Disrupt markets）

長久以來，犯罪學家及警察對逮捕竊賊的關注遠遠高於對贓物市場的
了解及瓦解。然而，若能將贓物市場加以搗亂及瓦解，則竊盜常習犯及運
送大量菸酒等贓物的卡車會進而減少。搗亂贓物市場的方法需由警方根據
市場的性質而加以擬定，包括對當鋪交易的系統性連線監督、取締非法流
動攤販、檢視報紙的小廣告以檢查重複出現的販賣者等。

（五）拒絕利益（Deny benefits）

係指透過目標物及相關設施的設計，移除犯罪人犯罪之動機、降低
其在犯罪過程中的樂趣及利益。例如，將金屬製的路標改成木製品，以移
除其被射擊時所產生的「鏗鏗」聲響；「假人警察」及路凸的設置，可以
減少飆速的利益；裝設安全密碼式音響，除非竊賊知道密碼，否則使用
的，藉此降低竊盜率；服飾店採用墨水標籤以防範順手牽羊事件之發生。
另外，針對塗鴉的立即清理策略，可以拒絕犯罪人在公共場合展示其「作
品」之樂趣。

四　減少犯罪刺激（Reduce provocations）

有學者針對監獄及酒吧做研究，發現擁擠、不舒服及粗魯的對待會激
化暴力事件的發生。因此，情境犯罪預防不僅應該針對犯罪發生的機會，
也應針對犯罪發生之情境發展策略，予以設計、操弄與管理，以減少犯罪
之刺激。具體的策略包括：

（一）減低挫折與壓力（Reduce frustration and stress）

當面對服務生粗魯的對待、有人插隊，或是火車誤點而無任何解釋

時，任何人都會感到憤怒。有些時候，人們會因憤怒而變得暴力。這些情形是可以透過改善服務而避免衝突的發生。另外，擁擠及不舒服的情形也會造成憤怒的發生，太多噪音、被人推擠或無座位可坐等，這些在酒吧、夜店等場所常會出現的情形，經常是造成麻煩的導因之一。增加座位、悅耳的音樂及柔和的燈光等，將是這些場所降低壓力的方法。

（二）避免爭執（Avoid disputes）

係指透過設計與管理，避免可能造成爭執或衝突的情境，以降低暴力等犯罪發生之可能性。例如，在足球場中，將兩隊敵對的球迷分隔開來，並將雙方抵達及離開的時間予以規劃，以避免在等待時間的衝突事件發生。計程車的計費採取跳表制度，有一定規則之收費標準，以避免欺騙與爭端，也是情境犯罪預防「避免爭執」策略的另一個實例。

（三）減少情緒挑逗（Reduce emotional arousal）

係指降低引發犯罪發生之誘惑及情緒挑逗之策略，例如，在沒有護士或第三者的陪同下，男醫生不應逕自對女病患進行詳細的身體檢查，一方面保護醫生免於遭受錯誤之指控，另一方面則是降低醫生對病人性侵害或是產生不當行為之誘因。對於戀童前科犯，法令禁止其從事與孩童接觸的工作，不僅保護兒童，也幫助其控制其性慾。另外，建議民眾在公眾場合注意其錢財或是夜歸獨行婦女注意其安全等建議，皆是以降低犯罪誘因、減少情緒挑逗為考量，避免犯罪之發生。

（四）減少同儕壓力（Neutralise peer pressure）

如同兒童及青少年，成人也會面臨同儕壓力。比如，資深員工會教導新手如何從雇主處得到好處，或是年輕人容易受到朋友的慫恿而飲酒過量。「減少同儕壓力」的具體作法，包括父母會阻擋孩子與有負面影響的朋友交往、學校會將調皮搗蛋的麻煩份子分散到不同班級等。另外，目前

台灣除了推動「指定駕駛」的觀念之外，對於開車的朋友，也不予以勸酒，此亦是減少同儕壓力之具體實踐。

（五）避免模仿（Discourage imitation）

雖然觀看暴力電影與暴力行為之關聯性仍有很多爭論，有證據顯示媒體對於特殊犯罪之報導，會引發犯罪之模仿。在美國，所有販賣的電視機必須裝設一種「V晶片」，使父母得以設定節目，以避免其孩童觀看暴力及色情等節目，以減少相關模仿行為之發生。另外一個例子是根據「破窗理論」，針對公園裡或社區裡遭受破壞的物品或是塗鴉，應採取立即修復之措施，以免傳達出「缺乏管理」之訊息，而引發更多的模仿與破壞行為。

五　移除犯罪藉口（Reduce excuses for crime）

犯罪人常會對其行為作道德判斷，並會找藉口合理化及中立化其行為，以減輕其內心之罪疚感或羞恥感。有鑑於此，情境犯罪預防的第五個原則即是透過一些策略及設計之採用，將規範清楚地界定與呈現、協助人們遵守規範、激發人們的良心，以藉此移除偏差或犯罪行為之可能藉口，嚇阻偏差或犯罪行為之發生。具體的策略包括：

（一）設立規則（Set rules）

係指各公共服務部門，包括圖書館、醫院、公園以及各項娛樂活動設施、巴士、地下鐵、飯店、餐館等對其員工約立各項工作規範，不僅便於管理營運，同時也規範他們所服務的對象，並強化規定之執行，減少犯偏差或非法行為之發生。基本上，這些規定必須明確、減少模糊地帶，減少利誘潛在犯罪人（包括員工及被服務的對象）從事偏差或非法行為之機會，使得他們心服口服，而無法用中立化（合理化）技術如「我只是借用一下」、「每一個人都這樣」等藉口來逃脫責任，並且使他們明瞭從事非

法行為時將付出鉅大的代價，無所僥倖。例如，台灣對於國家公園及山地管制區採取入山登記制度，根據國家安全法第7條規定：「違反第五條第二項未經申請許可無故入出管制區經通知離去而不從者，處六月以下有期徒刑、拘役或科或併科新臺幣一萬五千元以下罰金。」，針對未依規定提出申請或入山後有不符規定之行為者，有相關之處罰措施，此即為「設立規則」之實例。

（二）敬告規則（Post instructions）

係指雇員、消費者及民眾所需遵守的工作契約、服務契約或管理規範，應予以正式公告，尤其是公共地區或設施的管理規範要公開地張貼，不僅可以預防民眾宣稱不知有規範之存在，也可明確指出應共同遵守的約定行為。比方說，特別是道路，使用了很多標誌以管理行車及停車之行為。研究結果顯示，使用「殘障專用」的警告標誌確實可有效降低殘障停車位的違法停放。其他許多的公共設施，包括公園、圖書館、大學、大眾交通系統等，也張貼敬告等標示以規範廣泛的公眾行為。敬告標示的使用是執法的主要工具，並常常被當成是解決問題的方式。

（三）激發良心（Alert conscience）

情境犯罪預防與一般的非正式社會控制在兩方面有很大的差異，第一，情境犯罪預防著重發生在個別且有限場所的特定犯罪型態；第二，情境犯罪預防的目的是在潛在犯罪人要犯下特定犯罪的那一刻激發其良心，而不是讓他對違法行為的態度產生持續性的改變。「激發良心」的具體措施包括於營業場所明顯處張貼「酒後不開車」警示標語；在路旁設置速限提醒版，不斷對駕駛人提供超速的警告；或者，商家在門口張貼「偷竊商品是違法的行徑」的警告標語，以提醒潛在犯罪人偷竊商品的違法性，使其動手偷竊前能三思。

（四）協助遵守規則（Assist compliance）

係指協助人們遵守規則之設計與措施，以降低偏差或違法行為發生的可能性。比方說，興建公共廁所以避免人們隨地大小便、在公共場所放置垃圾桶以減少垃圾的隨意棄置、在營業場所設置提供「代客叫計程車」服務相關標示、改善圖書館借書的程序以減少等待的時間並協助遵守借書的規定等具體作法。

（五）管制藥物與酒精（Control drugs and alcohol）

酒精與藥物會慫使犯罪之發生，因酒精與藥物會降低人們的抑制力、影響知覺與認知，使得犯罪人無法辨識是非對錯，而對其違法行為缺乏察覺。因此，有必要針對藥物及酒精進行管制。比方說，根據現行酒駕標準，被警察攔檢到酒駕，酒測值在0.25毫克以下者不罰，但酒測值在0.25毫克以上、因酒駕肇事致人受傷或致人重傷或死亡者，有罰款、扣車、吊扣或吊銷其駕駛執照等處罰，目的即在於限制酒精攝取的量，以降低酒醉駕車行為及其他意外事件發生的可能性。

情境犯罪預防可說是一門降低犯罪機會之科學，使用與問題導向警政（problem-oriented policing）相似的行動研究方法也累積相當多之成功案例。例如，Welsh及Farrington（2004）針對閉路電視（CCTV）降低犯罪之能力進行後設分析（meta-analysis），回顧的研究大多數是由英國進行的評估研究，結果顯示CCTV具有降低犯罪之效果，若能搭配改善照明，效果則會更為顯著（另參見楊士隆，2006）。其他的研究也發現情境犯罪預防策略在預防不同偏差或犯罪行為之效果，如：猥褻電話（Clarke, 1997）、提款機附近之搶劫（Guerette and Clarke, 2003）、汽車竊盜（Webb, 1997）、停車場犯罪（Tseng, Duane, and Hadipriono, 2004）及賣淫（Matthews, 1997）等。

另外，情境犯罪預防也引發爭論與批評，其中最常被提到的一點即為犯罪移位（displacement）；亦即，增加犯罪困難的犯罪預防方法會造成犯罪被移位或移動到其他地點、時間、目標物或犯罪型態。Cornish及

Clarke（1987）也承認犯罪移位是情境犯罪取向的一個顯而易見的缺點，但他們認為犯罪移位不是百分之百必然發生的結果。以汽車竊盜移位的研究結果為例，當面對犯罪機會受阻時，潛在犯罪人可能不會被強迫去其他地點犯罪，也可能不會將其犯罪意圖轉至其他犯罪類型上（Cornish and Clarke, 1987）。研究也發現，在一些情況下，情境犯罪預防策略還產生「利益擴散」（diffusion of benefits）的效果（Clarke and Weisburd, 1994）。另一個較常被關切的議題，即是情境犯罪預防技術之成本效益（O'Neill and McGloin, 2007）。尤其，犯罪人會逐漸適應這些環境策略，為維持預防犯罪之效果，情境犯罪預防技術就必須進行評估與升級，這會增加額外的成本（Clarke, 1997）。根據Welsh及Farrington（1999）發現，十三個情境犯罪預防的研究中，有八個研究的成本效益比率是令人滿意的。因此，他們認為情境犯罪預防是降低犯罪的一個具經濟效益之策略。

第四節　情境犯罪預防之特點

商場行銷的經驗顯示，較具競爭性的產品總是具有甚多優越的特性以吸引顧客。情境犯罪預防策略亦同，其所以吸引人乃因為具有下列特點：

一、當傳統之肅清社會病源犯罪預防策略面臨侷限時，情境犯罪預防策略恰可截長補短，提供犯罪預防之另一方向。換句話說，傳統的策略經常帶有高呼口號的色彩。相反的，情境犯罪預防策略對於地方警察單位工作之推展具有實質的效益，換句話說，此項策略提供一簡易、實用、看得見之方式從事犯罪預防工作。

二、情境犯罪預防策略對於因特定時間地點而聚合（Convergence）之犯罪類型及高發生頻率之犯罪而言甚具阻絕（Cut down）效能[27]。例如，1970年代初葉，由於許多航空公司採取一連串之附設措施，因此劫機事件顯著的減少。其次，在美國由於將鋁製電話筒更換為鋼製，公共電話

---

27 Poyner, Barry. "A model of action," in Heal and Laycock (eds.), Situational Crime Prevention: From Theory to Practice. Her Majesty's Stationary Office, London, 1986.

被竊事件顯著的改善[28]。

　　三、情境犯罪預防策略對於夜盜（Burglary）、破壞公共物（Vandalism）、商店與機車之被竊事件甚具預防效果[29]。其他研究如Clarke and Mayhew更顯示，情境犯罪預防策略可減少自加暴行（Self-Violence）之發生（例如自殺）[30]。

　　四、情境犯罪預防策略可在各層級之犯罪預防實務上加以運用，在個人層級之預防，我們可鼓勵民眾強化各項犯罪附設措施（如裝置安全門、防盜鈴、財產註記……等），以減少個人與財物之被害機會。在物理環境層級，情境犯罪預防措施可著重於改善街道之亮度，控制進入住宅的路徑，增加建築物的監控效果，及將住宅做更有系統性的規劃等。在社區層級之預防，情境犯罪預防措施致力於鄰里守望相助之推展，並組織、動員居民參與巡邏……等，以建立犯罪預防之另一網路（Net Work）[31]。

第五節　情境犯罪預防在先進國家施行之概況

　　依現況而言，情境犯罪預防工作正在世界各國的犯罪預防實務中展露鋒芒。因資料之侷限，僅就美、英、法、德等國的情境犯罪預防措施做概要性之介紹。

一　美國的社區犯罪預防方案（Community Grime Prevention Project）

　　社區犯罪預防方案大致涵蓋：1.民眾參與巡邏；2.財產之註記與識別；3.邀請犯罪預防專家鑑定住宅之安全；4.環境之設計[32]。仔細檢視

---

28 同註11。

29 Geason, Susan and Paul, R. Wilson. Crime Prevention: Theory and Practice. Australian Institute of Criminology, 1988.

30 同註17。

31 Bennett, Travor, "Situational Crime Prevention from the Offender's Perspective," in Kevin Heal and Gloria Laycock (eds.), Situational Crime Prevention: From Theory to Practice. Her Majesty's Stationary office, London, 1986.

32 Rosenbaum, Dennis P. Community Crime Prevention Does it Work? Beverly Hills: Sage, 1986.

社區犯罪預防方案之內涵，吾人發現其與情境犯罪預防或犯罪被害者學的觀點存在密切相關，甚至有異曲同工之妙。在美國，社區犯罪預防方案的推展肇始於1967年美國總統在犯罪委員會的報告（The Presidential Crime Commission Report）[33]，國會據此在1968年制定了綜合犯罪控制與街道安全法案（The Omnibus Crime Control and Safe Street Act）。執法援助部門（Law Enforcement Assistance Administration，簡稱LEAA）也在同一時期創設，以因應民眾之急切需要。值得一提的是，在1977年，美國政府資助三千萬美元給LEAA的社區反犯罪方案（Community Anti Crime Program）。美國司法部指出，財力支援的主要目的乃欲協助社區性的組織與鄰里團體共同積極的參與犯罪預防方案，以期減少對犯罪之恐懼感，並使社區之活動更加的熱絡。

同樣的，美國的警察亦意會到與民眾的密切合作，在打擊、預防、抗制犯罪上乃重要關鍵。因此社會犯罪預防方案如警察徒步巡邏（Foot patrol）之再度興起，守望相助之積極規劃，聘請犯罪預防專家分析鑑定住宅安全概況，參與社區團體召開的會議等乃被加以倡導。

在美國，較著名並成效斐然之社區犯罪預防方案如下：

（一）西雅圖之犯罪預防方案

肇始於1970年代初期，此項犯罪預防方案著重於住宅區竊盜案件加以防治。基本上，西雅圖犯罪預防方案包括三項技術：區段守望相助、住宅區安全檢查及財產之註記與識別[34]。此項方案於實施推展後，對於減少住宅區被害事件之發生成效輝煌。

（二）波特蘭（奧瑞岡）之抗制竊盜犯罪方案

此項方案於1973年開始施行，經費係由LEAA資助。鄰里犯罪預防

---

33 同註32。
34 同註32。

乃主要之抗制竊盜犯罪策略。例如，在犯罪猖獗地區對各類型職業人口進行調查；召開鄰里民犯罪預防會議，對環境加以設計、改善，對財產之註記大力倡行……等。波特蘭方案經過妥善之規劃與施行後，夜盜（Burglaries）案件明顯的降低。

（三）哈特福方案

減少犯罪之發生及降低犯罪恐懼係哈特福方案之主要目標。此項方案於1973年在康乃狄克州創行，主要的特色在於其科技整合式之團隊合作（Interdisciplinary Team Work）。換句話說，工作團體包括各學門之專業人員，都市計畫者，土地使用規劃人員，犯罪學學者，警察人員及其他與犯罪預防相關之人員，共同研商預防對策。哈特福計畫著重於物理環境之改善，警察實務之更新，以及組織、動員社區鄰里居民共同致力於犯罪之抗制工作。大致而言，此項方案對於強化社區非正式之社會控制與居民領域感之提升上成效顯著。

■ 英屬哥倫比亞之情境犯罪預防概況

學者Brantingham & Brantingham指出英屬哥倫比亞（British Columbia）在情境犯罪預防策略的推動上領先世界各國。英屬哥倫比亞運用環境設計、情境犯罪預防或環境犯罪學之觀點，從事犯罪預防工作[35]。此項艱鉅工作計畫大致肇始於1970年代初葉，其發展概況詳如表13-2。

其次，英屬哥倫比亞之警察甚為積極的對潛在的犯罪問題進行分析、研究並研商抗制犯罪的可行方案。尤其隨著最近幾年環境犯罪預防策略的盛行，警察亦著手進行下列「洞燭機先」的計畫，1.在北部省份地區改變環境設計並與都市計畫規劃者協調興建嶄新的城鎮；2.對Vancouver大都會地區捷運系統之建築進行修正；3.變更道路與行人穿越道的路徑；4.改變

35 Brantingham, P. L. and P. J. Brantingham, "Situational Crime Prevention in British Columbia," Journal of Security Administration, 11(2), 1988: 17-27.

觀光區域的環境設計；5.調整學校及購物區附近之社會活動[36]。

綜而言之，我們認為除警察在犯罪預防實務上孜孜不倦推動外，英屬哥倫比亞犯罪預防措施乃群體共同努力的成果。換句話說，大學的研究部門、警局與政府間之密切合作，使得犯罪預防工作能有計畫的推展而不中輟並朝成功之路邁進。

表13-2

1978	經由環境設計以預防犯罪（CPTED）的課程首次由Simon Fraser大學加以發展；Simon Fraser大學主辦CPTED之研究會；New Westminister警局之犯罪預防人員引進CPTED；犯罪預防人員對Vancouver郊區居民進行問卷調查，並與大都會區都市計畫人員共同研商CPTED方案。
1979	Simon Fraser大學開始與New Westminister警局之人員共同研擬、發展CPTED方案。 英屬哥倫比亞警察犯罪預防協會，支持並提供經費贊助。
1980	加拿大司法部區域諮詢中心（Regional Consultation Center）支持主辦大都會警察首長與皇家警察之CPTED講習會。
1981	司法部區域諮詢中心人員，Simon Fraser大學CPTED研究人員，英屬警察委員會及Vancouver警察共同開發CPTED）之幻燈片與磁帶，並將其廣泛的散布於北美。
1982	RCMP（註1）引進CPTED之訓練課程（註2）。

註1：RCMP係加拿大皇家警察（The Royal Canadian Mounted Police）之簡稱，RCMP對犯罪預防活動之推動不遺餘力。

註2：Brantingham and Brantingham (1988: 19)指出，RCMP之訓練課程著重於情境犯罪預防的觀點。犯罪預防人員被教授識別那一類人可能犯罪；這些潛在的犯罪人從那裡來或可能從那裡來；這些犯罪人如何選擇犯罪地點、標的物、被害人；及犯罪人與家人如何到達犯罪地點、以及在那種情況下犯罪如何進行。

資料來源：Brantingham and Brantingham, "Situational Crime Prevention in British Columbia," Journal of Security Administration, 1988, 11(2): 18.

三 法國之犯罪預防方案

1981年暑假期間，法國Lyons及Marseille區域的汽車相繼罹難，連續

---

36 同註35。

遭遇一群瘋狂青少年的攻擊。為了對此一事件進行反應，新成立的社會主義政府立即成立一特別委員會及二個相關委員會以調查青少年瘋狂暴行的原因，並且成立'et' ejenues一項青少年暑期育樂營活動，藉以減輕此一社會問題的嚴重性[37]。

值得注意的是此二個調查委員會相繼指出改善都市物理與社會環境在犯罪預防上的重要性，並建議針對下列目標進行改革，包括有許多移民、經費短絀、狀況欠佳之學校，頹廢住宅情況之鄰里。基本上，由委員會所建議之策略除偏重於阻絕與掌握控制犯罪行為外，對於住屋興建計畫與民眾財產的保障亦寄予相當的關切與重視[38]。

法國青少年暑期育樂營活動乃一包括「肅清社會病源」與「情境犯罪預防」的整個方案。此項方案的目的之一為保護青少年使其遠離可能促使其墮落的區域，同時改進不良的物理環境狀況。學者King指出，1982年的青少年暑期育樂營活動方案後來成為法國政府推動犯罪預防政策的主要依據[39]。

1983年，法國政府進一步的制定成法案落實，以確保前述犯罪預防成效。下列證據顯示已呈現部分成果，例如在暑假期間，許多輕微的犯罪類型在許多城市都有下降現象。Geason及Wilson指出，法國犯罪預防的稍具規模及中央與地方政府共同協調、妥善經營的結果[40]。

四　澳洲的情境犯罪預防概況

澳洲政府的犯罪預防方案著重於社區鄰里守望相助，當然亦包括目標物強化及財產註記識別等活動。在新南威爾斯地區，海灘的巡守活動已被組織起來。在鄉村地區，家畜的守望相助組織亦已建立，以因應日漸升高之家畜被偷竊事件的發生。這些活動的盛行隱約的指出，鄰里守望相助方

---

37 同註29。
38 同註29。
39 King, Michael, "How to make social crime prevention work: The French Experience," NACRO Occasional Paper, 1988.
40 同註29。

案獲得澳大利亞居民最大的扶持[41]。

最近新南威爾斯鐵路總局採納犯罪研究所（Institute of Crimonology）的研究建議，採行了許多預防措施以減少公物被破壞及鐵路牆壁遭受污損之情事。其次，澳洲國家通訊總局亦與犯罪學研究所及澳洲警察局共同聯手合作，以抗制電話設備被破壞情事的發生。預防的策略包括電話設備之重新設計與修正，重新安置電話筒的位置，以及增加公共電話亭附近光線的亮度等。1988年，在Canberra之地區，許多婦女遭受暴力份子的相繼侵襲，負責澳洲首府的行政首長乃積極的推展情境犯罪預防方案，以確保民眾的安全。為因應前述的問題，澳大利亞情境犯罪預防方案著眼於將較危險區域的街燈加以改善（如增加街燈的安裝並強化其亮度），裁撤可能使罪犯藏匿的籬笆與灌木，同時建議將停在路旁的汽車加以遮蓋，以避免成為歹徒下手的目標。

五 大英國協之情境犯罪預防方案

1965年左右，英國Cornish委員會提出的犯罪預防報告，並促進犯罪預防工作的發展。而一個常設犯罪預防協會（Standing Conference on Crime Prevention）在英國內政部（Home Office）的成立，更意味著大英政府對犯罪防治工作的重視。如同Geason及Wilson指出，此常設的協會乃一諮詢性的組織，由地方與中央政府的代表、警察人員、自願性團體及商業與工業等代表組成。其主要的任務之一為將社區的各類團體、組織，加以動員、整合，共同參與犯罪預防工作[42]。

其次，為因應急速升高的犯罪相關問題，此常設犯罪預防協會每年皆舉辦研討會，邀請犯罪學者與犯罪預防專家針對新興問題提出適當對策。檢視會議的內容，大多與防治住宅竊盜案件的主題相關。

另值得一提的是，建議將物理環境與公共建築做適當改變的犯罪預防方案在Hillfields, South Acton及Lisson Green estates等城市中甚為盛行。

---

41 同註29。
42 同註17。

1983至1985年間，新南威爾斯地區更積極的進行一項財產註記與識別的計畫。1986年間，交通運輸部更提供了一千五百萬英鎊的經費，希冀減少地下鐵中諸多暴行與犯罪之案件。另外，鄰里守望相助計畫，近年來在英國亦已逐漸受到重視。根據最近的估計，在大英及威爾斯地區，目前大約有四萬個鄰里守望相助團體運作，而其數目仍在增加中[43]。

第六節　情境犯罪預防面臨之挑戰

與其他最完善的理論或策略相同，情境犯罪預防仍不免面臨許多來自學術團體的批判與責難。仔細檢視批判的內容，情境犯罪預防所較常為詬病者包括：

一　轉移的效果（Displacement Effect）

檢視犯罪預防的文獻，「轉移現象」常為熱烈探討的主題之一，因為其為預防成敗之關鍵所在。換句話說，雖然某些犯罪類型可在特定的時間、地點下被阻絕進行，但卻也可能轉移至其他地區，造成第三者之被害。學者進一步指出，轉移現象可能以下列多樣的形式呈現。例如犯罪機會被阻絕，或某特殊犯罪類型成功的機會甚低時，犯罪者可能轉移至其他區域犯罪（地理上的轉移），選擇不同的目標或受害者（標的物的轉移），或者選擇其他完全不同的犯罪型態[44]，例如，Wright等人於1974年在美國堪斯城的研究曾指出，改善某一街燈亮度的結果，卻使得某些類型犯罪者如搶劫犯罪類型轉移至附近區域。類似的，Chaiken等學者在紐約地下鐵的研究顯示，經持續的努力後，地下鐵背後洗劫案件雖然減少，卻

---

43 Home Office, Practical Ways to Crack Crime. London; Home Office, 1988.

44 Reppetto, T. "Crime Prevention and the displacement phenomenon," Crime and Delinquency, 22, 1976: 166-77; Gabor, T. "The crime displacement hypothesis: an empirical examination," Crime and Delinquency, 26, 1981: 390-404; Trasler, Gordon, "Situational Grime Control and Rational Choice: A Critique," in Heal and Laycock (eds.), Situational Crime Prevention: From Theory into Practice, Her Majesty's Stationary Office, London, 1986.

發現附近街道的搶劫案件相對的增加[45]。

雖然如此，許多的研究卻指出完全沒有轉移的效果。例如，Bennett的研究發現至少有一半為犯罪預防措施所阻絕的竊賊認為他們通常或者有時候即放棄再次做案的念頭而返回家中[46]。Matthews在倫敦北部所從事的一項研究指出，對於賣淫的掃蕩行動並未促使其轉移至其他區域[47]。其次，Clarke及Mayhew的英國研究亦顯示，當家庭用的瓦斯經改良對人體的健康無構成危害時，許多利用此項方法嘗試自殺的人並未再以其他的方法繼續從事自殺的活動[48]。最近的一項研究再次的證實轉移的現象並不存在。例如Mayhew, Clarke及Elliott的研究指出，由於1980年對於未戴安全帽的騎士科以罰金的規定，西德摩托車竊盜案因而降低了60%，然而此項結果並未導致（促使）汽車或腳踏車行竊盜案件的增加[49]。

因此，迄至今日，對於犯罪轉移現象的研究仍然眾說紛紜。然而無論如何，如同Bennett指出，只要犯罪人不急於從事犯罪行為，並且當犯罪的成本與被逮捕的危險增加時，犯罪轉移現象是不太可能發生的[50]。Mayhew等強調，惟有當犯罪型態與原來擬攻擊目標的目的相近，同時倘再次犯罪並未增加被逮捕的危險性時，犯罪轉移現象才有出現之可能，假如缺乏這些條件，轉移情事的發生是不易的[51]。

情境犯罪預防的倡導者則認為情境犯罪預防策略顯著的影響及許多潛在犯罪人的犯罪決定。即使犯罪轉移現象不幸發生了，只有少數的犯罪人

45 Chaiken, J. J., M. W. Lawless and K. Stevenson, Impact of police activity on crime: Robberies on the New York City Subway System (Reprot NO. R-1424-N.Y.C.), Santa Monica, CA: Rand Corporation, 1974.

46 Pease, K. The Kirkholt project: preventing burglary on a British public housing estate. Secruity Journal 2, 1991: 73-77.

47 Matthews, R., Policing Prostitution (Center for Criminology paper 1), London: Middlesex Polytechic, 1986.

48 Clarke, R. V. and P. Mayhew "The British gas suicide story and its criminological implications," in M. Tonry and N. Morris (eds.), Crime and Justice, Vol. 10, Chicago: University of Chicago Press, 1988.

49 Mayhew, P. R. V. Clarke, and D. Elliott, "Motorcycle Theft, Helmet Legislation and Displacement," The Howard Journal of Criminal Justice, Vol 28. Number 1, 1989: 1-8.

50 同註46。

51 同註49。

可能再次從事其他犯罪[52]。換句話說，情境犯罪預防措施阻止了大部分可能在某一時間、地點出現之潛在犯罪者，而這些犯罪人並不必然的轉移至其他區域犯罪。儘管發生了，其他情境犯罪預防措施仍可阻絕或使犯罪的損失降至最低。

可能來自民眾的排斥

　　Clarke指出，情境犯罪預防推展的阻礙之一為來自民眾本身[53]。事實上，想要說服民眾全力配合參與犯罪預防措施是相當不易的，因為對部分機構或公司行號而言，犯罪的損失可能不大。相反的，較周全的情境犯罪預防方案，很可能因此造成生活更加的不便（如出入開關的控制常使人厭煩）、甚至增加不少的成本（如電眼的裝置亦昂貴）。另外，更有許多人深信倒楣的事情絕不可能發生在他／她們身上，除非不幸成為受害者，否則很難說服這些人採行具體的犯罪預防措施，此乃情境犯罪預防工作推展之主要障礙。其次，以鄰里守望相助工作在人口眾多、雜居頹廢區的推動情形來看更是不易。學者指出，即使經過非常有系統的規劃與努力，要求居住於此之民眾參與犯罪預防並監視嫌疑人等是相當困難的[54]。較悲觀的學者甚至指出，「最需要鄰里守望相助的區域反倒是最難進一步組織、動員民眾的地區」[55]。儘管如此，情境犯罪預防之倡議者，並不如此悲觀，Clarke即指出情境犯罪預防措施並不必然具有此類副作用，甚至不影響個人之自由或降低生活品質。例如防衛空間的設計即可增加鄰里的團結意識

---

52 Heal, K. and G. Laycock, Situational Crime Prevention: From Theory into practice. London: H.M.S.O, 1986.

53 Clarke, R. V. "Situational Crime Prevention: its theoretical Basis and Practical Scope," in M. Tonry and N. Morris (eds.), Crime and Justice: A Review of Research vol. 4, Chicago: University of Chicago Press, 1983.

54 McPherson, M. and G. Silloway, "The Implementation Process; Effort and Response," In Pate A. McPherson. M. and G. Silloway (eds.), The Minneapolis Community Crime Prevention Experiment. Draft Evaluation Report. Washington, D. C. Police Foundation.

55 Roehl, J. A. and R. F. Cook, Evaluation of the Urban Crime Prevention Program: Executive Summary. Washington D. C.: National institute of Justice, 1984.

與安全感，社區守望相助對於社區意識之提升更有顯著之效果[56]。

第七節　結　論

　　結合言之，除了傳統之肅清社會病源策略及藉用刑事司法體系的力量外，另一較具效能並且立竿見影的犯罪預防策略為情境犯罪預防。此項策略由於屬刑事司法體系「外」之第一階段預防，可防止特殊犯罪型態之發生，實用價值乃日形高漲。儘管批評者認為情境犯罪預防可能侷限於犯罪轉移（Displacement）現象，然而倡導者卻指出轉移並不常發生，即使被轉移至其他時空，亦不一定再犯，進一步說，只要做好情境犯罪預防措施，這些潛在的再犯者仍可加以阻絕。吾人認為情境犯罪預防有良好的理念與策略，並在世界各先進國獲得印證，在我國倘經實證之支持，其在犯罪預防實務上應有廣大的應用空間。

---

56 同註53。

第十四章　防竊硬體設備

第一節　防竊硬體設備介紹

一　門

1. 材質：鐵、不銹鋼、鋁、塑鋼、木材、鍍鋅鋼板錳鋼（火車車輪材料）。
2. 類型：單玄關門、子母單玄關門（二扇門共用一個門框）、子母雙玄關門、透視迪門、福中門（外柵內夾層紗網或玻璃密門）。
3. 功能：竊賊侵入建築物慣用手法大多是破壞門、鎖、窗或鐵窗進入行竊。因此門選擇就非常重要，在材質上硬度要能夠防撬。門板上應設窺孔，門和門框間最好有凹凸接合及門閂鏈鎖安全設計讓竊賊即使用大型扳手亦無用武之地，接頭絞鍊部分材質硬度尤其重要，目前坊間公司已有用錳鐵材質，歹徒破壞困難度高。

二　鎖

鎖是最基本保護財物之道，目前坊間公司已研發出所謂高級精密、複雜之鎖鑰。除外更高科技產品均已陸續推出，例指紋機、密碼式亂碼鎖、反脅迫密碼保全系統、臉部影像辨識系統，只要在幾秒之內就可完成分辨，決定是否開門。總之門鎖的確是避免竊賊侵入最重要設施，因此採購時材質良好最重要。如此才能達成理想功能。相關鎖介紹請詳閱第二節。

三　鐵窗、捲門、窗戶

1. 材質：不銹鋼、鋁、鋁合金。

2.類型：鐵窗類型繁多，常見有不銹鋼窗、鋁花格窗、鋁合金百葉窗、鐵型窗。捲門有伸剪門、電動鐵捲門。窗戶有玻璃窗、纖維玻璃窗、強力玻璃窗、塑鋼玻璃窗、落地窗。

3.功能：鐵窗、捲門、窗戶是防止竊賊入侵的防護措施。現階段治安環境而言，是非常需要的，除了美觀、通風設計外，最重要的是這些阻絕設施能發揮防益功能。因此如同門鎖一樣材質選擇非常重要和關鍵，簡言之，就是不易破壞，就多一層保障，不過在此提出要注意的是，鐵窗的逃生孔非常重要，逃生孔鑰匙全家大小每人至少一把，公用一把吊掛在逃生孔附近牆壁上，萬一遇到火災時才能快速逃出去。

四 圍 牆

圍牆材質須堅固，高度須適當，圍牆上頭最好再裝設一層鐵絲網或碎玻璃，四周若有監視器則更具有嚇阻功能。值得一提是圍牆內最好不要種植叢生的植物或高大灌木，尤其沿牆邊種植，這些都可能帶來竊賊或歹徒理想攀爬或掩護地方。

五 燈光照明

燈光照明良好處所可有效嚇阻犯罪行為，降低民眾之犯罪恐懼感。小偷就是偷偷摸摸才叫小偷，如果居住環境四周黑漆、道路黑暗就是竊賊活動好時機。因此，路燈提供一般民眾良好屏障，再則社區內停放大量機車，若能裝設自動啟動裝置照明設備，即人靠近燈光立即打亮，對防竊有絕對效果。

門框

鎖

內門

非自動絞鍊

外門

自動絞鍊

圖14-1　雙玄關門

不銹鋼窗

鋁花格窗

鋁合金百葉窗

 14-2 鐵窗

電動鐵捲門

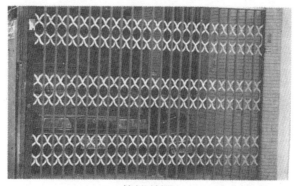

伸縮剪門

加鎖窗

圖 14-3　捲門

六 隱密設備之設計

曾經有一位慣竊說：「破壞門鎖、鐵窗，徒弟就夠，能從最短時間找到最貴重的東西才是師父」，可見竊賊找東西才是他們的本領。因此家裡貴重東西最好擺在銀行保管箱。但是有些金飾外出佩帶用，全部擺在銀行保管箱，亦相當不方便。因此，家裡若有隱密設備之設計擺放，會多一層保障。舉例：在衣櫃木工裝潢時，可在上、下抽屜間設計一個暗小抽屜。外表看不出來有小抽屜存在；書櫃、酒櫃不起眼的地方設計一個暗門，小偷無法察覺等。記得小偷不是神，小動作有時會很安全的。

七 防盜、防災電視對講自動化、門禁管制與中央監控設備

（一）防盜防災電視對講門禁管制大樓自動化系統

自動化設備，將住戶之電視對講門禁管制系統，門鈴對講系統，住戶之防盜、防火、瓦斯漏氣警報、全自動防災系統緊急求救系統，集中於中央監控中心之監視盤予以監視管理，確保大樓住戶生命財產安全。

1.電視對講門禁管制系統

數位傳送省配線式四向聯絡對講系統，大樓出入口設數位式紅外線攝影對講主機，訪客出入大樓前，由共同玄關數位對講主機按下住戶號碼與住戶聯絡對講，此共同玄關對講主機具電腦數位呼叫鍵，對講盤面含隱藏式紅外線攝影機，訪客按下住戶號碼，即能與住戶通話，住戶從電視對講情報監視盤上確認後再開啟共同玄關自動門予以放行。當住戶不在時，訪客亦可呼叫管理員與管理員聯絡通話。住戶與管理員亦可互相聯絡通話，住戶亦可利用共同玄關對講主機上電腦數位鍵，當密碼使用，且一樓門廳入口設微電腦感應式讀卡門禁系統，住戶亦可用微電腦感應卡來開啟共同玄關自動門，有效管制人員進出以確保大樓之安全性。

2. 門鈴對講系統

於每一住戶之玄關裝置門鈴對講子機，訪客乘電梯至住戶樓層時，再由住戶玄關門鈴對講子機呼叫住戶開門，此門鈴對講子機附門鈴押扣及對講功能，亦具警報表示功能，當住戶內發生災害警報時，除自動通知管理室外，玄關對講子機亦會發出各種不同警報及表示燈號，以利集合住宅之住戶發揮守望相助，爭取處理時效。

3. 數位傳送全自動防災系統

每戶均裝置數位傳送防災對講情報監視盤，玄關大門及落地窗裝設防盜感應器，廚房裝設瓦斯漏氣警報器、火災警報器，將每戶可能發生之防盜、瓦斯漏氣、火災、緊急聯絡等各種情況，集中於管理中心予以監視管理。當災害發生時，除各住戶之住宅情報監視盤會顯示災害種類及各種不同警報聲外，管理中心之對講警報監視盤亦會發出警報聲，提醒管理員注意，同時以數碼顯示災害樓層及住戶，以文字顯示災害種類，以便管理員作適時適切處理，確保大樓住戶生命財產安全。

4. 緊急求救系統

當樓層住戶發現歹徒入侵時，或其他緊急狀況發生時，住戶可利用住戶情報盤上之緊急求救按鈕或主臥室、浴室向管理中心和左鄰右舍求救，同時可用對講機告知管理員災害情況，以便爭取處理時效。

5. 來客分區報知功能

住戶訪客到達一樓玄關呼叫住戶時，住戶情報盤內會顯示訪客所到達之處所，到達該樓層時按下門鈴住戶情報盤亦知道訪客已到達該戶，更使住戶有安全之感覺。

6. 自動通報系統

每戶設自動通報系統，當災害發生時，此系統。能發揮第一時機，告知住戶家裡所發生之狀況，自動通報住戶，尋求支援，使得住戶在外出時無後顧之憂。

（二）門禁安全管制系統

1. 近接感應式門禁管制系統

於一樓共同玄關大門入口，地下室樓電梯間出入口，設近接感應式門禁管制系統。

大樓內住戶持同一張近接感應卡，可自由進出開啟設有近接感應式門禁管制系統之門。訪客進入大樓內部前，先經管理員與大樓住戶聯絡對講，住戶從電視對講情報盤上確認訪客後，再予以換證件。訪客一進入大樓一樓玄關開始，電梯箱內，每層電梯間即予監視錄影存證，且配合樓層動向顯示盤監視其所往之樓層，確保大樓內部安全。

2. 反脅迫密碼設定系統

每戶設反脅迫密碼設定系統，住戶返家時可操作反脅迫密碼設定系統解除防盜警戒，此系統平時使用於密碼設定及解除之功能，當緊急時或遭脅迫時按下特定之密碼，管理員室會有警報信號告知管理員立即處理。

（三）CCTV自動化閉路監視錄影系統

於電梯間、電梯箱、一樓玄關與地下室等休閒活動場所、停車場入口與停車場內部設CCTV自動化閉路監視錄影系統，用以輔助上述系統或管理員無法監控到的地方，全天候二十四小時監視錄影存證。

訪客與住戶一進出本棟大樓內部即開始全程自動監視錄影存證，以確保停車場內部座車、人員與大樓內部住家安全。

（四）中央安全監控自動化系統

此自動化系統除將住戶防災電視對講門禁管制自動化系統、門禁安全管制系統、CCTV自動化閉路監視系統、集中於中央監控中心之複合防災警報監視盤，予以監視管理外，亦將停車場進出遙控門禁管制及燈號管制系統，地下一、二樓對講及緊急求救系統，自動感應照明系統，泵浦動

力，水位遠隔監視與電梯樓層動向監控系統，集中於中央監控中心之複合防災警報監視盤，予以監視管理。

1. 停車場進出遙控門禁管制及證號管制系統

停車場進出設置防複製鎖碼遙控門禁，配合CCTV閉路監視系統，車輛進出停車場時亦設置安全警示燈，確保停車場內部座車進出之安全性。

2. 地下一、二樓對講及緊急求救系統

停車場內部設對講及緊急求救系統，平時便利和管理員相互聯繫，遇緊急情況時亦可向管理員求救及對講。

3. 自動感應照明系統

各層電梯間、住戶玄關、停車場內部設自動照明感應器，感應有人員或車輛進出時，照明自動點燈及關燈，亦可手控開關燈，方便大樓人員進出及節約能源機能。

4. 泵浦動力、水位遠隔監視與電梯樓層動向監控系統

社區內發電機各泵浦動力運轉、水箱高低水位預警及水箱防入侵裝置、電梯樓層動向，均由中央監控室統一監控。

5. 紅外線警戒系統

於設區庭園周圍，設置紅外線安全防護警戒，遇異常入侵時，監控中心即可掌握，確保設區人員安全。

八 家戶聯防

1. 簡單型

左鄰右舍拉線以聲響或警示燈，顯示傳達危急狀況求救或代為報警處理。

2. 語音型無線保全系統

坊間公司所研發當家中發生狀況或夜歸婦女於樓梯間遭威脅時，以無線遙控啟動安全系統警示訊息無人時，安全系統會啟動自動通訊網路，按原設定順序以電話、呼叫器或大哥大通知主人家裡所發生狀況或自動報警。安全系統亦可與大樓管理站中央監控系統電腦連線，將所發生的狀況顯示於電腦螢幕，以利管理判斷處理。此套系統並兼具有主人在外地時，可藉由電話撥接啟動家中攝影機，速接一般電視畫面，監看家中情形，發生狀況通報時，也可啟動鏡頭監看遠端錄影存證。

九 金融機構報警系統

採用無線電報警系統，金融單位內設固定按鈕於櫃台下，當狀況發生時，只要按下報警按鈕，透過銀行內發訊基地台，立即傳送到警局（指分局或派出所）收訊機，此時警局收訊機即顯示有狀況，值班人員即以警用無線電指揮在外巡邏警網迅速前往處理。

十 社區寬頻網路監控設備

指在社區內公園、重要路口、巷口、死角處安裝攝影機，然後由攝影機將所攝取到視訊畫面轉換成電腦影片送到網路主機上，供住戶透過網路觀看且可儲存，可謂全民監視，使宵小無所遁形。

十一 保全設施

（一）保全業務範圍

依據保全業法保全業得經營下列業務：

1. 關於辦公處所、營業處所、廠場、倉庫、演藝場所、競賽場所、住居處所展示及閱覽場所、停車場等防盜、防火、防災之安全防護。
2. 關於現金或其他貴重物品運送之安全維護。

3.關於人身之安全維護。

4.其他經中央主管機關核定之保全業務。

（二）經營保全業應有設備

依保全業法規定經營保全業應有下列設備：

1.固定專用營業處所。

2.自動通報紀錄情況管制系統設備。

3.巡迴服務車：其經營第四條第二款之業務者，並應有特殊安全裝置運鈔車。

4.其他經中央主管機關依經營項目核定應有之設備。

（三）運鈔車

依保全業法施行細則，規定運鈔車應有下列設備：

1.防彈裝置。

2.自動報警系統。

3.防盜、防搶裝置。

（四）居家保全系統功能

結合防盜、防災、緊急救援、自動化全功能電腦傳訊主機，採用可區別使用卡號之卡片操作，靈活設定及解除無線電緊急通報按鈕，可在室內任何地方、時間發出緊急救援及醫療救援信用。

（五）器材介紹

 磁鐵感知器

 對向型紅外線感知器

 玻璃震動感知器

 緊急按鈕

 金庫震動感知器

 瓦斯偵漏器

 差動式火災感知器

 玻璃破碎感知器

 立體紅外線感知器

 讀卡機

 壁面震動感知器

 傳訊主機

資料來源：新光保全提供。

十二　GPS汽車衛星定位系統

（一）國外應用情形

　　GPS目前在國外應用已經相當廣泛，例如：全球性連鎖租車公司赫茲（Hertz）和艾維斯（Avis）兩家公司的車隊、希爾頓飯店的車隊、美國城市的救護車、奧士摩比（Oldsmobile）汽車公司出產的新車、歐洲著名車廠Mercedes Benz、BMW的車型及許多貨運公司的車隊等，都實際受惠於GPS衛星定位科技的益處；而在亞洲，據日本NEC公司的資料記載，於1997年在日本國內約有一百萬部汽車已經裝置GPS設備，甚至連亞洲四小龍的新加坡也從1996年開始，運用GPS技術在他們的計程車做車隊管理應用，成效相當顯著。此外，在中國大陸許多城市的公安單位亦已陸續研發使用GPS衛星定位系統於打擊犯罪工作上。GPS衛星定位系統目前全球產值達數百億美元，預計GPS衛星定位在全世界是一個極具發展潛力的明日之星產業。

（二）國內應用情形

　　台灣所有汽車製造廠都算是外國車廠在台灣的組裝工廠，新產品的導入都比原廠晚，但是台灣擁有大批極優秀的高科技軟、硬體人才，GPS應用科技的基礎已經相當成熟，所以近年來已陸續有少數車輛裝置GPS衛星定位系統。且可預見使用者會日益增多。

（三）GPS功能

1.當車輛被竊時，監控中心可立即獲知並採取斷油、斷電措施並告知車主。
2.能掌控車輛狀態及位置。
3.由於衛星通訊關係，只要裝置在車輛上發報器能正常將訊號發射出去，不管停放何處，監控中心均能控得到。

十三 車輛防竊標記系統（Vehicle Identification Number）（美國）

　　1984年美國聯邦政府立法發出交通管理規範，要求汽車製造商刻上或貼上VIN（辨識碼）在引擎傳動系統或十二個主要板金上，就如零件標記防盜裝置，這號碼可給予辨識、判斷贓車或被移動的零件，如車子有此標記，警察就能輕易辨識贓車。目前國內已有業者正在推動此項措施。而VIN其構造原理是標記由薄膜及貼紙兩部分組成，可用手貼，混合防染劑和黏著劑，底部有可反射出安全影像，背部有紫外線成分的印刷。標記被移動後會留下紫外線成分的痕跡，轉移到零件的表面，留下紫色的影像在表面上。紫外線成分──可用紫外線燈來發現。

第二節　常用鎖具及開鎖方法

一　概　說

　　（一）門鎖：包括自動鎖、三段鎖、四段鎖、鋁門鎖、把手鎖、多段鎖、磁卡鎖、指紋鎖、聲控鎖、喇叭鎖等（圖14-4）。

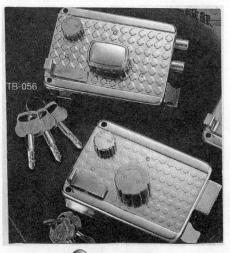

圖14-4　門鎖

（二）桌鎖：包括木桌鎖、鐵櫃總鎖、鉤鎖、串鎖、各式櫥櫃鎖、抽屜鎖等。

（三）行李箱鎖：包括旅行箱、皮包、木箱鎖。

（四）機車鎖：包括機車本身電門、行李箱、及附加防盜等加強鎖（圖14-5）。

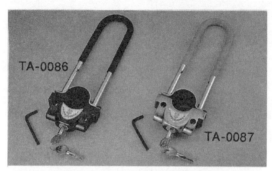

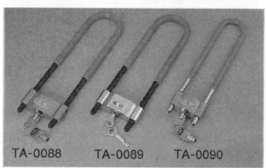

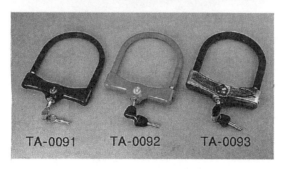

圖14-5　機車鎖

（五）汽車鎖：包括汽車本身車門、電門、油箱蓋、後行李箱蓋及附加防盜用之排檔鎖、拐杖鎖、方向盤鎖、安全氣囊鎖等（圖14-6）。

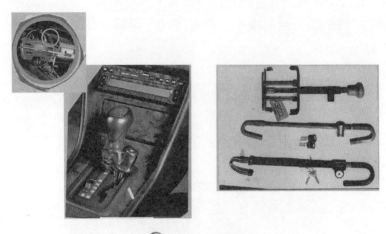

圖14-6 汽車鎖

（六）保險庫鎖：包括箱式密碼鎖、保險鎖、鎖匙密碼鎖等（圖14-7）。

圖14-7 保險庫鎖

（七）號碼鎖：包括對號鎖、聽音鎖、鐵櫃三轉式密碼鎖。

（八）筒形鎖：專用於電動玩具、自動販賣機、少數用於機車及門鎖（圖14-8）。

圖14-8　電動玩具用圓筒鎖

（九）半圓鎖：又稱D形鎖，常用於郵政信箱、銀行保管箱、公用電話、鐵捲門控制盒、電動玩具等。

（十）電鎖：專用於公共大門或對講機上使用（圖14-9）。

圖14-9　對講機電鎖

（十一）電子鎖：亦稱磁石鎖或磁鐵鎖。

（十二）手銬鎖：軍警單位使用，用於逮捕犯罪之人使用，手銬、腳鐐、拇指銬等。

（十三）掛鎖：亦稱單一小銅鎖或鎖頭（圖14-10）。

圖14-10 掛鎖

（十四）電梯鎖：電梯鎖分為電梯內控制盒及外面開啟車廂用鎖（圖14-11）。

圖14-11 電梯鎖

（十五）自行車鎖：一般鎖自行車用鎖分為鎖前後輪用，有鏈條式、

横桿式、對號式等（圖14-12）。

圖14-12　自行車鎖

（十六）內拴鎖：用於門內反鎖用，如各飯店房間內面都有反鎖用之內鍊，防止被用鎖匙就可開門進入（圖14-13）。

圖14-13　內拴鎖

（十七）其他各類型鎖：上有非常多特殊造型鎖，例如三翼、圓形、十字型、工字型等（圖14-14），另有時間鎖（需在一定時間才能開啟）、**雙人鎖**（需有兩人分別各持不同鎖匙，同時才能開啟）（圖14-15）。

圖 14-14 各型門鎖

圖 14-15 雙人鎖

鎖的內部構造

　　鎖大體上區分為：1.珠子鎖（圖14-16）；2.葉片鎖（圖14-17）；3.鐵片鎖。

圖 14-16 珠子鎖結構

圖 14-17 葉片鎖內部結構

1.珠子鎖的構造分為彈簧、上珠、下珠、鎖心、鎖體。

　以原理來講，這種鎖比較精密，也比較耐用（因為鎖珠為實心銅條），較具耐磨性，而鎖匙每天開鎖抽送次數非常頻繁，故鎖幾乎都使用珠子鎖較多。

2.葉片鎖的構造分為彈簧、葉片、鎖心、鎖體。

　這種鎖大多使用於汽車，機車上，少部分用於抽屜及箱櫃上，一般

而言它比珠子鎖價格便宜，因為它的材料是較為低廉之鋅合金，而且內部零件較少，各部分的配合精密度也不像珠子鎖精密，所以也比較容易打開，但是有些兩面葉片構造的，配製時鎖匙要銼刻兩面，很多雙面鎖匙的兩邊齒狀是一樣的，任何一面都可將鎖打開，例如汽車鎖大部分都是這種狀況。

3. 鐵片鎖的構造分為底座、鎖舌、鎖心、檔片、外殼這種鎖大部分都用於鐵桌、鐵櫃以及老式的把手門鎖，因為整個鎖的零件都是用沖製而成的，所以成本非常低廉，稱的上是鎖中最廉價品。

三 開鎖的原理

開鎖簡單的說就是用撬子，將上、下珠分別撥在鎖體與鎖心的交界處，而使鎖心能夠轉動，帶動連桿而達到將鎖開啟的目的。

實際上開鎖也並不是敘述的這麼簡單，它必須有冷靜的頭腦，好的眼力，並且需要有耐心、毅力而且它是經驗的累積，開鎖最忌諱的就是操之過急，對自己沒信心，缺乏耐心。所以開鎖實際上是一種挑戰，然而面對挑戰一旦成功，那種滋味決不是金錢或筆墨所能夠形容的。

四 開鎖工具介紹

在這個科技發達的時代，鎖的演進一日千里，每天都有人根據防盜及實用性研發各種新的鎖具，然而就在同時也有人絞盡腦汁研發新的開鎖工具，而一個技術再如何高超的鎖匠，都沒有辦法用手指頭來開鎖，如同「巧婦難為無米之炊」，而實務上只要能將鎖打開，又不破壞鎖具是沒有一定的方法的工具，而鎖確實發展迅速，各種新鎖不斷的出現，挑戰性愈來愈高，甚至結合電腦、IC、指紋等使開鎖的困難度愈來愈高。

常見開鎖工具有以下各項：

1. 傳動桿

傳動桿的作用就是用來帶動鎖心用的，針對各種不同形狀的鎖心，就

必須製造各種不同形狀的傳動桿，但是其作用都一樣，就是如同鑰匙柄一樣，用來帶動鎖心使鎖開啟。

2. 撥動珠子、葉片之開鎖橇子

開啟一個鎖，除了要有一支傳動桿帶動鎖心外，另外要有一支撥動鎖心或葉片之橇子，使鎖內上下珠或葉片撥到定位，如此鎖心才能夠旋轉，鎖才能打開（圖14-18）。

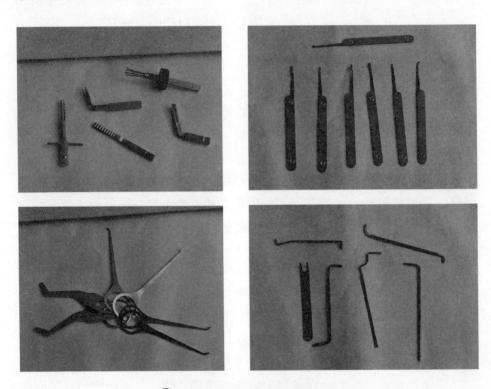

圖14-18　各類型開鎖工具橇子

3. 鎖　槍

鎖槍的結構可分為槍身、板機、槍針、調整鈕（圖14-19）。

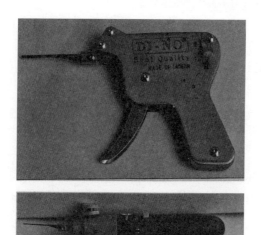

圖 14-19　鎖槍

　　鎖槍開鎖是一種快速的開鎖法，它的作用是靠扣動板機，使槍針能獲得一陣抖動，撞擊鎖內下珠使其撞擊上珠，在撞擊的一剎那，使鎖心能夠旋轉而開啟鎖，類似撞球原理，但要注意就是鎖槍的撞擊力不可太強勁，否則會傷害到鎖內細小的彈簧，造成鎖的損壞，且要注意的就是拿鎖槍開鎖時，槍針與下珠要保持一直線，不可斜拿，否則撞擊力不均，也無法使鎖開啟。而使用鎖槍開鎖，傳動桿亦不能太用力，否則造成角度，易使上下珠卡住，無法使鎖開啟。以往舊型鎖槍為手動式。

　　現在科技發達，已有電動式新型鎖槍問世，其能開啟鎖的種類與速度均讓人吃驚。

4. 汽車開鎖器

　　汽車開鎖的工具相當多，常見交通大隊執行拖吊人員，手持角尺，或是持L型開鎖工具鉤開車門，其實只要能夠開啟，沒有一定的方法和工具的，目前市面上有許多專為各種車製造的開鎖鉤子，也有設計從鑰匙孔開鎖的剪刀快手。

五 鎖 具

前面介紹過日常生活上常見鎖具的構造及原理，現在就針對各種鎖具深入逐一分析介紹：

（一）門鎖：喇叭鎖

喇叭鎖是目前行銷是廣，也是一般家庭最普及的鎖，因為其具有實用經濟美觀及使用方便的特性，因此一般民眾在住家房門都樂於使用，一般家庭除了住家大門及後門外，其他的門鎖大部分都是採用喇叭鎖，可見它的占有率，也就是因為它的行情看好，無形中廠商的競爭，相對的也比較激烈，各種形式的喇叭鎖不斷的求新求變，尤其人們生活素質層面的提高，將喇叭鎖視為裝飾品的人也不在少數。

1.喇叭鎖的種類：一般喇叭鎖、中空喇叭鎖、押式喇叭鎖。

2.喇叭鎖的用途：房門、廁所、通道、重要房門管制。

3.喇叭鎖材質：不鏽鋼、青古銅、紅古銅、白古銅、包金、亮銅、黑色、木殼。

4.喇叭鎖外殼：圓形、圓弧形、圓柱形、柳腰形、五角形、多角形、花瓣形。

5.喇叭鎖開鎖方法：喇叭鎖可從門內押鍵直接下押而達到上鎖目的，所以使用上非常方便，然而每次發生竊盜案，幾乎喇叭鎖可說是都被破壞，而正統的開法是以一支傳動桿，帶動鎖心，另一支撬子刷撥鎖內下珠，至鎖體與鎖心交界處，使鎖心能夠轉動，這樣喇叭鎖就被打開了。

另外若不以開鎖工具開啟喇叭鎖，常見有人以電話卡或是其他軟質卡片插入喇叭鎖的鎖舌部位，使鎖舌後縮而達到開啟的目的，惟此法僅限於門縫有間隙，使電話卡等卡片能插入，若門縫間隙過小，或將鎖舌裝成反向，則無法以此法順利打開。

（二）浴室廁所專用喇叭鎖

浴室廁所專用的喇叭鎖又稱硬幣鎖，只需用硬幣轉動即可開啟，因為浴室廁所並沒有貴重物品，其上鎖的目的只是要讓人知道，浴室廁所現在有人在裡面使用，若遇到緊急狀況，例如家裡有老人進入洗澡，突然有緊急狀況，如中風或休克，此時可以用硬幣將門鎖打開，進入處理。

（三）刷卡型大門電鎖

現在工商社會，愈來愈多公寓、大樓，於公眾出入大門採用刷卡型大門電鎖，作為人員進出之門禁管制，若非大樓住戶，沒有磁卡則無法進出。

（四）鐵捲門系統

現在許多商家、住戶、倉庫、車庫均使用鐵捲門，而鐵捲門的面積大，使用遙控器遙控開、關門動作甚為方便，而鐵捲門旁常有一扇小門，作為一般進出使用，而不必經常開啟大片捲門，其裝的鎖，電源開關盒。

（五）住宅大門鎖

三段鎖、四段鎖、多段鎖。

現代工商社會，一般民眾幾乎都大門深鎖外出工作，深怕被宵小侵入，所以大門鎖具幾乎都選擇較具防盜效果之三段以上之門鎖，安裝在鐵門、硫化銅門上也有少數安裝在木門上。

一般民眾在購屋，除了本身附帶的門鎖上外，為了能保障安全也都會請鎖匠多安裝一個鎖，此時大多選擇三段以上之多段鎖，目前市面上有各種形狀之多段鎖，如十字型、五面型、圓形、伸縮型、防撬型等等種類多的不勝枚舉，但根據消基會受台北市政府警察局委託，聘請學者以各種科學實驗的量化數據鑑定各門鎖的品質，經過測試認為以固定式鎖頭鎖心內藏式葉片之多段鎖防竊品質最高。

　　三段型、四段型、多段型鎖開鎖方法：目前市面上有人開發各種多段鎖的制式開鎖工具，也有些鎖匠依據開鎖需求，自行製造或研磨相關開多段鎖之工具，但離不開需有帶動鎖心之傳動桿，及撥動珠子或葉片之撥桿，另外需要一提的是撥動珠子後，多段鎖需在鎖孔塞進棉條或絲襪，以防止珠子於轉動時再掉入鎖孔內，就必須再重開一次或多次。

（六）電門鎖

　　電門鎖幾乎都用在大樓公共出入大門上，電門鎖用在當大樓住戶返回時，按對講機，屋內的人按開門鍵，大門就自動開啟，而電門鎖也可以直接用鎖匙開啟，其原理是鎖心轉動時，帶動傳動桿接觸到押片而通電，使鎖舌收縮達到開啟的目的。

　　開啟電門鎖，若無鎖匙以一自製之彎型鐵撬，繞過鎖心直接伸到鎖心後方，將其押片抬高，使其接觸到通電條，亦能達到開啟的目的。

（七）桌　鎖

　　依桌子材質又分木桌鎖、鐵桌鎖。

　　木桌鎖的構造：分為鎖頭、底板、固定撥片、傳動片、鎖舌、彈簧。

　　鐵桌鎖乃現在辦公桌最多之鎖，一般都裝置在抽屜上，有鎖單一抽屜用，也有鎖整排抽屜用之串聯式抽屜鎖。

（八）串聯式抽屜鎖

　　在每一個抽屜右方都有一個檔片，當鎖押上時鐵櫃有一連桿會往上升，扣片剛好擋住了這個檔片，抽屜就因為這個卡住關係而達到牽制作用，使抽屜無法開啟。

（九）單一抽屜鎖

這種鎖為單獨鎖住一個抽屜用，必須旋轉三百六十度才能達到開、關的目的，如果不用鎖匙開關，而是以撬子將鎖心帶動後，於轉動一百八十度後（也就是鎖心轉動半圈）上珠會卡住鎖心，而使鎖心無法再度轉動，此時必須再度以撬子將上珠子全部頂開，再以傳動工具轉動，這樣很快就能將鎖打開了。但無論是單一抽屜鎖或串聯抽屜鎖，竊賊竊取時往往是以鐵橇將整個抽屜橇開，所以其防盜效果並不是很好。

（十）十字形鎖

鎖孔的變化可說是千變萬化，一般鎖孔單面珠子結構的鎖具，被以傳動桿帶動後，刷撥珠子後就輕易打開，於是鎖具製造業者就將鎖改變成十字形，讓鎖孔四面都有珠子，使意圖開鎖者無法輕易撥動珠子，而輕易將鎖打開，然而只要一個新的鎖問世，立即有人研發新的開鎖工具，十字形鎖的開鎖工具：它的開鎖原理是有四面彈性撥條，以抽送彈動之原理，另有一圓形二鉤之傳動桿，鉤住十字形鎖孔，藉以帶動鎖心，如此很快就能將十字形鎖打開。

（十一）圓形鎖

剛剛介紹十字形鎖也很快被破解，於是製造鎖具業者立即又將鎖孔改變成圓形，使傳動桿無處可鉤，然而開鎖業者腦筋也動的非常快，又針對圓形鎖研發新的開鎖工具。

其原理是將兩個壓花之半圓形傳動桿撐在圓形鎖鎖孔內，藉以帶動圓形鎖心，再將撥桿深入鎖孔撥動鎖珠，直到鎖心微動，再於鎖孔內塞入絲襪或棉條，使其他鎖珠不會於轉動時再掉入鎖心內，如此轉動打開之圈數，即可順利開啟圓形鎖。

（十二）工字型、魚排型、卡巴鎖等

這些鎖的結構原理也離不開在鎖心及鎖孔做變化，讓一般開鎖工具無法順利伸入，就算能伸入也無法順利帶動鎖心，以達到防衛的功能。然而市面上有人針對這些特殊鎖心的鎖，製造特殊之制式工具（如火箭筒開鎖器、反向器等），亦有鎖匠自行根據需要，研磨相關開鎖工具，然而這些特殊形狀的鎖，離不開一樣要有帶動鎖心的工具，並且要有撥動鎖內珠子的撥桿，如此一樣將這些特殊鎖心的鎖打開。

（十三）鎖匙複製機

一般民眾為預防鑰匙遺失，都會將原來鑰匙拿去複製備份鑰匙，以備不時之需，這時就會在鎖匙店看見鎖匙複製機，一般鎖匙複製機分為研磨鋸齒缺口型及鑽洞型，以及車溝槽型。其原理為機器上有兩個夾子，一個夾子夾住原鎖匙，上面有一支指針，另一個夾子夾住新鎖胚，依原鎖匙上指針轉動同步轉向鈕，這時新的鎖胚就會車出和原鎖匙一模一樣的缺口和溝槽，新的鎖匙就複製完成（圖14-20）。

圖14-20 鎖匙複製機

（十四）汽車鎖介紹

汽車鎖分為車門、電門、後行李箱、油箱蓋、防盜等鎖具，現在就逐一深入分析及介紹：

車門鎖的結構，一般都是葉片鎖為多，為何要使用葉片鎖呢？因為葉片鎖相隔的間隙比較大，而汽車一般都停於室外，風吹雨淋，灰塵較易附著，所以一般都使用葉片鎖，然而汽車鎖的葉片大部分都有八排，所以如使用撥桿欲撥開葉片也不是一件容易的事。

現今汽車車門開啟的方法，常見的有用鉤尺插入玻璃縫內，一鉤動汽車鎖頭的傳動桿，亦有鉤動連桿骨線，一般違規拖吊常用之方法，但也有鎖匠從鑰匙孔以傳動桿帶動，用鉤子撥動葉片，轉動鎖心來開啟車門鎖。

汽車車門鎖一般可分為兩種傳動情形：

1.上下拉系統：於車門皮飾板上有一上下之拉桿，當欲將車門鎖上，只要將拉桿下壓即可達到上鎖目的。

2.左右推系統：即是於車門內側大面積處有一左右推之推鈕，只要將推鈕向內一推，即可達到鎖上車門之作用。

了解以上兩大車門系統構造後，若是車門真的鎖住，欲以鉤尺鉤開車門，最好是從駕駛座旁，也就是前面右乘客座門著手，因為駕駛座門可控制電動窗等，其內部結構及線路較為複雜，若是技術較不純熟，較易鉤住其他線路，甚至會鉤到現今最新的側面安全氣囊，而得不償失。

汽車開鎖工具介紹：汽車開鎖的工具，目前市面上有非常多，都是根據各種汽車所製造固定規格的工具，但汽車廠牌眾多，且不斷推出新車型，所以一般鎖匠仍然偏愛常用之角尺、鉤尺，惟使用角尺或鉤尺，能夠鉤開的車門愈來愈有限，現在市面上又出現一種新的開汽車鎖工具，名稱叫剪刀快手。

剪刀快手介紹：汽車鎖一般都是葉片結構，惟其鎖頭蓋子都有一防塵蓋，而剪刀快手有一撐片將防塵蓋推開，卡住並帶動鎖心，其作用跟以鑰匙開鎖是一樣，另外有一隻跟剪刀類似的撥桿，其作用為撥動兩面之葉片，而達到開啟汽車鎖的功能。

　　以上介紹非常多日常生活中常見的鎖，也介紹一般常見之開鎖方法，而遇到對相關鎖的問題，仍應先認清是哪一種鎖，鎖心是哪一種形狀（圖14-21）若欲複製鎖匙要用哪一種鎖胚（圖14-22），惟開鎖前仍然必須先檢視一下鎖具是否有無故障，而比較簡單用板手來檢查鎖是否故障的方法有以下各項：

1.先探鎖內有幾顆珠子，再探彈力之大小。

2.注意鎖的公差多少。

3.是否太澀，是否必須添加潤滑油。

4.鎖心是否能微動。

5.開啟方向是向左或向右。

圖14-21　各種型狀鎖心

圖14-22　各種型狀鎖胚

　　以上簡單介紹一些日常生活上常見的各種鎖具、開鎖工具及方法，使各位能夠對與你生活密切的（鎖）能有進一步的認識，但相對的了解相關鎖具後，亦會覺得鎖其實只是鎖個安心而已，事實上若是有心要偷竊，並沒有絕對安全的方法，所謂防君子不防小人。

第十五章 汽車竊盜犯罪及其防治

第一節 前 言

近年來，台灣地區隨著經濟的快速開發成長，社會因為工業化、商業化、都市化以及現代化而急遽變遷，傳統的家庭結構亦有顯著轉變；甚且由於各種傳播工具迅速崛起，使得人際關係和國人價值觀念亦起了重大的變化，致使社會控制之原有功能面臨解構，社會陷入脫序，而顯得不安與失調。

保護社會安全，防止一切危害，使民眾有免於恐懼，免於怨尤的自由，不但是民眾所期盼的，是政府重要施政工作。然而，民眾對治安的感受與評價，主要取決於自身週遭生命財產權益是否被侵害而定，因此，雖然一件小小竊案，卻可能是民怨的根源。而以國內刑案統計觀之，竊盜案件目前仍占全般刑案發生之大宗，以103年度竊案發生為例（資料來源：104年警政統計重要參考指標），汽車就占6,364件，平均每天失竊十七部，依數字觀之，仍有防制空間。

第二節 竊盜高失竊率因素

一 民眾謊報、誤報

（一）車主報廢老舊車輛時，謊報失車，意圖逃避大量罰金及稅金。

（二）監理單位與警政署資訊室，業已完成失車查（尋）獲作業連線。對查（尋）獲車輛，未能主動催辦恢復車籍，且未依規定扣繳稅捐至警方受理報案日，致使民眾相互傳聞，蔚為風尚。

（三）廢棄車輛經環保單位廢棄拖吊處理，民眾誤以為失車而報案。

（四）車主與權利人財務糾紛，為法院強制歸還，意圖報復而謊報失

竊。

（五）部分車主不甘違規停車被拖吊，意圖免繳拖吊罰金，謊報失
竊。

（六）酒醉車主，翌日失憶停車地點，藉報失竊，利用警察協助尋
車。

二 警察本身因素

（一）贓車不易發覺所導致因素

1.引擎或車身號碼、條碼被磨損或刮掉後還原困難，查證不易，須由
專業人員如原車商製造廠鑑定，由於目前沒有法令約制，各廠商亦
由於本身制度關係，配合程度不一。

2.車商生產製造防竊密碼不全，常遭竊賊破壞，循線找回原車籍資料
困難。

3.對於中古汽車材料行、零件來源均無法考據常有贓車零件回流，管
制追查不易。

4.車輛監理單位，對檢視車輛工作繁重，僅以目視為之，難以辨識車
輛是否有被改（變）造。

5.車輛定期檢驗，民間代檢日益增多，由於缺乏對贓車認識，欲從檢
驗中發覺有其困難度。

6.A、B車、偽造車牌集團，將車牌套用於同型、色、種之贓車於他
地使用，及一車牌車輛同時出現南、北兩地情形，原車主在不知情
下，往往接獲違規告發單始知車牌被偽造冒用。

7.員警對贓車辨識缺乏專業知識，如對車輛種類、年份不熟悉，僅能
檢視行照核對車輛號碼、顏色、廠牌、CC數等，使贓車駕駛者有恃
無恐。

8.員警查獲可疑車輛時，未能追根究底，確實了解來源或即時採證如
指紋、電解等使原車重現。

9.海關人員工作繁重加上快速通關作業規定，抽驗出口貨櫃率低，且在欠缺情資下，查緝非法不易，使不法業者有機會朦混過關。

（二）查贓工作缺失因素

1.各縣市警察（分局）局大多未設專人承辦查贓業務，僅派外勤員警兼辦（仍需參與偵破績效評比），流動率高，無法落實推動、執行查贓勤務，有礙查贓績效提升。

2.各縣市警察（分局）局查贓勤務流於形式，為落實執行查贓工作（未編排查贓勤務或雖有編排查贓勤務，但出入登記簿卻填寫刑案偵處、查捕逃犯或金融機構埋伏等勤務），嚴重影響查贓績效。

3.部分警察分局未依規定將轄區易銷贓場所異動資料更新建檔，致未能完全掌握轄區易銷贓場所基本資料常新。

4.通緝犯典當及一人多次典當查報，虛應故事，未能落實執行。

5.滿當之流當物品，各縣市警察局未嚴格要求業者，填寫流當品報告表。

（三）贓車保管因素問題

　　汽、機車屬大型贓物，一般地方法檢察署贓物庫是不收，造成基層同仁查扣到汽機車無處可停放，尤其市區分局、派出所更是嚴重，且有些贓車牽涉多人善意者，彼此間協調解決不易，官司一打數年，甚至承辦人均已換人。保管問題的確是基層同仁最頭痛問題，造成降低偵辦意願。

第三節　汽車竊盜防治建議

　　作者藉由91年度汽車竊盜被害統計資料分析、汽車竊盜被害調查以及竊盜犯質性訪談，來了解竊盜犯犯案心路歷程及認知、竊盜犯犯罪手法、被害者車輛被竊環境因素，以及如何提供民眾防竊要領，經實施檢測調查

並加分析後，獲得實證資料，研究者提出下列結論與防治建議：

一 研究結論

（一）官方文件被害統計分析結果發現

1.零至六時及早上六至九時發生失竊最高。

2.月份及季節性失竊並無明顯起伏變化，汽車竊盜犯行竊並沒有季節或大小月之分。

3.以縣市人口數比率換算失竊率，則以台中市失竊率最高，其次為桃園縣。

4.汽車竊盜犯行竊手法以破壞車鎖方式最嚴重。

（二）汽車竊盜被害調查研究結果發現

1.零至九時失竊率最高達51.4%。

2.停放在道路狹小道路比道路寬道路容易失竊，比率達43.8%。

3.住宅區失竊率最高達47%。

4.夜間停放在有照明設備地方失竊率仍達46.9%（若扣除白天失竊占43.5%換算比率達82%）。

5.有監視設備失竊率只有10.1%。

6.竊盜犯晴天犯案率達87.4%。

7.有停車管理員看管失竊率只有1.5%。

8.停在投幣式收費路段失竊率只有1.1%，人工收費路段失竊率11%（投幣式失竊較低與停車時間較短有關）。

9.車主本身已小心注意（含偶而會小心）防範失竊，失竊率仍達67.2%。

10.車輛未上鎖失竊比率達51.4%。

11.被竊車主最需要警察加強失竊地區巡邏以及對慣竊、竊盜出獄人口加強監管。

（三）竊盜犯訪談研究結果發現

1. 竊盜犯初次行竊動機以家庭經濟不佳，開始鋌而走險，後續行竊則以為錢、債務等因素繼續行竊。
2. 而竊盜犯絕大多數均是個人理性抉擇及同夥邀約集團性犯案。犯罪事前均有計畫性。
3. 在行竊風險認知方面最擔心警察巡邏查察經過以及有管理員、保全員在的地方。
4. 行竊時間大多在夜間尤其深夜更是竊盜犯最愛。
5. 竊盜犯最怕保安處分不擔心刑期，值得司法機關審判時參考。

（四）警察機關肅竊成員對現有偵防措施認知之研究結果發現

由以上的資料分析結論警察人員對目前防制竊盜工作需要加強和改進的有下列：

1. 警勤區及刑責區在落實治安人口監管部分執行不夠澈底有待加強。
2. 提升查贓功能，必須先從贓物辨識能力以及改進查贓的技巧再加強訓練。
3. 肅竊績效評比制度，固然贏得將近六成五支持，但是有三成五警察人員不贊同，因此需要再提出一套更能吸引警察人員喜歡措施，如此對提升防制竊盜工作之意願與士氣才有正面的意義。
4. 竊盜案件配分應重新檢討，如此才能激勵偵辦竊盜案件意願。
5. 竊盜案件獎勵偏低應重新檢討，藉以激勵士氣。
6. 肅竊勤務編排所占時間偏低，顯現警察機關不重視這項勤務。
7. 必須加強肅竊專業人員培植，並加強專業知識訓練及對慣竊了解與認識。
8. 運用資訊系統查贓應再加強宣導警察人員廣泛使用。
9. 目前慣竊輕判，最擔心保安處分值得司法機關注意。
10. 警察人員對竊盜案件不能監聽方式來偵查，造成案件偵辦不易，

有需修法納入。

11.銷贓方式以解體賣零件占最多，查扣贓車保管最令警察人員傷腦筋，而八成人員認為自己轄區內遭竊嚴重。

12.警察人員對易銷贓場所調查有待加強。

13.現行報案三聯單制度，可有效防止匿報竊案，有二成九的對象持不同意見，可見現行報案三聯單制度，尚有改善空間存在。

貳 研究建議

　　本研究發現被害車主對慣竊、竊盜出獄人口必須加強監管看法；在行竊風險認知方面，竊盜犯最擔心是警察巡邏經過，而失竊車主最需要也是警察必須加強失竊地區巡邏，可見警察巡邏是讓民眾安心所在且有一定犯罪嚇阻作用；另一方面在車主車輛未上鎖失竊比率高達51.4%，可見對民眾防竊觀念必須再大力宣導，尤其車輛停放在有停車管理員地方失竊率只有1.5%、有監視設備失竊率只有10.1%，這和竊盜犯行竊風險認知擔心有管理員、保全員出現可相互印證，因此這方面還再加強宣導才能減少民眾被害。總之從研究中發現不少問題及應興革事項，茲提出以下幾點建議，供警察機關執行防制竊盜犯罪工作之參考，分述如下：

（一）推動預防工作方面建議

1.防竊宣導

(1)宣導預防犯罪應依據地區特性、治安狀況，利用各種機會，採用適當方式，隨時、隨地、隨人、隨事實施，必要時派遣熟悉犯罪預防工作之警察人員前往高竊盜犯罪區域之商店、住家協助其改善。

(2)協請有關單位，策動民間各種社團組織共同推展，使宣導工作深入社會各階層。

(3)宣導內容力求簡明，易為大眾理解、接受。

(4)從事宣導應持續不斷、反覆實施。

(5)宣導人員要儀容整潔，態度和藹，言詞懇切，並顧及民眾之作息時間，避免擾民。

2. 宣導重點事項

(1)選擇材質良好，不易被剪斷之方向盤鎖、枴杖鎖、排檔鎖上鎖。

(2)在車內隱密處，另行裝設電源暗鎖。

(3)路邊停車儘量找有收費管理員或投幣式停車格停放。

(4)長期停車應找有管理員的地方停放。

(5)深夜失竊率高，停車最好停放在有監視器或二十四小時商家附近，儘量避免停放在陰暗巷道處。

(6)噴砂方式將引擎號碼在玻璃或車身塑鋼，以利警方事後找回。

(7)泊車時最好將鑰匙取回保管，防止被複製。

(8)臨靠路邊進入商店購物，應將鑰匙隨手取下，嚴防竊賊將車開走。

(9)車子停妥後記得將窗簾搖上，否則易成為竊賊行竊目標。

(10)買新車若能選擇晶片防竊或GPS汽車防竊系統，則安全性較高。

(11)時間停放車輛，車內勿留個人證件、名片資料或留言板之電話號碼，以防方便歹徒找出車主恐嚇。

(12)在附近徘徊之可疑人、車，應發揮守望相助精神，即時報案盤查。

3. 守望相助推動

就整體而言有實施守望相助的地方，只要認真執行，竊盜案件均有明顯下降趨勢，此項工作有待持續努力，更待如何有效提升其力量，共同防治竊盜力量。

4. 海報告示

對竊盜案發生頻率較高地區或路段、印製海報提醒。

5.廣設監視器

在國人對住宅、車輛保全收費措施未能充分了解及接受情況下，各大樓社區普遍裝設監視器對居家、車輛安全至為重要一項防竊措施。此外，為達全面監控目標，建議宜由政府編列預算或由民間力量集資捐助在重要路口或易遭竊地區、路段設置監視器，可具威嚇防範及蒐證作用。

6.推動自動感應照明設備

學校、社區車輛停車場設置相當理想，使竊賊靠近作案時無所遁形。

（二）警察執法能力提升方面建議

1. 凌晨時是汽車竊嫌活動猖獗時刻，因車主大多熟睡，道路往來人車稀少，作案風險低，盤查點應選在縣交界、市區與郊區交界處，以及通往高速公路之主要道路。
2. 落實轄區治安人口（慣竊及竊盜出獄人口）之監管查察工作，防範再犯。
3. 依據治安斑點圖對易失竊路段加強巡邏盤查防範。
4. 查贓緝犯必須全面提升辨識車輛能力才會事半功倍，能力提升有賴靠訓練。
5. 加強偵辦：依據作案手法，習癖及目擊者所指認特徵鎖定特定之嫌疑人採取偵查行動以跟監、定點監控方式，在於犯行現場或其附近，以現行犯方式加以逮捕。
6. 聲請羈押慣竊，有效預防再犯：依據刑事訴訟法第101條之1，被告被法官訊問後，認為犯罪犯罪重大，而有逃亡或有事實足認為有逃亡之虞者，非與羈押顯難進行追訴、審判、或執行者，得羈押之。對查獲之竊盜慣犯、累犯或常業犯之嫌疑人，於移送（報告）書「對本案意見」欄內，註明「建請聲請羈押以利擴大偵辦或依法重求刑並宣付保安處分」等意見，俾檢察官得即時掌握情發展，擴大追查贓證或共犯，並向法院聲請羈押及具體求刑與保安處分，預防慣竊再犯。

第十六章　住宅竊盜犯罪及其防治

第一節　前　言

　　近年來，在全球經濟不景氣以及金融海嘯影響下，台灣地區亦不能免於大環境的衝擊。失業率衝高，連帶著治安問題亦愈顯重要及不安。加上社會因為工業化、商業化、都市化以及現代化而急遽變遷，傳統的家庭結構亦有顯著轉變；甚且由於各種傳播工具迅速崛起，使得人際關係和國人價值觀念亦起了重大的變化，致使社會控制之原有功能面臨解構，社會陷入脫序，而顯得更不安與失調。

　　保護社會安全，防止一切危害，使民眾有免於恐懼，免於怨尤的自由，不但是民眾所期盼的，亦是政府重要的施政工作。然而，民眾對治安的感受與評價，主要取決於自身周遭生命財產權益是否被侵害而定。住宅內財物被竊是最具有可非難性犯罪類型，亦是民眾最關心的話題。以目前警察機關在預防住宅竊盜方面，雖然也舉辦防竊宣導、推行居家安全自我檢測、以及治安風水師服務等措施；行政院方面亦提出社區預防犯罪的六星計畫，本著警力有限，民力無窮之思維，積極輔導村里、社區成立守望相助隊，以達全民參與預防犯罪發生，共維村里社區安全，並視成立巡守隊隊數多寡，為判斷標準，而對巡守隊永續經營及往後運作成效則少繼續輔導；甚至不可諱言部分巡守隊領導人是民代出身，本身就有選舉目的，無視設立宗旨協助治安為目的，而流於形式表面運作，對治安維護能發揮多少功能的確存很大疑問。

　　因此，就政府整體而言，作法上仍停留在現象面的解決問題，並未對整體的治本措施，作者長期偵辦竊盜犯罪經驗，認為住宅竊盜主要還是在民眾防竊硬體設備不足及不良所致。多年來學術界不少國內學者專家，除了少數研究者從被害調查中了解住宅竊盜被害現象外，就文獻觀之，仍然偏重加害者的研究及被害者調查，環境設計犯罪預防的議題少人問津。因

此，除了提供安全防範知識外，並將住宅在設計階段就將犯罪預防安全措施包括在內，如此才是防竊根本之道。下列作者住宅防竊研究，除了能提供相關資料給予政府、建築業及警察機關參考之外，並能使大眾漸漸了解建築物安全措施在設計上的重要性。茲臚列研究重要結論分述下列章節。

第二節　住宅竊盜犯罪手法

　　一、屋後或屋旁有通道、鄰接施工中之建築物、沒有管理員的門廳、防火巷、地下停車場、出入口較多巷道等均是慣犯最喜歡侵入途徑。

　　二、小偷行竊時最先嘗試用開鎖方式進入，其次是窗未上鎖攀爬侵入、勾開鎖門侵入、門未上鎖侵入，因破壞較費力且風險較大，若無上述狀況才採取破壞方式侵入。

　　三、公寓加裝聲響防盜是非常好的措施，門鎖採用多重鎖（多道門栓）、晶片鎖防盜有絕對幫助；另感應式照明燈、燈光定時器、監視器、實心鐵窗亦均有防盜效果。

　　四、貴重東西存放銀行保管箱是最安全，若沒有保管箱設計隱密之抽屜或暗門存放是非常有必要的。

　　五、主臥房、老人家房、成人房存放貴重東西則必須要有防竊措施，例如：保險櫃或設計隱密之抽屜或暗門存放。

　　六、櫥內抽屜、床頭櫃內、床舖床墊下、衣櫃吊掛衣服是小偷優先搜尋的地方。

　　七、現金、金飾珠寶、名貴手錶、藝術品古董仍然是小偷最愛。

　　八、門鎖多久時間無法打開會放棄作案？

　　從有效樣本227位慣犯中，平均10分鐘若無法將門的鎖打開或破壞，則會放棄作案；若在20分鐘內打不開則有86.8%慣犯會放棄作案；若再提升至30分鐘打不開，則會有97.8%慣犯放棄作案。

　　九、門窗多久時間無法打開會放棄作案？

　　從有效樣本228人當中，平均8.8分鐘，若無法將門窗打開，則會放棄

作案。5分鐘時間無法將門窗打開，有60.1%會放棄作案；若10分鐘未能被打開，則有82.5%比率會放棄作案；若達30分鐘打不開，則有97.4%比率會放棄作案。

十、每次侵入行竊時間有多久？

從有效樣本218人當中，平均侵入行竊時間為27分24秒。侵入行竊30分鐘以下達86.7%比率，若行竊達60分鐘則達96.3%比率。因此，可以明顯看出大多數慣犯進入住宅行竊逗留時間為30分鐘以內。

第三節　建築主體防竊安全設計

一、陽台進入屋內以品質較佳之落地氣密窗（以雙層0.5公分以上厚度之強化玻璃搭配不鏽鋼格）可達防竊效果。

二、陽台、露台不與隔戶相鄰（或相鄰處加高設計）可達防竊效果。

三、露柱、裝飾或飾條以光滑面材且加寬加深設計，避免遭橫向攀爬，可達防竊效果。

四、雨遮以不連續式設計、高低錯落設計、光滑面材設計、傾斜式設計，可達防竊效果。

五、露樑以光滑面材設計（不易站立）、傾斜式設計，可達防竊效果。

六、屋頂女兒牆加高設計、內傾或外傾式設計或內縮式設計，可達防竊效果。

七、住戶大門，防盜（爆）門設計加磁簧開關（紅外線／熱感應）或其他防盜措施，可達防竊效果。

八、窗戶非景觀窗的對面最好是實牆（交錯式開口設計），可達防竊效果。

九、強化玻璃設計加磁簧開關（紅外線／熱感應）或其他防盜措施，可達防竊效果。

十、社區大門，警衛亭視線要周全性、降低死角，可達防竊效果。

十一、設置感應卡／指紋／虹膜／指靜脈辨識／數位影音監視對講系統，可達防竊效果。

十二、CCTV 監視系統的使用，可達防竊效果。

十三、保全系統的監控，可達防竊效果。

十四、住戶互動間設有共同使用之中央廣場，住戶客廳窗戶應朝向廣場，利用相互監視可達到防竊功效。

十五、開放空地或公園等通路動線應遠離住戶四周，可達到防竊功效。

十六、共用樓梯應設置於從共用走廊、電梯間、住戶玄關能夠看的到位置，較能防止侵入行竊。

十七、陽台的欄杆樣式宜採透空建材或直式欄杆，當有人潛入時較容易被發現。

十八、在圍籬與外牆等加開四角狹縫，容易被外部所發現，對企圖犯罪者而言，會產生心理退卻感。

第四節　防治建議

一　政府方面

（一）政府〈營建署及建築研究所〉應訂定住宅建築設計準則，將預防犯罪安全設計納入建築法令內，本研究可提供相當高程度設計諮詢規範。建築主體安全設計原則如下：

1. 陽台進入屋內以品質較佳之落地氣密窗（以雙層0.5公分以上厚度之強化玻璃搭配不鏽鋼格）達到防竊效果。

2. 陽台、露台不與隔戶相鄰（或相鄰處加高設計）。

3. 露柱、裝飾或飾條以光滑面材且加寬加深設計，避免橫向攀爬。

4. 雨遮以不連續式設計、高低錯落設計、光滑面材設計、傾斜式設計。

5.露樑以光滑面材設計（不易站立）、傾斜式設計。

6.屋頂女兒牆加高設計、內傾或外傾式設計或內縮式設計。

7.住戶大門，防盜（爆）門設計，磁簧開關（紅外線／熱感應）或其他防盜措施。

8.窗戶，非景觀窗的對面最好是實牆（交錯式開口設計）；強化玻璃設計及磁簧開關（紅外線／熱感應）或其他防盜措施。

9.落地門，避免近距離內（3公尺）同時開窗；強化玻璃設計及磁簧開關（紅外線／熱感應）或其他防盜措施。

10.社區大門，警衛亭視線要有周全性，以降低死角；設置感應卡／指紋／虹膜／指靜脈辨識／數位影音監視對講系統。

11.社區後門，建築空間明亮，照明充足，大門自動歸位設計。

12.社區側門，建築空間明亮，照明充足，感應卡及緊急按鈕設計。

（二）小偷年紀大已不適合再行竊，本署應針對40歲以下慣竊治安人口嚴加監控，防範再犯案。

（三）住宅竊盜犯罪手法，納入防竊宣導的重點。

（四）重新修正住宅防竊安全檢測報告表內容，更務實協助住戶找出容易造成竊盜犯侵入的弱點。

二　民眾部分

（一）提升社區、大廈自治能力，以日常活動理論論點遏止犯罪發生若抑制者在場，如僱用保全人員駐守，鼓勵父母同住，社區巡守隊自發式參與預防犯罪，這些抑制者在場，則是預防竊盜犯罪重要手段。

（二）鼓勵裝設系統保全設施，老舊公寓裝設警報器或裝設紅外線感測器之閃光照明燈，可有效防止竊盜案件發生。

（三）鼓勵民眾購買多層鎖、晶片鎖，小偷就不容易破壞侵入；裝設實心不鏽鋼的門窗或氣密格子窗有一定防竊功能。

（四）貴重東西存放銀行保管箱是最安全，若沒有保管箱設計隱密之抽屜或暗門存放是非常重要的。

參考書目

一、中文部分（依筆劃為序）

1. 何明洲，犯罪偵查原理與實務，中央警察大學出版，民國103年8月。
2. 陳明竺，都市設計，創與出版社有限公司，民國82年12月。
3. 徐遠齡，犯罪偵查學，中央警官學校，民國73年3月。
4. 許春金，論都會地區的犯罪預防，台北市少年犯罪防治工作研討會，民國79年5月18、19日。
5. 許春金，犯罪學，三民書局出版，民國79年11月。
6. 許春金等，防竊手冊，財團法人吳尊賢文教公益基金會印行，民國73年10月。
7. 陳宗廷，犯罪偵查學，民國75年10月。
8. 黃當源釋，「以環境設計防制犯罪」，新知釋粹第一卷第二期，74年6月10日。係清水賢三、高野松男原著「都市之犯罪防止」，文刊於伊羅滋編「都市之犯罪」，日本東京經濟新報社發行，1982年10月12日，第206-213頁。
9. 張清芳、游再順，汽車大盜瘋情話，台北：日臻版社有限公司，民國87年。
10. 張平吾，簡介被害者學之發展及其兩相關理論，警政學報第十六期，中央警官學校警政研究所出版，民國78年12月。
11. 張主璿，都市及區域規劃，中國土木水利工程學會出版，民國81年1月。
12. 蔡德輝、楊士隆，犯罪學（修訂新版），五南圖書出版公司印行，民國102年8月。
13. 蔡中志，台灣地區金融機構搶劫事件與安全防範措施之探討，警學叢刊第二十二卷第四期，民國81年。

14.蔡中志，居家安全之研究，三民書局，民國80年。

15.蔡中志，郵政機構被劫實證與防制措施之研究，中央警官學校出版社印行，民國82年1月。

16.蔡篤俊合譯，竊盜案件偵查實務，中央警官學校，民國76年5月。

17.鄧煌發，犯罪預防，中央警官學校印行，民國84年6月。

18.潘昱萱、林瑞欽，竊盜犯行認知基模之萃取研究，二十一世紀亞太地區刑事司法與犯罪問題對策研討會，民國90年11月。

二、外文部分

Barr, R. and K. Pease

1990　Crime Placement, displacement and deflection. In M. Tonry and N. Morris (eds.) Crime and Justice: A Review of Research Vol. 12. Chicago: University of Chicago Press.

Brantingham, P. J. and P. L. Brantingham

1981　Environmental Criminology. Beverly Hills, CA: Sage.

1984　Patterns in Crime. New York: Macmillan.

Challinger. D.

1991　Less telephone vandalism: How did it happen? Security Journal 2: 111-119.

Clarke, R. V. and P. Mayhew

1980　Design out Crime, London: HMSO.

Clare, R. V.

1980　Situation Crime Prevention: Theory and Practice, British Journal of Criminology 20: 136-147.

1988　Guest Editor's introduction to the special issue on situational prevention. In Journal of Security Administration, 11: 4-7.

1992　Situational Crime Prevention Successful Case Studies. New York: Herrow and Heston.

Clifton, W.

1987 "Convenience Store Robberies in Gainesville, Florida" Paper Presented at the annual meeting of the American. Society of Criminology, Montreal, Quebec, Novermber.

Doebel, Paul

1994 A Review of Campus Security Programs, CJ the American Volume 7, Number 1, February-March.

Fowler, F. M. E, McCall, and T. W. Mangione

1979 Reducing Residential Crime and Fear. The Hartford Neighborhood Crime Prevention Program, Washington D.C.; National Institute of Law and Criminal Justice.

Gabor, T.

1981 "The crime displacement hypothesis: an empirical examination." Crime and Delinquency 26: 390-404.

Gardiner, Richard A.

1980 Design for Safe Neighborhoods: The Environmental Security Planning and Design Process, Washington D. C.: American Institutes for Research.

Griswood D. B.

1984 Crime Prevention and Commercial Burglary: A Time Series Analysis. Journal of Criminal Justice 12: 493-501.

Harries, Keith D.

1980 The Geography of Crime and Justice. New York: McGraw-Hill.

Jacobe, J.

1961 The death and life of great American cities. New York: Random House.

Jeffery. C. R.

1971 Crime Prevention through environmental Design. Beverly Hills, CA: Sage.

Kennedy, Favid B.

1990 Facility Site Selection and Analysis Through Environmental Criminology, Journal of Justice, Vol. 18, pp. 239-252.

Kushmuk, J., & S. Whittemore

1981 A reevaluation of crime prevention through environmental design in Portland, Oregon: Executive summary, Washington D. C.: Government Printing Office.

Lab, Steven P.

1992 Crime Prevention: Approaches, Practices and Evalutions. Cincinnati Anderson.

Lavrakas, P. J., Nornoy & J., Wagener.

1978 CPTAD commercial demonstration evaluation report (mimeo). Evanston, IL: Westinghouse Electric Corporation.

Moffatt, R. E.

1983 Crime prevention Through Environmental Design: Management Perspective. Canadian Journal of Criminology 25 (No.1): 19-31.

Newman, O.

1972 Defensible Space: Crime Prevention through Urban Design. New York: Macmillan.

O'Block, R. L.

1981 Security and Crime Prevention. London: Mosby.

Poyner, Barry

1983 Design against crime: Beyond defensible space. London: Butterwork.

1991 Situational Crime Prevention in two parking Facilities. Security Journal 2: 96-101.

Poyner, B. and B. Webb

1987 Successful Crime Prevention Case Studies. London: The Tavistock Institute of Human Relations.

Pyle, Gerald F. et al.

1974 The Spatial Dynamics for Crime. Chicago: University of Chicago. Department of Geography.

Repetto, T. A.

1976 "Crime prevention and the displacement phenomenon," Crime and Delinquency 22: 166-77.

RubensLein et al.

1980 The Link Between Crime and the Built Environment--The Current State of Knowledge , Vol. 1. Washington D. C., American Institutes for Research.

Shaw, Clifford R. and Henry D. Mckay

1969 Juvenile Delinquency and Urban Areas. Second. Edition Chicago; University of Chicago Press.

國家圖書館出版品預行編目資料

竊盜犯罪防治:理論與實務／楊士隆,
何明洲著.
--三版.--臺北市：五南, 2015.08
　面；　公分.
ISBN 978-957-11-8168-5（平裝）
1.竊盜罪　2.犯罪防制
548.543　　　　　　　104010815

1T54

竊盜犯罪防治：理論與實務

作　　者 ― 楊士隆(312)　何明洲(49.5)

發 行 人 ― 楊榮川

總 編 輯 ― 王翠華

主　　編 ― 劉靜芬

責任編輯 ― 張若婕

封面設計 ― 斐類設計工作室

出 版 者 ― 五南圖書出版股份有限公司

地　　址：106台北市大安區和平東路二段339號4樓

電　　話：(02)2705-5066　傳　　真：(02)2706-6100

網　　址：http://www.wunan.com.tw

電子郵件：wunan@wunan.com.tw

劃撥帳號：01068953

戶　　名：五南圖書出版股份有限公司

法律顧問　林勝安律師事務所　林勝安律師

出版日期　2003年1月初版一刷
　　　　　2004年3月二版一刷
　　　　　2015年8月三版一刷
　　　　　2016年8月三版二刷

定　　價　新臺幣460元